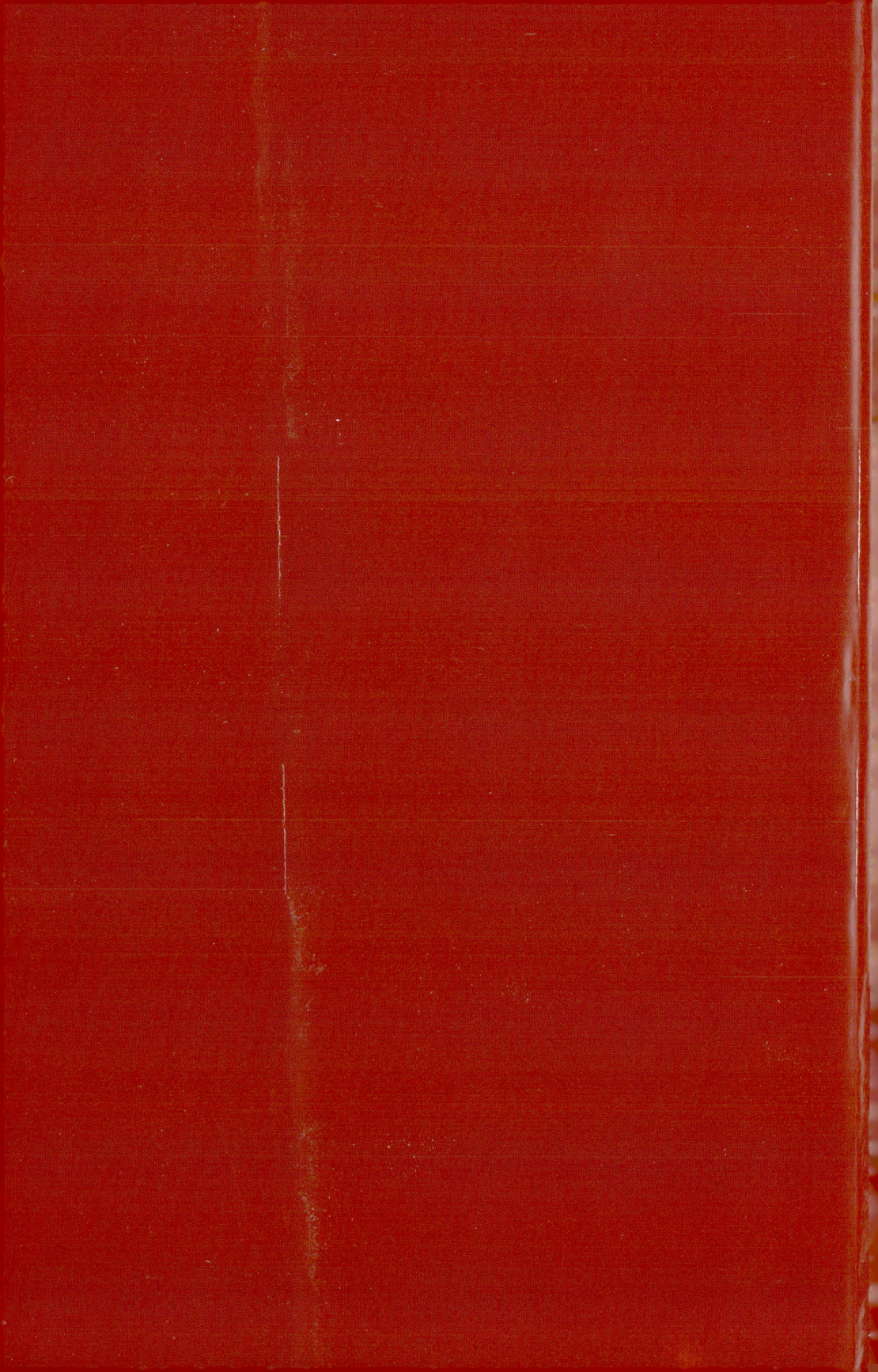

Chinese Economists 50 Forum
中国经济 50 人论坛丛书

走进中国经济 50 人论坛
握手中国最有影响力的群体经济学家

50人的二十年

樊纲　易纲　吴晓灵　许善达　蔡昉◎主编

中信出版集团·北京

图书在版编目(CIP)数据

50人的二十年 / 樊纲等主编 . -- 北京：中信出版社, 2018.9（2018.11重印）
ISBN 978-7-5086-9417-7

Ⅰ.①5… Ⅱ.①樊… Ⅲ.①中国经济－经济发展－文集 Ⅳ.① F124-53

中国版本图书馆CIP数据核字（2018）第196803号

50人的二十年

主　编：樊纲 等
出版发行：中信出版集团股份有限公司
　　　　　（北京市朝阳区惠新东街甲4号富盛大厦2座　邮编　100029）
承 印 者：北京盛通印刷股份有限公司

开　　本：787mm×1092mm　1/16　　印　张：31.75　　字　数：400千字
版　　次：2018年9月第1版　　　　　印　次：2018年11月第2次印刷
广告经营许可证：京朝工商广字第8087号
书　　号：ISBN 978-7-5086-9417-7
定　　价：89.00元

版权所有·侵权必究
如有印刷、装订问题，本公司负责调换。
服务热线：400-600-8099
投稿邮箱：author@citicpub.com

序　言

改革开放四十年：
理论探索与改革实践携手前进

吴敬琏

1954年毕业于复旦大学经济系。现任中欧国际工商学院（CEIBS）宝钢经济学教席教授，中国经济50人论坛学术委员会荣誉成员，《比较》辑刊、《洪范评论》主编。

曾任中国社会科学院经济研究所研究员，中国社会科学院研究生院教授，国务院发展研究中心常务干事、研究员，耶鲁大学、牛津大学、斯坦福大学、麻省理工学院客座研究员或客座教授，国际经济学会（International Economic Association，IEA）执行委员会委员。国务院经济体制改革方案办公室副主任，中国人民银行货币政策委员会委员，第九届、第十届全国政协常委兼经济委员会副主任，国家信息化专家咨询委员会副主任、"十一五"和"十二五"国家规划顾问委员会副主任。中国经济50人论坛学术委员会成员。北京乐平基金会发起理事，阿拉善SEE基金会第一任理事长。

1984—1992年五次获得中国经济学的最高奖项孙冶方经济科学奖。2000年、2005年香港浸会大学和香港大学分别授予他荣誉社

会科学博士学位。2004年国际管理学会（International Academy of Management, IAM）授予他"杰出成就奖"。2005年获"中国经济学奖杰出贡献奖"。2011年国际经济学会授予他荣誉会长称号，以表彰他对经济理论和政策研究及中外学术交流的杰出贡献。

吴敬琏倡导并努力推进市场化、法治化、民主化的改革，是"整体改革学派"的主要代表人物之一。他关于比较体制分析和经济增长模式转型的研究成果，对中国改革和经济发展产生了重要影响。

四十年的改革开放使中国经济社会发展取得了举世瞩目的成就。回首这一历程可以清楚地看到，这是一个理论探索与改革实践携手共进的过程。改革开放，首先是观念的开放。思想不改变，行动就无法调整，改革思想不断演变和清晰，正是推进改革实践的基础。凡是理论探索和改革实践配合得好的时候，改革就能取得比较大的进展，对发展的正面效应也比较大；反之，改革和发展就容易遭到挫折。每当改革开放在方针、政策和思路上需要进行重大抉择之时，无一例外，都伴随着改革理论的热烈讨论。正确思想之光照亮了未来的道路，使改革开放能够避开险阻，走上坦途。

为改革开放提供理论资源

理论探索与改革实践之间保持这种紧密的正相关关系并非偶然，而是与人类活动具有自觉性的本质特点有关。马克思曾经用建筑师和蜜蜂的比喻形象地描述人类活动的这个特点，他说："最蹩脚的建筑师从一开始就比最灵巧的蜜蜂高明的地方，是他在用蜂蜡建筑蜂房以前，已经在自己的头脑中把它建成了。劳动过程结束时得到的结果，在这个过程开始时就已经在劳动者的表象中存在着，即已经观念地存在着。"①

任何国家的经济体系都是一个极其错综复杂的巨系统，因此，体制改革是一项巨大的社会工程。它的目的，是要改变制度安排，理顺激励机制。为了达到这个目的，改革者就必须对改革对象的状况和演变规律有深切的了解，对自己的行动有一定的规划，而不能像心灵手巧的农夫打造家用物件那样，"草鞋无样，边打边像"。

那么，这种在改革行动之前的认识是从哪里来的？中国传统教科书的回答倒也简单明快，"从实践中来"，叫作"先投入战斗，然后便见分晓"。但是这样一来，改革的行动就缺乏明确的目标，甚至容易变成盲动。其实这里存在一个对人类认识来源和个体认识来源混淆的问题。说人类的认识都来源于实践，这大概是不错的，但是对每一个个体或者每一代人来说，不能局限于自身的亲见亲知，而要借助于语言这一强大的工具，把人类历代的认识成果传承下来，这样才能站在前人的肩膀上观察世界和改变世界。所以，还是恩格斯说的正确："只有清晰的理论分析才能在错综复杂的事实中指明正确的道路。"② 为了找到正确的改革道路，就必须立足于本国实际，认真学习和鉴别前人的理论成果，形成自己的改革理论，并在正确认识的基础上制定改革的方针、方案和实施方略。

问题在于，中国在20世纪70年代末期不能不启动改革开放时缺

---

① 参见马克思（1867）：《资本论（第一卷）》，北京：人民出版社，2004年，第208页。
② 参见恩格斯（1889）：《致康拉德·施米特》，《马克思恩格斯全集（第三十七卷）》，北京：人民出版社，1971年，第283页。

乏必要的理论储备。1976年，一些不满于极"左"路线倒行逆施的领导人采取果断措施结束"文化大革命"和"全面专政"，为中国发展赢得了新的机会。当时的中国社会濒于溃败，启动改革、救亡图存变得十分急迫，然而由于"左"的路线的钳制，思想市场被强制关闭，以及与国际学术界的长期隔绝，社会科学和人文学科陷于荒芜衰退的困境，理论界和思想界很难承担起为改革开放提供学理基础的重任。在这种情况下，采取的策略是"摸着石头过河""走一步，看一步"。中国派出了大批考察团出国考察，借鉴外国的发展经验，引入别人的成功做法，例如设立对外开放特区等。这些举措取得了明显的成效，经济增长也开始止跌回升。但是，这只是一些局部性的改进。事实上，如果不对过去的错误理论和错误政策进行认真的反思，就不可能变革封闭僵化的体制，也很难走出一条持续稳定发展的新路。

1978年中期，在时任中共中央党校副校长和中共中央组织部部长胡耀邦的领导和组织下，以《光明日报》发表《实践是检验真理的唯一标准》为开端，在全国范围内开展了一场广泛深入的思想解放运动。这场运动在极"左"路线的思想禁锢和舆论钳制的铜墙铁壁上打开了一个缺口，社会科学和人文学科的讨论和研究开始活跃起来。不少学者努力通过汲取经济学的新成果和频繁的国际交流[①]更新自己的知识结构。20世纪80年代中期以后，一些受过

[①] 仅仅从1980年夏季到1981年夏季，中国社会科学院经济研究所就举办了由中外知名专家授课、来自全国各地经济学者参加的"数量经济学讲习班""国外经济学讲座""发展经济学讲座"等三个大型讲习班。当时，由P.萨缪尔森著、高鸿业译的《经济学（第十版）》（商务印书馆，1981年出版）和L.雷诺兹著、马宾译的《微观经济学：分析和政策》《宏观经济学：分析和政策》（商务印书馆，1982年出版）几乎成了经济学家人手一套的必读书。

序　言

现代经济学训练的年轻经济学家也陆续参加进来。经济学家群体积极参与了 80 年代改革目标模式的讨论，也助推了 90 年代的改革重启。

90 年代中期开始的经济体制的整体改革，对经济理论在深度和广度上的发展提出了更高的要求。正是在这样的情况下，刘鹤、樊纲、易纲等经济学界有识之士在 1998 年发起组织了中国经济 50 人论坛，论坛成为经济学界汇聚思想、探讨问题、提出政策建议的一个重要平台。

社会经济现象复杂多变，常常显得扑朔迷离，人们难以看清真相和掌握规律。在这种"善未易明，理未易察"的境况下，论坛学术委员会在组织研讨时特别注意了不因观点分歧而排斥持有不同意见的学者，包括持有偏激意见的学者，这使论坛能够保持惠风和畅的讨论气氛并达到集思广益的目的。

中国经济学家不仅围绕经济社会的发展，以及改革面临的热点、焦点和难点问题展开了研究讨论，也为中国改革思路、重要领域改革政策制定提供了丰富的理论资源。

我想举几个自己感受较深的事例来说明这一点。

选择合理的改革目标

第一个例子，是改革目标模式选择的理论突破。

以 1978 年 12 月的中共十一届三中全会为标志，中国进入了改革开放的新时代。变革的基本趋势，无疑是根据国外考察获知的世界潮流,强调增强价值规律的作用,发展"商品经济"①。不过总的来看,在20世纪80年代初期,强调中国经济的计划经济性质,加强国家计划的统一领导,还是理论和政策的基调。在这一基调下,改革还远远不是在整个经济体系内系统地进行,而只能是着重于个别部门或个别方面的政策调整。例如,在对外经济关系方面,从放松贸易垄断到允许外国投资进入中国建立合资企业,等等。即使在某些部门或某些地区带有制度变迁性质的改革,例如安徽、四川等地允许土地承包,也采取了不改变基本经济制度,只对某些政策实行"变通"的形式。

虽然这种变通性的政策调整也取得了一定的成效,使原已陷于衰退和混乱的经济重新振作起来,步入发展的轨道,但是人们很快发现,仅仅依靠变通性的政策调整,并不足以实现中国振兴。正如邓小平在谈到1984年中共十二届三中全会议题时说的:中国需要进行的,是不仅包括农业,也包括工业、商业、服务业、科学、文化、教育等领域的"整个经济体制的全面的、有系统的改革"。②显然,这样一种全面的、有系统的改革,不是靠"摸着石头过河"和"走一步,看一步"能把握的。于是,在20世纪80年代中期开展了一场参与人员众多的"改革目标模式"大讨论。

80年代中期的讨论,是在中共十二届三中全会《关于经济体制改革的决定》确定的"社会主义有计划的商品经济"的改革目标的基

---

① "商品经济"是对市场经济的俄语称谓,在改革开放初期讨论中国经济改革的目标模式时,为了回避意识形态的风险,中国经济学家一般都把市场经济称为"商品经济"。
② 参见邓小平:《在中华人民共和国成立三十五周年庆祝典礼上的讲话》《我们的宏伟目标和根本政策》,载《邓小平文选》第三卷,北京:人民出版社,1993年,第70、78页。

础上进行的。在讨论中,对于如何解释"有计划的商品经济",提出了市场社会主义("苏联东欧模式")、政府主导的市场经济("东亚模式")、自由市场经济("欧美模式")等不同主张。对于各种模式的利弊优劣,各界人士根据历史实绩和自己的价值判断做出了不同的判断。①

1985年9月,由国家体改委和中国社会科学院召开的"宏观经济管理国际讨论会"("巴山轮"会议),对多种多样的经济模式进行了理论上的梳理。匈牙利科学院和哈佛大学的雅诺什·科尔奈(János Kornai)教授关于各国经济模式可以分为"直接行政控制"(ⅠA)、"间接行政控制"(ⅠB)、"自由放任的市场协调"(ⅡA)和"有宏观调节的市场协调"(ⅡB)四个类型的分类法被与会者认同。多数学者认为,ⅠA和ⅡA都是不可接受的。中国改革只能在ⅠB和ⅡB之间做出选择。②

早在1985年7月对中共全国党代表会议将要制定的《中共中央关于制定国民经济和社会发展第七个五年计划(1986—1990年)的建议》(以下简称《建议》)草稿的讨论中,有的经济学家对该《建议》单向突出搞活国有企业的改革提出了不同的意见,认为有计划的商品经济是一个由多种元素组成的有机整体:"它的基本环节是三个:(1)自主经营、自负盈亏的企业;(2)竞争性的市场;(3)以间接

---

① 参见中国经济体制改革研究会编:《宏观经济的管理和改革——宏观经济管理国际讨论会言论选编》,北京:经济日报出版社,1986年。
② 参见郭树清、赵人伟整理:《宏观经济管理国际讨论会专题报告(1):目标模式和过渡步骤》,同见上书,第16—23页。

调节为主的宏观调节体系。这三方面的改革要同步前进。"[①]这一建议被代表会议接受,在《建议》中做出了如下的论断:"建立新型的社会主义经济体制,主要是抓好互相联系的三个方面:第一,进一步增强企业特别是全民所有制大中型企业的活力,使它们真正成为相对独立的、自主经营、自负盈亏的社会主义商品生产者和经营者;第二,进一步发展社会主义的有计划的商品市场,逐步完善市场体系;第三,国家对企业的管理逐步由直接控制为主转向间接控制为主。"[②]这为市场取向的改革树立了较为清晰的目标,意味着中国领导人选取了"有宏观调节的市场协调"作为中国经济改革的目标模式。

不过,后来事情发生了变化。1986年10月以后,当时的领导人越来越倾向于认为,价格问题不可能在短时期内解决,搞活企业才是经济体制改革的出发点和立足点。而且指出这是中国改革的基本理论和基本实践,不能动摇;只有在解决搞活企业这个大前提的情况下,才能解决财政、价格、工资、税收、计划的配套问题。此后,在国有经济中推行企业承包责任制就成了改革的主线。

在这样的情况下,形成一个什么样的经济体制就成为必须重新考虑的问题。经过国家计委和国家体改委等领导机关的反复讨论,党政一线领导决定采纳国家计委研究机构领导成员提出的"国家调控市场,市场引导企业"或"国家掌握市场,市场引导企业"的"计划与市场相结合"模式建议,把"有计划的商品经济"的"运行机制"确

[①] 参见吴敬琏:《单项推进,还是配套改革》[对《中共中央关于制定第七个五年计划的建议(1985年7月12日第五次草稿)》的意见],载《吴敬琏文集(上)》,北京:中央编译出版社,2013年,第313—314页。
[②] 参见中共中央文献研究室编:《"十二大"以来重要文献选编(中)》,北京:人民出版社,1986年,第821页。

定为"国家调节市场,市场引导企业"。国家按照自己的意图运用一整套协调财政、金融、税收、外贸和外汇等的选择性产业政策去改变市场参数,再由这个在政府管控下的市场去"引导"企业做出经营决策。

不过这样一来,改革的目标模式也就由"有宏观调节的市场协调"模式,退回到了"间接行政控制"模式。

这种情况直到20世纪90年代初期才发生了改变。

在1991年10月到12月中共中央召集的讨论国内国际重大问题的系列座谈会上,与会经济学家在与江泽民总书记的对话中,令人信服地论证了确立社会主义市场经济改革目标的必要性。[①] 接着在1992年邓小平"南方谈话"的推动下,社会主义市场经济终于被中共十四大确立为中国的改革目标。根据中共十四大建立社会主义市场经济体制的决定,朝野的众多研究机构和研究人员提出了如何进行改革的建议。中共中央在研究和采纳有关建议的基础上,制定了《中共中央关于建立社会主义市场经济体制若干问题的决定》草案。1993年11月的中共十四届三中全会审议通过了这一草案,就把党的十四大确定的经济体制改革目标和基本原则加以系统化、具体化,是我国建立社会主义市场经济体制的总体规划,也是90年代进行经济体制改革的行动纲领,对改革开放产生了重大而深远的影响。

关于工业化道路和增长模式的大讨论

第二个例子,是参与中国应当选择什么样的工业化道路和经济增

---

① 参见陈君、洪南:《江泽民与社会主义市场经济体制的提出》,北京:中央文献出版社,2012年。

长模式的大讨论。

主要依靠投资支撑经济增长造成的种种严重问题长期困扰着中国发展。虽然"九五"（1996—2000年）计划提出实现经济增长方式从粗放型向集约型转变的要求，并取得了一定的成效，但增长方式没有实现计划所要求的根本转变。21世纪初期，我国城市化迎来了一次新的高潮。各级政府通过土地批租，手中积累了大量资源。于是，一些地方据此进行大规模投资，掀起兴建以造大城为主要内容的"形象工程"和"政绩工程"的热潮。与此同时，一些经济学者根据"工业化的后期阶段将是重化工业阶段"的所谓"霍夫曼定理"，为产业重型化找到了理论依据。

这种用海量投资提振增长速度的做法和"重化工业化"的说法，受到一些经济学家的质疑。他们指出，所谓"霍夫曼定理"并不是一个真正的科学定理，而只是德国经济学家沃尔瑟·G. 霍夫曼（Walther G. Hoffmann）根据某些西方国家工业化早期和中期阶段的经验数据进行外推提出，但被后来的实际发展否定的一个假说。事实上，从19世纪末期开始，先行工业化国家逐步实现从早期增长模式向现代增长模式的转变，工业化中后期的产业结构特征并不是重化工业的兴起，而是服务业的兴起。而工业化道路的偏离和经济增长方式的进一步恶化，将在中长期导致严重的后果。

两种观点对垒，引发了一场激烈的争论。

于是，选择什么样的工业化道路和经济增长模式，就成为"十一五"规划必须明确回答的重大命题。为了厘清问题，50人论坛在2005年4月25日召开了以"'十一五'规划与转变增长方式"为主要议题的第14次内部研讨会。在这次会上，首先由参加"十一五"

制定工作的国家发改委规划司司长杨伟民介绍了拟制"十一五"规划的主要思路和对一些重大问题的考量。我本人随后围绕研讨会的主要议题做了主题发言。然后，多位论坛成员和论坛企业家理事会成员发表了自己的评论。尽管角度和关注点不同，但经过热烈的讨论，大家对中国"十一五"时期的重要任务也有了更清晰、更深刻的认识。随着向社会传播这一观点，以及对中国未来工业化道路和增长方式选择问题的讨论的日益深入，主张要转变经济增长模式的经济学家、政府官员和社会人士越来越多。

在政、产、学三界人士的共同努力下，"十一五"规划最终确定以推进经济增长方式从粗放型向集约型转变作为经济工作的主线。

在全国人民代表大会正式批准"十一五"规划以后，经济学界继续为廓清"十一五"规划执行过程提出的理论问题而努力。其间，由50人论坛成员蔡昉教授提出，后来为学界普遍认同的两个"刘易斯转折点"的理论，以及中国即将迎来第二个刘易斯转折点，富余劳动力无限供应即将消失的论断，就是一个突出的事例。从2004年开始，许多媒体就报道了一些地区出现的"民工荒"的情况。蔡昉教授经过在全国各地的实地调查和深入的理论分析，在中国经济50人论坛2007年7月的"田横岛论坛"上，提出了"中国经济迎来刘易斯转折点，人口红利即将消失"的观点。

蔡昉教授的这一研究，不但具有实际意义，而且具有理论意义。就前者而论，他较早提醒各界关注我国经济发展阶段发生的必然性变化，甚至可以说为中国经济增长进入新阶段提供了经验背景。就后者而言，它深化了诺贝尔经济学奖获得者威廉·A.刘易斯（William A. Lewis）提出的二元经济和劳动力转移理论，因此，蔡昉教授的论说受到好几位国际著名经济学家的关注,并且受邀在国际经济学会的圆桌会议上发表演讲。特别值得一提的是,斯坦福大学青木昌彦教授在世时对蔡昉教授的研究成果表现出了高度重视。如同大家所知,青木昌彦教授于2015年3月在北京的几个重要论坛上发表过一篇题为《对中国经济新常态的比较经济学观察》的著名论文。[①] 青木昌彦教授在论文中指出,从供给侧观察中国经济发展可以发现,富余劳动力从农村到城市转移的过程(他把这一过程叫作"库兹涅茨过程")已经趋于结束,因此,必须通过技术创新和体制改革提高全要素生产率(TFP),这才是可持续增长的唯一源泉。从青木昌彦教授的论述中,可以清楚地看到他在与蔡昉教授频繁交流中形成的思想。

为研制改革总体方案提供学术支持和工作建议

第三个例子,是为中共十八届三中全会制定《中共中央关于全面深化改革若干重大问题的决定》(以下简称《决定》)提供学术支持和工作建议。

2012年11月的中共第十八次全国代表大会选出了新一届中共中央委员会,做出了以更大的政治勇气和智慧全面深化改革的重要决议。紧接着,新当选的中共中央总书记习近平在年末的中央经济工作会议上提出,"要深入研究全面深化体制改革的顶层设计和总体规划,明确提出改革总体方案、路线图、时间表"。

习近平总书记的上述要求,无异于是给关心、支持改革的人们一

---

① 参见青木昌彦:《对中国经济新常态的比较经济学观察》,《比较》辑刊,2015年第2期。

道号召书和动员令，鼓励他们积极参与这一关系国家命运和前途的顶层设计和总体规划的研究制定工作。

50人论坛的成员也采取了积极的行动。2013年2月召开的论坛年会，就以"改革的重点任务和路径"作为主题进行讨论。我和论坛成员曹远征、特邀专家郑秉文分别做了"当务之急：研制全面深化改革的总体方案""价、财、税配套改革""未来十年社会保障的改革重点和改革路径"的主题发言。会议建议采取以下的步骤来研制改革的总体方案：问题导向，探寻造成矛盾的体制原因，提出需要改革的项目；市场经济的子系统，例如财政、金融等分类汇总需要进行的改革，提出各子系统的改革方案；经过筛选，将各方面提出的改革要求汇编成一个"最小一揽子改革方案"。[①]

年会之后，根据中央财经领导小组办公室的要求，50人论坛组织论坛成员对一组改革课题进行了研究，它们分别是：《改革：总体思路和当前举措》（吴敬琏负责），《城市化、农民进城与农村土地制度改革的统筹思考》（周其仁负责），《界定政府与市场、政府与社会的关系与其相关的改革建议》（吴晓灵负责），《社保体制改革的路线图和时间表》（宋晓梧、蔡昉负责），《中国资本账户开放与管理的顶层设计：路线图与时间表》（曹远征负责），《国有资产资本负债管理体制与国有资产所有者代表机制的改革》（李扬负责），以及《保护私有产权，发展民营经济，打破国有垄断相关制度改革与政策调整建议》（魏杰负责）。

这七项研究课题，都是中国改革面临的重点和难点问题。学者们

[①] 参见吴敬琏："当务之急：研制全面深化改革的总体方案"（2013年2月），载《直面大转型时代》，北京：三联书店，2014年，第221—223页。

在各自熟悉的领域进行了深入调查和细致研究，写出了研究报告初稿。然后经过4月6日论坛第47次内部研讨会的讨论，最后形成定稿，送交即将建立的十八届三中全会文件起草小组参阅。

改革开放正未有穷期

《中共中央关于全面深化改革若干重大问题的决定》既高屋建瓴地提出，"要紧紧围绕使市场在资源配置中起决定性作用深化经济体制改革，坚持和完善基本经济制度……推动经济更有效率、更加公平、更可持续发展"，又谨慎务实地规划了经济、治理、文化等多方面改革的具体步骤，是一个思想缜密、措施得当的纲领性文件。因此，它受到朝野内外的普遍赞誉和支持。

不过我们也清醒地认识到，通过一个好的决议并不意味着改革立即大功告成。全面深化改革必然面临种种阻力和障碍，它们既来自旧的意识形态，也来自权力寻租特殊既得利益者，还有来自不断变化的内外部环境。面对这些阻力和障碍，必须像中共十八大以来一再重申的那样，以极大的政治勇气和智慧努力地推进。

改革开放四十年，尽管有波折甚至回潮，但历史的大逻辑决定了它还是要沿着市场化、法治化、民主化的取向前行。回首四十年，经济改革的主题是政府和市场关系的不断调整，是沿着"商品经济为辅"到"决定性作用"的方向前进。凡是市场取向改革取得实质性突破的时期，经济社会都取得了较快的发展，人民生活质量也有显著提升。但有时会囿于旧有的概念和口号，出现摇摆甚至倒退；也会以文件落实文件，在原地踏步，走了弯路甚至回头路还茫然不觉。这种状况必须得到改变。当出现这些负面现象的时候，我们必须坚定不移地推进改革，消除影响社会经济发展的"体制性障碍"。只有这样，才有可能实现效率的提高、结构的改善和发展的持续。

从经济改革来说，我们就面临着坚决执行中共十八届三中全会总体规划的重大而艰巨的任务。

第一，构建统一开放、竞争有序的现代市场体系，仍然是改革的核心任务。为了实现这一目标，必须从政治、经济、法治等多方面下手。保护产权、厉行法治都是题中应有之义。目前仍然存在的大量行政保护、政商勾结以及滥用市场支配地位的行为，也必须通过竞争政策的完善和执法体系的加强加以消除。

第二，党政领导机关要在营造良好营商环境和提供有效公共服务等方面认真负起自己的责任。当前政府在"放管服"改革方面已经取得了一些进展。现在需要注意的，一是要防止回潮，二是改革要继续向纵深发展，更大范围实施市场准入负面清单和政府职权正面清单，真正做到"法无禁止即可为，法无授权不可为"。

第三，国有企业改革要力求披荆斩棘，通过深水区。目前国有企业依然掌握着大量重要的经济资源，并且在许多行业中处于垄断地位。保持和强化这种格局难免会压缩其他经济成分的生存空间，妨碍公平竞争市场的形成，并使整个国民经济的效率难以提高。如何根据中共十五届四中全会"有进有退""有所为有所不为"的要求实现所有制结构的调整，并按照中共十八届三中全会的《决定》，实现国有企业管理从"管人管事管资产"到"管资本为主"的转变，还有一系列认识问题和实际问题需要解决。

第四，继续推动对外开放，参与构建人类命运共同体。以开放促改革的发展是中国改革的一条基本经验。在当前反全球化的潮流在个别群体中流行的情况下，中国必须积极落实中国领导人向国际社会提出的倡议，反对各种保护主义，放宽外资市场准入，促进公平竞争，建设高标准的自由贸易区网络。自贸试验区是具有全局意义的试验，其重大意义并不在于给予某些地区政策优惠，而在于营造市场化、国际化、法治化的营商环境，进一步释放开放红利。

改革开放四十年的经验一再证明，改革实践需要改革理论的指引和支撑，理论和实践必须携手共进。中国经济50人论坛成立二十年来，论坛同人秉承公益性、独立性的理念，聚焦政策研究，对于中国改革和经济社会发展的重大问题，都能有声、有为，贡献自己的一份思想力量。在今后的改革开放征程中，我们仍将秉持论坛成立时的初心，兴独立思考，引源头活水，纳百川入海，为人民再立新功。

总之，改革正未有穷期，让我们共同努力！

（2018年8月2日）

目 录

序言　改革开放四十年：理论探索与改革实践携手前进　吴敬琏 / 001

第一篇　我与中国经济 50 人论坛

中国经济 50 人论坛与高质量发展	白重恩 / 005
一晃二十年	樊　纲 / 017
知识创新与知识分享	胡鞍钢 / 027
中国经济 50 人论坛与我的学术研究	江小涓 / 041
二十年点滴	李　波 / 055
中国经济 50 人论坛的启示	刘　伟 / 067
我与中国经济 50 人论坛的三件事	钱颖一 / 077
我的中国经济 50 人论坛	盛　洪 / 089
一个精彩纷呈的大讲堂	宋晓梧 / 095
参加中国经济 50 人论坛活动的两三事	王一鸣 / 105
由中国经济 50 人论坛的桌签想到的	夏　斌 / 117
回忆我参加的中国经济 50 人论坛的三次活动	许善达 / 123

第二篇　二十年助力中国经济发展

关于"刘易斯转折点"的争论及其意义	蔡　昉 / 137
我经历的金融体制改革二十年	曹远征 / 153
"第三只眼"看汇改：政策和市场的逻辑	管　涛 / 173
实施乡村振兴战略的八个关键性问题	韩　俊 / 187
中国经济何时赶超美国的最早预测	韩文秀 / 207
企业部门债务率的变化趋势及风险因素	贺力平 / 219
二十年金融风险大轮回	黄益平 / 239
社会主义市场经济应该是什么样子——以广东省顺德市为例	
	李晓西 / 253
改革是中国的唯一出路	李　扬 / 269
如何理解经济增长阶段转换	刘世锦 / 285
全球经济治理体系变革的历史逻辑与中国作用	隆国强 / 301
中美经贸关系：伙伴、对手还是敌手	楼继伟 / 311
我亲历的2000年有色金属工业管理体制改革	马建堂 / 323
扶贫助弱是中国经济50人论坛的永恒主题	汤　敏 / 335
再接再厉，为建立现代化经济体系出谋划策	魏　杰 / 347
如何认识政府在经济发展中的作用	汪同三 / 361
积跬步以致千里：从预算监督看社会民主法治建设的推进	
	吴晓灵 / 381
参与两次汇率形成机制改革咨询决策的回顾	谢伏瞻 / 393
从主体功能区到生态文明	杨伟民 / 409
主动有序扩大中国金融业对外开放	易　纲 / 425

中国应该加速国际收支结构的调整 余永定 / 437
我是如何认识奥地利学派经济学的 张维迎 / 451
改革四十年来在方法论上的成功经验 郑新立 / 463

附　录

附录1　中国经济50人论坛成员名录　　　　　　　　　　/ 473
附录2　中国经济50人论坛企业家理事会成员名录　　　　/ 477
附录3　中国经济50人论坛二十周年大事记　　　　　　　/ 479

中国经济 50 人论坛丛书
Chinese Economists 50 Forum

第一篇　我与中国经济 50 人论坛

白重恩简历

清华大学经管学院弗里曼经济学讲席教授、院长，清华大学中国财政税收研究所所长。美国加州大学圣地亚哥分校数学博士、哈佛大学经济学博士。研究领域为制度经济学、经济增长和发展、公共经济学以及中国经济。

目前担任全国政协委员、民建中央常委、中国人民银行货币政策委员会成员、"十三五"国家发展规划专家委员会专家委员、国际经济学会执行委员会成员。曾挂任北京市国有资产经营有限责任公司副总裁。曾任布鲁金斯学会非常驻高级研究员。

中国经济50人论坛与高质量发展

白重恩

我于2009年与韩俊、王一鸣一起当选第二届中国经济50人论坛成员。作为论坛成员的最大福利就是可以参加论坛组织的各种研讨会，包括每年一度的论坛年会、论坛的内部研讨会、在各地举办的经济理论研讨会、国际交流研讨会等。这些研讨会的一个重要特点是会议的主题都是重大的现实经济问题，论坛聚集的高水平政策制定者、专家学者以及企业家围绕着会议主题畅所欲言，各抒己见，甚至针锋相对。作为一个来自高校的学者，我很高兴有机会就这些重大问题，特别是有关高质量发展的问题，发表自己的观点以及支撑这些观点的研究成果，也很高兴能从其他研讨会参加者的发言中了解新情况、新思路和新观点，我从中学到了很多，也得到了很多启发。

在过去的九年中，我三次在50人论坛的年会上做主题发言。得到50人论坛学术委员会的信任，感到很荣幸。

第一次在50人论坛年会上做主题发言是在我成为论坛成员后的第一次年会上，即2010年年会上。那次年会的主题是"'十二五'规划：改革与发展新阶段"。我演讲的题目是"经济结构转变和公共财政之间的关系"，希望回答的问题是"我们应该在公共财政方面采取一些什么措施来促成经济结构的优化"。发言中讲得最多的是怎样通过财政政策来增加消费需求,因为我认为居民消费是福利的一个重要指标,不能带来消费改善的经济增长不能算是高质量的。

我和我的合作者关于可支配收入在居民、企业和政府这三个部门间的分配的研究为我的发言提供了主要研究基础。我们发现,居民储蓄率的变化解释不了多少居民消费占GDP(国内生产总值)比重的变化;居民消费占GDP比重下降的主要原因是居民可支配收入占比下降。居民可支配收入占比下降有多方面的原因,其中劳动者报酬占比下降是最主要的原因。另外,居民财政性收入占比下降、居民税负变重、居民社会保障负担变重等也是显著因素。

我们进一步对劳动者报酬占比下降的原因进行分析。我们发现,农业在经济中的比重下降以及国有企业在改革中减少冗员等是主要因素,我们不应该试图逆转这两个因素来增加劳动者报酬。我们也同时发现,工资增长慢不是劳动者报酬占比下降的原因,所以也不应该通过提高最低工资来增加劳动者报酬占比;如果最低工资提高过快,就业就会受到负面影响,并不能增加总体劳动者报酬。为增加劳动者报酬,可以采取的措施是创造条件更好地发展服务业以及加强竞争。促进服务业的发展和财政政策有直接关系。我们过去服务业大部分是营业税,有重复征税的问题。企业需要服务时,内部提供可以不交税,从外部购买则须交营业税。因为有这样的营业税,企业不愿意从社会上购买服务,这就在一定程度上影响了服务业专业化发展。这几年,我们通过营改增解决了这个问题,对促进服务业的发展是一大利好,对增加居民收入和消费也是一大利好。

居民可支配收入不仅取决于初次分配中的劳动者报酬,也取决于居民可以分得的资本报酬、居民的财产性收入、居民的税费负担，以及居民得到的转移支付。这里，财政政策就可以起到较大作用。最有效的方式是用国有资产和财政来支持社保，腾出空间降低社保缴费负担。我们的社保因为有沉重的历史包袱，劳动者缴费负担比较重，在国际比较中发现，我们的法定养老保险缴费率是全球最高的国家之一，这在很大程度上影响了居民可支配收入。历史包袱主要来自过去的企业，主要是国企，并没有为职工养老进行积累，这些企业的退休职工的养老收入都要由新一代劳动者的缴费来负担。过去的国企没有为职工养老进行积累，而将企业的收入主要用于形成资本，所以现在通过划拨国有资本或国企分红来支持社保、减轻历史包袱是理所当然的解决方案。这样做既可以增加居民可支配收入，也可以降低企业的负担，从而促进企业的发展，是一举多得的好事。过去这几年，我们在这方面做了一些努力，但力度还不够大。

我在这次发言中最后提到，除了收入分配之外，房价的过快上涨也是影响消费的重要原因，因为购房的巨大负担挤占了可以用来购买其他消费品的资金。除了增加土地供给之外，房地产税也是控制房价过快上涨的有效机制。房地产税可以降低即期的一次性购房支出。因为未来要不断交房地产税，理性的消费者进行即期支付的意愿会变弱，因而房价会下降。房地产税替代一次性的一些税收以后，人们买房子一次性支出会减少，这会减轻很多消费者的负担。很多消费者面临着流动性约束，只是短期收入不高，未来收入会增加，这样降低短期支出、增加未来支出可以解决影响消费的流动性约束问题。房地产税除了可以减轻消费者的流动性约束问题外，也可以改善财富分配不均的问题。中国居民持有的财产的最主要体现形式是房地产，早期买了很多套房子的居民拥有很多财富，但新生代的居民很难再有这样的机会，通过房地产税来对财政分配不均进行适当的调节是有利于社会公平也有利于促进居民消费的。

第二次在论坛年会上做主题发言是2017年年会。这次年会的主题是"深化供给侧结构性改革——产权、动力、质量"。会议组织者安排我主要讲动力。我选择了从财政的角度看经济增长的新动力，特别是关注如何通过提高投资效率来提高发展的质量。

我首先介绍了我分析中国宏观经济的一个框架。我将投资简单地分成两类：一类称为政府驱动的投资，一类称为市场主导的投资。这两类投资形成的二元结构在我们的经济运行中起到非常重要的作用，如果处理得不好，我们可能会陷入一个陷阱：当经济有下行压力的时候，我们为保增长会进行财政刺激，我们最得心应手的财政刺激是加大政府驱动的投资力度；当政府驱动的投资增加，占用更多的资源，就会造成要素价格上升，从而降低企业的赢利能力，因而挤出企业本来可以进行的市场主导的投资；当政府主导的投资比重上升，就会造成整体效率下降，并带来经济下行进一步的压力，这将我们带回原点，形成一个恶性循环。我们对这样一个恶性循环做了一些数据的分析，证明确实有很多我们的观察和我刚才讲到的是一致的。

怎么走出这样一个陷阱？当面临经济下行压力的时候，我们要采取积极的财政政策，但积极的财政政策并不意味着一定要做很多政府主导的投资；我们可以用政府的财力来降低税费，这也是积极的财政政策。比较一下这两个不同的措施，如果政府主导的投资是积极财政政策主要的成分，我们就将继续陷在刚才的那个循环中；

如果降低税费，企业赢利能力增加，企业的投资积极性提升，就会诱导更多的市场主导的投资，增加市场主导的投资所占的比重，整体效率就会上升，经济下行的压力也会减缓，我们就可以走出这样一个循环。

这里面的关键是，当面临经济下行压力时，我们的积极财政政策到底是以政府主导的投资作为主要的成分，还是以降低税费作为主要成分。从国际比较的角度看，我们税费的负担对企业来说是比较重的，其中最重的是社保缴费负担。

我们希望降低政府主导投资的增速，并同时降低企业面临的税费。政府很多投资是通过地方政府融资平台借债完成的，我们发现这些投资产生的回报率在不断下降，不仅使整体经济的效率较低，而且增加了地方政府债务可能带来的风险。我们该怎么办？我提出的建议是实现政府资产使用的转向，由使用这些资产做抵押来获得贷款进行投资，到用政府的资产来支持社会保障，这样可以降低社会保障的缴费率，从而降低企业的负担，促进企业的投资，实现良性循环。

第三次在论坛年会上做主题发言是2018年年会。这次年会的主题是"从高速增长到高质量发展"。我讲的主题是"更好地引导地方政府推动高质量发展"。

在过去近四十年的高速增长中，地方政府起到了非常重要的作用。现在要实现从高速度增长转向高质量发展，地方政府的作用要转变，对地方政府的要求要转变，引导地方政府的动力也要转变。

地方政府有很强的动力追求高速度增长。动力的一个来源是自上而下的考核和要求。尽管考核体系里有很多指标，GDP增长速度只是其中之一，而且权重也在降低，但是很多其他指标都与 GDP 高度相关，如投资和财政收入等，而且在保增长的大环境下我们对地方的经济增长还会有比较刚性的要求，所以 GDP 增长对地方政府来说仍然极其重要。另一个动力是地方政府希望获得本地各方面的认可和支持，其中，企业的认可和支持对地方政府的影响比居民的大，在企业中，往往是能在短期内带来较高增长的企业影响力更大。

地方政府的这些动力在带来高速增长的同时，也带来了一些问题。一是居民从经济增长中得到的好处不平衡、不充分。我们还有较严重的贫困问题，环境污染也比较严重；居民消费占 GDP 的比重较低；居民对他们消费的产品和服务的质量有较多不满。二是我们经济运行的效率比较低。政府驱动的投资占用了过多的资源，导致企业成本过高，压抑了市场驱动的企业投资，从而影响了经济的整体效率。2008 年以来，我们的投资回报率和全要素生产率增长速度和之前相比下降幅度都很大。三是经济运行的风险，特别是金融风险加大。除了金融监管方面的问题之外，用高额债务来进行低效投资也增加了风险。要实现高质量的发展，我们需要解决这些问题，因而也需要转变对地方政府的要求，转变引导地方政府的动力。

在对地方政府自上而下的考核和要求方面，一是更加强调居民消费和居民可支配收入。考核指标要强调居民消费的增长速度，以及居民可支配收入的增长速度。除此之外，为让地方政府有更强的积极性来支持消费，可以考虑减少在生产端征收的增值税，增加在消费端征收的销售税。二是更加强调高效和可持续的公共服务，包括精准扶贫和污染防治。三是加强对地方政府资产和负债的考核和管理。尽快发布地方政府的资产负债表并将之用于考核,希望在促进本地居民消费更快增长的同时,还能够控制风险,不让地方政府债务变得太多。如果能在不过度举债和不过度变现资产用于投资的情况下,还能实现居民消费较快增长,就说明效率较高,因而不需要直接考核效率指标。效率指标的估算往往难以得到公认。四是更加重视居民和企业的主观感受。有些地方政府的举措不能在客观指标中得到有效反映,这时,地方政府的服务对象的主观感受就很重要,居民和企业最能真切体会到地方政府为他们提供的服务有多好。五是要求地方政府的产业政策更加重视居民的消费,特别是服务消费。我们很多服务消费是比较大的短板,如学前教育、护理和养老、家政服务等。我们需要厘清政府和市场的分工和合作机制,努力消除高效提供这些服务的制度障碍。六是为地方政府"大胆创新探索撑腰鼓劲"。高质量发展的措施需要因地制宜,地方探索非常重要。

在更好地发挥本地居民和企业对地方政府的影响力方面,我们需要努力探索在现有制度框架下,如何赋予居民更大的且能更好地反映他们根本利益的发言权和影响力,以及如何赋予企业更加均衡的发言权和影响力。

除了每年一度的论坛年会之外,论坛还举办了很多内部研讨会。给我带来最深印象的研讨会是 2012 年 7 月 21 日在密云云水山庄举行的内部研讨会。会议由刘鹤主持,主题是"未来五到十年我国经济社会发展的重大问题"。我和蔡昉、曹远征、樊纲、楼继伟、石小敏、宋晓梧、汤敏、汪同三、王建、王一鸣、吴敬琏、吴晓灵、夏斌、许善达、张曙光、张维迎等论坛成员一起出席会议。论坛企业家理事会成员段永基、郭翠萍、刘光超、秦朔、张伟祥、朱德贞也出席了会议。

在这次会议上,我和蔡昉都强调了要将改革的重点转移到努力提高全要素生产率方面,以此来实现可持续、高质量的发展。我指出,长期来说,经济增长潜力主要看供给能力:如果供给有较强的能力满足需求,增长就会较快。潜在经济增长速度取决于全要素生产率改善速度、有效劳动力增长速度和投资率变化。投资率已经很高,压抑了消费,特别是居民消费,影响了人民的福利,所以不能依赖投资率的进一步增高来提升增长,甚至需要降低投资率来促进消费,这在调整期内可能会给 GDP 增长速度带来负面影响,但可以带来更快的消费增长。同时,由于人口结构的变化,有效劳动力的增长速度在减慢。保持可持续增长的唯一希望是继续改善全要素生产率。

我们过去三十多年全要素生产率的增长主要来源于追赶者红利、城镇化红利和改革开放红利。我们向先进国家学习给我们带来了追赶者红利,开放给我们的学习创造了好的条件,有利于实现追赶者红利。我们距离技术前沿还有一定距离,但这种距离在不断缩小,这同时也缩小了追赶者红利。虽然城镇化红利还没有消失,但增速减慢。1978 年我们的城镇化率是 18%,那时城镇化率增加 1 个百分点代表着 5.5 个百分点的增长;而 2010 年我们的城镇化率达到 50%,这时城镇化率增加 1 个百分点只代表 2 个百分点的增长。走向市场的改革提高了人们的积极性,也促进了资源从效率低的企业向效率高的企业转移,提高了经济的整体效率。

我报告了我们对全要素生产率的测算结果,指出 2008 年以来我们全要素生产率的改善速度有了较大幅度的下降，要提高全要素生产率，需要进一步的改革，让市场在资源配置中起更大的作用，政府在有所为与无所为之间取得更好的平衡，政府职能的范围变得更加合理。

要达到让市场起更大更好作用的目的，需要放弃计划思维。在离前沿较远时，我们可以跟着先进国家走，方向比较明确，计划可以起到较大作用。随着我们距离前沿越来越近，下一个增长热点就会越来越不确定，计划能起的作用也越来越小，最终将起到负面作用。我们需要增强我们对经济增长点不确定性的承受力，即使我们不一定知道未来的增长热点是什么，但一个有利于创新的市场经济总会找到新的增长点，而真正的创新是没有办法计划的。进一步的市场化改革需要寻找动力和克服阻力。

我们当时所做的分析为经济新常态的判断提供了支持，也为供给侧结构性改革提供了支持。

这次会议给我留下深刻印象的一个原因是，那天北京下了特别大的雨。按计划，我需要当天晚上赶到上海，参加第二天上海财经大学经济学院组织的关于协同创新的会议。我提前离开会议从密云赶往机场，但在快到机场的地方车子被积水淹得熄了火。我和司机一起将车推向积水较浅的地方，然后拦下一辆下了班的公交车继续向机场赶，希望能赶上航班。路上打电话发现，很多航班被取消，根本没有希望飞往上海，要赶到火车站也很困难。在机场附近涉水住进一家酒店，希望第二天一大早再乘最早一班航班去上海，结果早上到机场发现，仍然走不了，这才放弃了去上海的行程。

这次会议给我留下深刻印象的更重要的原因是会议讨论的热烈

以及参与者表现出的强烈的使命感。这次会议是在党的十八大前夕,与会者深切地感受到我们面临着危机与转型的赛跑;如果不能实现转型,不能提高发展的质量,出现危机的风险会增加很多;同时,与会者也有强烈的使命感为党的十八大建言献策。在这样的危机感、使命感和责任感驱动之下,与会者发自肺腑地对中国经济社会中的重大问题表达了自己的观点。这种精神正是我们四十年改革开放成功的关键:解放思想,全心全意聚焦于解决社会主要矛盾。

樊纲简历

经济学博士，北京大学经济学教授，中国经济体制改革研究会副会长，国民经济研究所所长，中国（深圳）综合开发研究院（国家高端智库）院长。主要研究领域为宏观经济学、转轨经济学和发展经济。1988年获经济学博士学位，同年进入中国社会科学院工作；1992—1993年任《经济研究》编辑部主任；1994—1995年任经济研究所副所长；1996年起创办国民经济研究所；2006—2010年任中国人民银行货币委员会委员；2015年6月再次被国务院任命为该委员会委员至今。

1991年、2005年两次获得中国经济学界最高奖项孙冶方经济科学奖；1992年被评为国家级有突出贡献的中青年专家；2004年被法国奥弗涅大学授予荣誉博士学位；2011年被加拿大皇家大学授予名誉法学博士学位；2005年、2008年、2010年，连续三次被美国《外交政策研究》与英国《观点》杂志共同评选为世界最受尊敬的100位公共知识分子之一；2010年被《外交政策研究》评为全球100位思想家之一。

樊纲是极具影响力的政策建议者，长期致力于推动中国经济体制改革。在中国政府经济主管部委制定重大决策时，樊纲经常受邀提供政策咨询和改革建议，被公认为中央政府的重要智囊，是深受主流媒体信任和被持续跟踪的意见领袖，享有极高的社会声望。樊纲是中国经济50人论坛历届成员和历届学术委员会成员。

一晃二十年

樊 纲

1998年，刘鹤同志找易纲和我，提议组建一个经济学人的论坛，讨论当前的许多经济理论与政策问题，于是我们共同发起成立了中国经济50人论坛。至今一晃已经二十年了。回顾这二十年里50人论坛经历的方方面面，也是从一个侧面，对这一伟大时代的记忆。

缘 由

20世纪90年代后期，中国经济已经经历了二十年的快速发展，体制改革逐步深入，对外开放不断扩大。与此同时，经济运行也变得越来越复杂，新旧体制交织，利益格局复杂，加上当时国内经济还处在20世纪90年代初经济过热之后的调整时期，产能过剩、银行坏账、职工下岗等问题都有待解决；而在国际上，那时爆发了亚洲金融危机，包括我国香港在内的周边国家与地区受到了严重冲击，我们的外部经济环境严重恶化。

所有这一切，都需要更专业、更深入的分析与研究，都需要经济学者从各个方面对经济的现实问题与经济政策提出更切合实际的论证与建议。经济政策的决策者，也越来越重视专业人士的分析与建议。从国务院总理到各部部长，都希望经济学者提出更多的实证分析与政策建议。1997年以后召开的一系列经济学家座谈会，从一个侧面反映了我国经济决策科学化的进程。

50人论坛就是在这样的背景下，听从"历史的呼唤"应运而生的。它成立的目的，就是将各方面的经济专家，包括一些从事学术研究的学者（如大学教授和学术研究机构的学者），也包括一些以经济学为专业背景的政府官员、政府内部的研究人员，结合在一起，以问题为导向，从各自的角度出发，聚焦当前紧迫的经济战略与经济政策问题，集思广益，头脑风暴，互相碰撞，为决策提供一些有用的参考。

模　式

我国历史上的政策研究与咨询机构，主要存在于政府内部，由政府设立，社会智库类的机构较少。比如，政府各部委下设的研究院、研究所，或独立于政府各部委的研究机构，如社会科学院、国务院发展研究中心等。我们当然不可能也不需要组织建立这种政府机构，而是要在政府研究机构之外创办某种新型的机制。这本身并不复杂，找一些学者组成一个非政府智库，定期或不定期地开一些论坛，做一些研究，提出一些建议，都是可行的。当时就已经出现了一些这样的机构组织。但这类非政府机制普遍面临的一个问题是，它们似乎离决策"较远"，学者有理论、有观点，但是对政府运行机制不熟悉，对决策过程面对的实际问题不太了解，提出的政策建议往往与实际需要相去甚远,可操作性较差。

在世界上,各国都有各种各样的经济政策研究与咨询机构,任何一个智库、任何一个科研机构、任何一所大学、任何一个社团组织,都可以对公共政策建言献策。在一些国家,还存在一些"正式"担当政府决策咨询的"顾问委员会",如美国的"总统经济顾问委员会"、德国的"经济专家委员会"(俗称"五贤人")、法国总理府的"经济计划委员会"(有时简称"经济40人委员会")。这些机构都是邀请学术机构的经济学者组成的,没有政府官员参加;也许有些人过去曾在政府内任职,但在出任这种政策咨询机构时,肯定不再有政府官员的身份。这也很自然、很正常,因为无论顾问委员会是否在政治上独立于行政当局,提供咨询的肯定是政府之外的专家,政府官员则是咨询建议的需求方,他们需要由政府之外的学者提供角度不同的建议。

在上面列举的这些国家里,"纯学者"组成的政策咨询机制能够有效地向政府提供政策建议,一个基本的原因是这些国家是"大市场、小政府"的经济体制,政府管理经济事务的范围不大,对经济活动的参与程度较低,要决策的问题相对较为简单。而在中国,由历史与现实的背景决定,在20世纪90年代至今,政府在经济生活的方方面面都起着重要作用,参与程度很深很广,若不熟悉政府内部的决策机制与执行机制,就很难做出切合实际的政策建议,包括改革政府本身的政策建议(这其实在当初和现在都是一个重大的决策需求)。

与此同时,我们有一大批以经济学为专业背景的人进入政府工作。20世纪90年代后期,其中一些人已经在中高级的政府岗位工作。他们当中的许多人有良好的理论功底，继续关注理论的发展，同时也希望有一种机制使他们能够经常跳出日常的具体工作，与学者一起讨论一些本职工作之外的事务，更宏观、更长远地思考一些战略性的"大问题"。我们的政府体制是政治与行政统一，政府官员可以在政府的不同岗位上调动，但需要长期持续地在政府内工作，不像西方国家那样，官员与学者、智库研究者之间可以在政治选举变化之后通过"旋转门"变换角色。中国的政府官员也有与其他部门官员研讨政策、相互交流的机会，但这取决于他们当时工作的内容，而并不能由他们来选择自己有兴趣、有研究、有特长的问题参加"其他领域"经济政策的研讨。同时，作为政府官员，他们要像其他国家的政府官员一样遵守政府纪律，一般不能在公众场合参加自己管辖范围内有关政策的公开辩论。

这就是我们在政策研讨这个问题上面对的中国实际与中国特色。50人论坛就是根据中国的特殊实际而形成的一个特殊机制。它不是由政府任命的机构，但是其使命是研究政策问题；它结合了政府内部与学术界的各方面专家，共同到这个论坛上进行经济政策的"内部研讨"，为政府官员与外部专家提供一个方便的畅所欲言、观点交流的平台。所以，与其他国家的经济政策咨询组织相比，50人论坛成员名单的一个重要特色就是它包含一些政府官员（许多人后来成了"高官"）。这种特色，也许在将来会随着经济体制的变化和社会分工的深化而有所改变，但它在50人论坛成立的最初二十年里，是论坛能够发挥独特作用的一个重要原因。

机　制

在运行机制上，50人论坛力求保持以下一些特点。

公益性。不仅我们讨论的问题都属于公共政策问题，而且论坛成员只由科研教育机构的学者和政府部门的官员或研究人员构成，没有私人部门、商业机构（公司企业、银行基金等）的人员参加（唯一的例外是有位同志原来长期任职于政府，后来到国有金融机构任首席经济学家）。现在中国的私人部门有许多优秀的经济学家，许多人也在为中国的政策研讨建言献策，但那只能在50人论坛以外的机制中发挥作用，毕竟50人论坛也不是唯一的研讨机制。

相对独立性。首先是相对独立于政府。我们是以研究经济政策为主要任务的论坛，最终目的是为公共政策科学化服务，虽然论坛成员中有一些政府官员，但我们不是政府设立的机构，不隶属于政府的任何部门，所以我们可以选择我们认为重要的课题进行研讨，有时有政府官员参与，但都是以个人身份参加，以免产生对政府工作的干扰。其次是独立于任何特殊的商业机构。50人论坛要举办论坛会议，要进行一些调查与研究，自然需要有一定的经费来源，中国的一些优秀企业家也愿意支持我们，为此我们成立了中国经济50人论坛企业家理事会，由柳传志、段永基等热衷于公益的企业家组成，但原则是参与的企业数目不少于20家，每个企业每年资助的金额都是25万元，保证论坛不对任何一家特殊企业的特殊利益产生依赖。

聚焦政策。经济学的研究是多层次、多角度的：有纯理论研究，也有对策性研究；有对长期趋势问题的研究，也有对短期波动问题的研究；有宏观研究，也有微观研究；有实证性研究，也有规范性研究。50人论坛的各个成员，在各自服务的机构中，都有各自的研究重点、各自的研究团队、各自的研究课题，研究的性质和特点各不相同，但是在参加50人论坛的研讨会时，重点都是统一的，那就是针对当前的一些紧迫的战略问题和政策问题（包括当前需要确定的体制改革和长期发展战略问题），从各自擅长的角度出发进行研究与讨论。多元的背景与多元的角度，有利于将政策讨论提升到更高的高度。

内部研讨为主。公共政策最终是面对公众的，但是在最初的研讨过程中，为了不引起误解，不对政府制定政策产生干扰，闭门式的内部研讨是必要的，特别是我们的成员有些身处决策中心，只有内部研讨才能使大家畅所欲言。这不是说我们所有的活动都是闭门的，每年的年会和专门为公众服务的长安讲坛都会邀请各界人士参加，今后也会有更多的研讨对媒体开放。

集思广益。每次50人论坛的内部研讨会上，论坛成员的观点往往会差别巨大，有时可以说是"从红外线到紫外线"，构成非常广的色谱，大家互相争论，各执己见，但也互相启发，在争论中互相借鉴。50人论坛从不追求得出什么一致的结论（尽管有时在争论中大家会"趋于"一致），论坛的简报基本也就是把各位的发言原汁原味地记录下来，供内部参考。我想这也是大家这么多年来都愿意参加论坛研讨的一个重要的原因。

公开活动

除了50人论坛的网站将论坛成员同意公开发表的文章和观点

向公众推介之外，50人论坛与公众互动的主要机制，就是定期举办的面对公众的长安讲坛。这个讲坛是完全公开、面对社会举办的公益活动，无论是新闻媒体、大专院校师生，还是社会各方人士，都可以免费参加，并在新浪网站上对公众播放，每次请50人论坛的一位专家，在两个小时的时间里，将自己在某一公共政策领域的研究成果，向大家进行较为详细的介绍，并回答大家提出的各种问题。有人曾问长安讲坛的名字是不是因为有赞助商，所以用其公司名称中的"长安"二字来冠名。其实这只是因为当初第一次办讲坛时，地点是在国家信息中心的会议室，而国家信息中心地处北京长安街上，所以就起了"长安讲坛"的名字。长安讲坛每年要办20多期，至今已经举办了339期，得到了清华大学经管学院的大力支持，地点就固定在经管学院的会议厅，新浪网则是长安讲坛固定的媒体合作机构。

国际交流

随着改革开放的深入，中国经济日益融入世界经济，中国经济的世界影响力日益扩大，任何经济政策问题都具有国际视角，各种"多边"问题和"双边"问题也都成了经济学家要讨论的内容。50人论坛举办的国际交流活动主要集中在若干对世界与中国都有重大影响的问题上。比如，2010—2015年，50人论坛先后举办了三次"中美经济学家颐和园对话"研讨会，对世界金融危机之后世界上一些最重要的全球性经济问题和中美之间的双边关系问题进行了深入的讨论，并为双方的决策层提出了建议。2008—2009年，50人论坛主持进行了关于"防止全球变暖、促进低碳转型"的理论与政策专项研究，并且与瑞典环境研究所共同在斯德哥尔摩举办了以此为主题的国际研讨会。以此为主题的研究在当时的中国经济学界是第一次，为中国经济学家在国际低碳发展问题上的发言权提供了重要的基础。

内部管理

50人论坛的活动，在一定意义上说，是在50位经济专家繁忙的日常工作之上"叠加"上去的一项活动，所以从一开始，组织50人论坛工作的原则就是高效、"省时"。同时，50人论坛成员各有各的工作岗位，但到了这个论坛上，大家一律平等，没有职务高低之分，因此也要充分发扬民主，尊重每一个人的意见。因此，50人论坛只设立了一个五人的学术委员会，作为论坛的协调、服务与决策机制，在秘书处的协助下组织各项活动。委员会也不设主任一类的特殊职务，大家民主决策，在必要时发挥"上一届"学术委员会的作用。比如50人论坛"换届"时，请上一届学术委员会在50人民主投票的基础上，根据工作与服务的需要从十名大家选出的候选人中最终确定五人组成下一届的学术委员会。

50人论坛是要"换届"的，从十周年开始，每五年换一次，已经换了两届。每次换届的一个重要内容就是年轻化，一般50岁以下的人才能成为新加入的成员。现在50人论坛二十年了，又到了换届的时候。这次学术委员会决定更换十名成员，加快论坛年轻化的进程。只有使血液常鲜，才能使事业长青！

胡鞍钢简历

清华大学国情研究院院长，公共管理学院教授、博士生导师，国情研究（当代中国研究）开拓者和领军人物。

获中国科学院工学博士学位，美国耶鲁大学经济学系博士后，俄罗斯科学院远东研究所荣誉经济学博士。

国家杰出青年科学基金获得者、中国科学院科技进步一等奖（两次）、孙冶方经济科学论文奖、复旦管理学杰出贡献奖。清华大学文科资深教授。

知识创新与知识分享

胡鞍钢

1998年是不平凡之年,一是爆发了亚洲金融危机,二是中国正处于通货紧缩状态,中国政府决定实施扩大内需的方针,适时采取积极的财政政策和稳健的货币政策。同年,中国经济学界有识之士创办了中国经济50人论坛,我有幸成为论坛成员之一,如同论坛的宗旨和目的,通过自由、深入的研讨和交流,激发彼此的创造力,用集体的智慧成果,推动中国经济的改革与发展。

二十年之后,再来回顾和总结中国经济50人论坛的发展历程,可见的确实现了这一宗旨和目标。我本着知识发展的路径——学习知识、吸收知识、创新知识、交流知识、分享知识,参与论坛的主要活动,也留下了"白纸黑字"的记录,既记录了这一时期的改革开放重大事件和政策背景,也记录了我作为参与者、推动者、建言者对改革开放的重要思考和知识贡献。其中包括几个方面的成果:一是出版了中国经济50人论坛丛书之一《中国:民生与发展》(中国经济出版社,2008年5月出版);二是参与论坛举办的长安讲坛;三是参与论坛的研讨会;四是在论坛网站发表专家文章,主动推送清华大学国情研究院的研究成果和论文文章。

《中国：民生与发展》一书的记录

2005年，根据刘鹤等人的建议，50人论坛决定出版一套中国经济50人论坛丛书，使这些著作能够真实描述中国经济社会的实际变化。为此，我撰写并出版了《中国：民生与发展》一书。该书主要反映了1998—2007年我的国情研究，针对"民生与发展"这一主题，探讨两者之间的关系。改革开放以来，我国创下了世界上最高的经济增长率历史纪录，但同时出现了经济增长的悖论，即十几亿人口的民生问题越来越突出。我的核心观点是，改善民生是政府最大的政绩。政府职能由追求经济增长转向解决民生问题，从而实现由增长型政府向公共服务型（民生型）政府的转型。我们不仅要大力发展生产力，更要普遍改善民生；前者是手段，后者是目的。

该书还介绍了2000年我和王绍光提出的向市场经济转型，重新界定国家作用和干预内容：干预的范围应当缩小，从"无所不管"转向"有限领域"，从"过度干预（越位）"转向"适度干预（定位）"，从公共服务的"缺少干预（缺位）"转向"加强干预（到位）"；干预手段要转变，从以计划、行政手段为主转向以经济、法律手段为主，从以直接控制为主转向以间接控制为主，干预由基于"人治"转向"法治"，干预本身也要接受法律监督和法律制约；提高干预的有效性，充分利用市场机制，积极应对各类挑战；提高干预的透明度，减少干预过程中的"寻租"现象。

我们根据中国国情和建设社会主义市场经济体制的客观要求，将中国政府主要职能归纳为以下几点。首先，包括一般市场经济国家具有的五项基本职能：维护主权和领土完整；制定和实施法律，维持社会基本秩序;界定产权、保护产权;监督合同的执行;维系本国货币的价值。其次,政府对市场失灵领域干预具有的六项职能:提供公共物品;保持宏观经济稳定;使经济外部性内在化;限制垄断;调节收入和财富分配。最后,根据中国国情,政府还具有九项特殊职能:促进市场发育,建立公平竞争的统一市场;注重公共投资,促进基础设施建设;实施产业政策,促进产业结构高度化,充分发挥比较优势;解决地区发展不平衡问题,促进少数民族地区发展;控制人口增长,开发人力资源;保护自然资源,从事生态环境建设,进行大江、大河、大湖、沿海治理;防灾、减灾和救灾;管理国有资产和监督国有资产经营;实行反贫困行动计划,逐步消除中国的收入贫困、人类贫困和知识贫困。①

该书围绕"民生与发展"主题,讨论了六个重大关系:城市与乡村关系、地区与发展关系、社会与发展关系、公平与效率关系、人口与发展关系、环境与发展关系。最后,围绕"民生与发展",首次对第十届(1998—2003年)国务院工作做了独立的事后评价,总结了成功的经验,概括地讲,改善民生成为最大的政绩,实现了增长型政府向公共服务型、民生型政府的重大转型。

党的十七大报告将中国民生目标概括为"学有所教、劳有所得、病有所医、老有所养、住有所居"的五大目标。这意味着就业是民生之本,教育是民生之基,健康是民生之(必)需,社保是民生之盾,安居是民生之(住)所。它更好地体现了"以人为本"的科学发展观,它既是安民目标(构建和谐社会),也是富民目标(发展好人

---

① 胡鞍钢,王绍光.政府与市场[M].北京:中国计划出版社,2000.

民的最根本利益），还是强民目标（提升最宝贵的人力资源）。它投资于人民、服务于人民、造福于人民，更是着眼长远、投资未来的发展战略。

特别需要指出的是，党的十九大报告更加强调"增进民生福祉是发展的根本目的"。将中国民生目标进一步发展为"幼有所育、学有所教、劳有所得、病有所医、老有所养、住有所居、弱有所扶"的七大目标，这成为全面建成小康社会的核心目标之一。

长安讲坛讲座的记录

长安讲坛是中国经济50人论坛开办的经济政策讲坛，面向社会公众，是最好的中国发展知识传播平台，也是国内具有高影响力的经济政策讲坛。讲坛内容公布于论坛网站，被很多网友分享。我也参与其中，将最新的国情研究成果介绍给听众，并与听众直接对话，直接回答问题。这里仅举四次我在长安讲坛的讲座内容，也成为知识创新、知识交流、知识分享的记录。

2011年长安讲坛：《中国三大战略与规划——教育、人才与科技》。[①] 当时国家先后发布《国家中长期科学和技术发展规划纲要（2006—2020年）》（2005年12月31日）、《国家中长期人才发展规划纲要（2010—2020年）》（2010年6月6日）、《国家中长期教育改革和发展规划纲要（2010—2020年）》（2010年7月29日）。教育、人才和科技三大主题已经成为中国发展的战略性问题。中

---

① 阅读量达21501人次。

国为什么实施这三大规划？这三大规划的主要目标是什么？它们之间有什么样的关系？如何实现这三大规划？对此，我做了详细的介绍。

从国际背景看，进入21世纪，国际竞争日益激烈。不仅存在国际经济的竞争，更关键、更长远、更深刻的是科技、人才和教育三大竞争。在国际社会中的竞争实质是科技、人才、教育的竞争，它们是公开的、激烈的竞争，中国必须在竞争中先行一步，占据制高点，成为世界科技创新之国、人才强国和人力资源强国。对中国而言，推动经济社会又好又快发展、实现中华民族伟大复兴，科技是关键，人才是核心，教育是基础。迄今为止，世界上230个国家和地区中，没有一个国家能像中国一样同时做出三大国家发展规划、设计三大国家发展战略、制定三大国家发展目标。无论是教育、人才，还是科学发明、技术创新，都具有较强的外部性和外溢效应，并且相互补充、相互促进。

中国现代化的本质是人的现代化，而人的现代化就是通过教育进行人力资本投资。为此，我介绍了中国的教育现代化历史：第一步是实现了从文盲充斥大国迈向了初级教育大国（1949—1977年）；第二步是从人口大国迈进了人力资源大国（1978—2000年）；第三步是从人力资源大国向人力资源强国迈进（2000—2020年）。这包括：学前一年毛入园率要达到95%；在义务教育方面，主要是提高巩固率；高中教育毛入学率达到90%；发展职业教育，培养更多的熟练工人；高等教育毛入学率提高到40%。现在看来这一预期指标太保守了，2015年，高等教育毛入学率已经达到了40.0%。

中国现代化成功的关键是人才成为第一资源。为此，我介绍了中国要如何从人才匮乏之国成为人才大国,未来还要成为世界人才强国,包括四个方面的具体指标和目标:第一,人才总量稳步、快速增长,队伍规模不断扩大;第二,人才素质大幅度提高,结构进一步优化;第三,人才竞争比较优势明显增强,竞争力不断提升;第四,人才使用效能明显提高。

中国现代化发展的动力来自创新。为此,我介绍了中国如何不断提高科技实力,即在全国和全球范围内,利用各种科学技术资源的能力。中国科技实力从1980年占世界总量比重的3.8%,提高到2009年的17.4%。到2020年,中国科技发展目标就是全社会研究开发投入占国内生产总值的比重提高到2.5%以上,力争科技进步贡献率达到60%以上,对外技术依存度降低到30%以下,本国人发明专利年度授权量和国际科学论文被引用数均进入世界前五位。这三大规划将使中国从人力资源大国成为人力资源强国、从人口大国成为人才强国、从潜在创新国成为世界创新国。现在看来,我国研发投入已跃居世界第二,但是2017年研发投入强度占国内生产总值的比重仅达到2.12%,难以实现2.5%的目标,本国人发明专利年度授权量跃居世界第一,国际科学论文被引用数已跃居世界第二。

2014年长安讲坛:《中国现代化之路(1949—2014年)》,① 主要是纪念新中国成立65周年。1949年,毛泽东在制定《共同纲领》之后宣布:中国的历史,从此开辟了一个新的时代。他还预言,随着经济建设高潮的到来,不可避免地将出现一个文化建设的高潮。

---

① 阅读量达22441人次。

中国人被认为不文明的时代已经过去了,我们将以一个具有高度文明的民族形象出现于世界。

从历史的视角、国际的视角来讨论,中国是如何发动工业化、现代化、城镇化的?如何成为现代化的追赶者,特别是追赶先行者?1949年这个历史的起点,的确给我们开辟了一个伟大的新时代:一是中国工业化、现代化的时代;二是中国社会主义的时代;三是中国走向伟大复兴的时代。社会主义现代化,不仅是中国共产党领导人也是包括中国学者在内所有人追求和探讨的最大目标,也成为这个时代的主题。

我们最大的创新是什么?最大的创新还是中国道路。概括为三个方面的基本因素:一是现代化因素;二是社会主义因素;三是中国文化因素。从这三个因素来看,中国的现代化道路是独特的,简单概括为三大优势。一是后发优势,也可以自觉地避免后发劣势;二是社会主义优势,中国的现代化之路,不是资本主义道路而是社会主义道路,这是与所有发达国家最大的不同之处;三是中国文化的优势,中国有几千年的文化传统,中国现代化不是排斥这些文化,恰恰应该是源于这些文化。

这也充分反映了中国"五位一体"的现代化因素、社会主义因素和中国文化因素,反映了中国道路三部曲和三个阶段。第一个阶段是"先富论"阶段(1978—2011年),这是符合经济发展规律的,中国用了二十年左右的时间,实现了从绝对贫困到总体小康水平。第二个阶段是以党的十六大报告为标志,建立惠及十几亿人口的小康社会,称之为"共同富裕"的阶段,从2002年到2030年,需要花三十年的时间,先是全面建成小康社会,后是迈向共同富裕社会。

第三个阶段是"全体人民共同富裕"阶段。因此中国的现代化会经历一个从"先富论"到"共同富裕论"再到"全体人民富裕论"的三个阶段。

由于中国的道路由多个具体的道路构成，这就需要不断阐述和分析研究不同的具体道路。这包括：中国特色的农业现代化道路、中国特色的新型工业化道路、中国特色的新型城镇化道路、中国特色的自主创新道路、中国特色的社会民主政治发展道路、中国特色的社会主义生态文明道路等。实际上在中国的现代化进程中，作为世界上人口最多的国家，我国现代化同时会对世界性现代化进程做出最大的贡献。

2015年长安讲坛：《中国中长期发展展望（2015—2030年）》，主要是基于2014年9月习近平总书记提出的"三大规律、三大发展"，即发展必须是遵循经济规律的科学发展，必须是遵循自然规律的可持续发展，必须是遵循社会规律的包容性发展。我认为这一重要观点是在总结中国现代化建设经验、顺应时代潮流的基础上提出来的，为发展赋予了新的内涵，也为中国经济社会中长期发展提出了重要的指导思想和指南。我对中国国情研究是基于"三大系统""三大规律""三大发展"分析框架。所谓三大系统是指经济系统、社会系统和自然系统，这是一个大系统或巨系统；三大系统对应的是分析中国三大基本国情，即经济国情、社会国情、自然国情；对三大国情的基本认识就是发现三大规律，而掌握了三大规律之后，中国才能更好地实现三大发展。这也正是毛泽东提出的"从必然王国到自然王国飞跃"的一个必由之路。具体来说，我认为中国的"三大规律、三大发展"呈现出了"三大阶段"的基本特征。中国经济未来仍然能够有较高增长，是来自相互作用、相互促进的五大发动机，可以概括为"五化同步"。一是新型城镇化，2014年出台了《国家新型城镇化规划（2014—2020年）》。二是新型工业化，即提出了"三个十年""三步走"，蓝图规划了怎样使中国从一个工业大国变成世界工业强国，怎样从黑色工业变成绿色工业。三是信息化和网络化，中国作为第三次工业革命的落伍者，用了不到二十年时间完成了一个世界超大规模信息化、网络化以及移动互联网等的建设。四是农业现代化，主要是在稳定粮食（6亿吨以上）和重要农产品产量、保障国家粮食安全和重要农产品有效供给的同时，加快转变农业发展方式，加快农业技术创新步伐，走出一条集约、高效、安全、持续的现代农业发展之路。当然，从目前的发展情况看，农业现代化是"五化"进程中相对薄弱的环节。五是基础设施现代化，包括交通革命和电力革命，特别是基于高速公路、高速铁路和快速铁路城际交通体系，长距离的特高压输送，实现人流、物流、能源流在各地之间的长距离输送。中国正在成为全球21世纪基础设施现代化的领先者、推动者。

特别是中国与世界的互动关系，大体分为三个阶段。第一个阶段是中国主动向世界对外开放的阶段，从封闭向半开放社会转变，让外资投资中国，利用比较优势，实行出口导向的增长战略。第二个阶段是中国加入WTO（世界贸易组织）阶段，从半开放型经济向全面开放型经济转变，让世界投资中国，实行自由贸易战略。第三个阶段是中国走向世界经济舞台中心的阶段。从建设中国开放型经济体系到建设开放型世界经济体系，让中国投资世界，积极参与全球治理，主动提供全球公共产品，大力提倡共赢主义，与世界共命运，在21世纪为人类发展做出巨大贡献。

2016年长安讲坛：《中国"十三五"规划：创新驱动发展》，主要介绍我们团队（国情研究院）持续研究"十三五"规划成果，主要基于三本著作。第一本是《"十三五"大战略》（浙江人民出版社，2015年6月出版）。第二本是《中国：决胜百年目标》（浙江人民出版社，2016年3月出版），这本书同时翻译成日文在日本出版。第三本则是《中国新理念：五大发展》（浙江人民出版社，2016年4月出版），该书以更专业化的视角研究五大发展：详细介绍了对"十二五"规划发展的评价；讨论"十三五"规划中最大的亮点，即"五大发展"；从专业的角度评价"十三五"规划提出的创新驱动发展战略；介绍"十三五"规划中关于创新发展的目标和指标；介绍"十三五"规划提出的165个重大项目和重大工程，不仅包括基础设施、能源方面的项目和工程，还包括对人才投资的项目，如建设世界一流大学、一流学科等项目。

此外，我在中国经济50人论坛网站提供了71篇专家文章。参加论坛内部研讨会，就某一专题进行深度分析和交流，形成重要成果《中国经济50人论坛月报》（内部刊物）等，供有关决策部门参考，的确起到了决策支持的智库作用。

结语：创新传播中国思想的学术智库

中国经济50人论坛实际上扮演了学术智库的重要角色，它是半官半民的独立学术群体，即使是政府官员也都是以学者的身份参与其中，即使是企业家也都是以专家的身份参与其中。

最重要的是，中国经济50人论坛提供了一个良好的知识平台，我作为一名学者参与其中，既是作者也是读者，既提供自己的知识也分享他人的知识，认识了一批中国最优秀的人才，不仅包括经济学家，还包括专家型政策制定者，以及做出重要贡献的知名企业家。从这个意义上看，中国经济50人论坛不仅在中国是领旗者，在国际上也是独树一帜，是中国经济发展与经济改革思想先锋群体的成功案例。

二十年来，中国经济50人论坛集思广益，出谋划策，传递出最丰富的改革信息，碰撞出最前沿的思想火花，显示出最权威的政策导向，始终与中国改革同行，与中国开放同步，与中国兴盛同向。

江小涓简历

女，经济学博士，中国社会科学院研究员、教授、博士生导师。1984—1986年在陕西财经学院从事教学工作，1989—2004年在中国社会科学院从事研究工作，2004年7月到2018年5月先后在国务院研究室、国务院办公厅工作，现在全国人大任职。

主要研究领域有宏观经济、国际经济、产业经济等。已出版十多部中英文专著和多篇学术论文，主要代表作有《体制转轨中的增长、绩效与产业组织变化》《中国的外资经济——对增长、结构升级和竞争力的贡献》《中国的开放与增长（1980—2005年）》《中国经济发展进入新阶段：挑战与战略》《服务业与中国经济：相关性和加快增长的潜力》等，曾多次获孙冶方经济科学奖、中国社会科学院优秀科研成果奖、吴玉章人文社会科学奖等多项全国性学术成果奖。

中国经济 50 人论坛与我的学术研究

江小涓

中国经济 50 人论坛自成立以来,研究和讨论的问题都是当时中国经济发展与改革开放方面的重大问题。2004 年以前,我比较密集地参加论坛活动,印象深刻的有两个主题:一是中国加入 WTO、开放和全球化;二是产业结构和产业政策。

关于中国加入世贸组织、开放和全球化的讨论

2000 年前后,加入 WTO 和对外开放是社会各方面关注的热点、焦点问题,也是当时论坛的一个重要主题,我记得短短两三年内论坛围绕这个主题进行了数次公开或内部讨论。当时,我的观点与社会上的主流观点并不相同,在中国加入 WTO 之前及加入后的一段时间,国内普遍认为中国产业将受到严重打击,一片悲观气氛。当时我正担任中国社会科学院财贸经济研究所所长,对外开放是我的一个主要研究领域,我对加入 WTO 问题做过一些研究。此前我还在社科院工业经济研究所工作多年,研究中国产业发展问题,可以说对中国许多产业有过比较深入的研究。基于上述研究基础,我认为不能低估中国产业在开放条件下的竞争能力,不能低估加入 WTO

对中国产业发展的积极作用，认为国内绝大多数产业都经得住冲击并能加快发展和提高竞争力，加入 WTO 对中国改革发展有积极推动作用，中国应该以积极的态度争取早日加入 WTO。从 20 世纪 90 年代中期开始，我就此观点在多个报刊发表文章并在多种场合进行呼吁，出版过一本专著《减弱"复关"冲击的国际经验比较》，在《中国社会科学》杂志上发表过论文《入关冲击与对策的国际比较研究》，还在《人民日报》《光明日报》《求是》上发表过多篇评论，并发表专栏文章表达这个观点。

当时社会上反对这个观点的人挺多，加入 WTO 问题本身又极具重要性，因此我的观点引起决策层的关注。1998 年，时任国务院总理朱镕基邀我到他办公室汇报相关研究成果和观点，当时的外经贸部部长吴仪多次听取相关研究成果，我的主要观点也在一些重要的党政内部资料上多次刊出，在当时算得上是这个领域的"著名专家"。

因此，论坛数次讨论这个问题，我或是主要发言者之一，或是参与讨论。和社会上的倾向及舆情明显不同，论坛的许多成员有较好的理论背景和研究基础，对改革开放总体上持积极态度，因此在论坛内部讨论这个问题时并无太多争议，我感觉我的研究只是为这些原本就赞同加入 WTO 和开放的学者提供了更多的国际比较和国内产业分析，使他们进一步确认了事态和自己的判断。同时，论坛成员从多个角度的讨论，也加深了我对这个问题的理解和认识，加强了我对自己观点的信心。记得论坛成员较多地讨论开放对国内改革的推动作用，并认为加入 WTO 会使这个推动作用迈上新台阶，突破相关观念和利益制约，使市场更好地发挥配置资源的作用。这些讨论让我印象深刻，受益颇多。确实，中国改革开放进程的一个鲜明特点是开放和改革相互推动。当时及以后一段时间，我对这个问题的研究主要有以下观点。

开放改变了国内改革的动力阻力结构和收益成本关系，增加了动力和收益，加快了改革进程

关于开放对改革的推动作用，我概括了以下几点。一是开放创造了新的体制需求，特别是早期设立的经济特区，产生了对市场经济体制的需求，成了经济体制改革的试验区。二是开放提供了新的体制供给，使我们能够学习和借鉴国际有益经验，不必从头开始不断试错。三是开放推动了不同体制之间的竞争，不仅国内外企业、产业相互竞争，不同的经济管理体制和企业制度也在相互竞争，适应全球竞争的压力推动了我们深化改革。四是开放突破了改革障碍，开放条件下应对全球竞争的压力，是冲破观念和利益等方面的障碍、推动改革深化的重要因素。总之，以开放促改革、促发展，是中国的一条重要经验。后来这些观点在《中国开放30年：增长、结构与体制变迁》一书中得到了进一步的概括和总结。

扩大开放能有效利用两种资源、两个市场，优化资源配置

20世纪90年代中期以后，国内多个行业生产能力过剩，资金也相对充裕，当时国内盛行一种观点："生产能力和资金过剩，不需要再引进外资了。"对此我多次阐释为什么还需要继续开放和引进外资，发表了诸如《内资不能替代外资：在生产能力和资金都已经过剩时，为什么还要利用外资》和《理解开放与增长》等论文。

核心观点是：开放的意义不仅限于互通有无，更重要的是通过商品和各种生产要素的跨境流动，优化资源配置，提高生产效率和增加收益。这个观点在当时也产生了比较广泛的影响，受到了决策层和产业、企业的重视。

中国大多数产业不仅能经受加入 WTO 冲击，而且能从进一步开放中获益

当时的一种观点是：开放对国内产业形成了打压之势，压抑国内产业发展，外资已经垄断许多产业，加入 WTO 后产业将进一步受到冲击，因此加入 WTO 可能对长期发展有好处，但对中短期冲击巨大。这种观点在中国加入 WTO 前夕达到高潮，可以说国内产业一片悲观情绪。我对中国产业竞争力问题研究多年，一是对国内产业特别是改革开放后成长起来的产业的竞争力有足够信心，二是对加入 WTO 前我国真实的关税和保护水平有实际测算，因此认为即使中短期也不会有显著冲击，加入 WTO 的效果将很快体现在国内产业竞争力的上升和出口快速增长上。关于第二点的测算并不复杂：我们当时对许多类型的进口有优惠政策，如"三来一补"、外资企业进口、国内优先发展产业进口的设备和中间产品、出口企业进口的中间投入品、经济特区的进口等，这些享受关税减免和不受配额限制的种种情形加总，占到国内进口量的 2/3 左右，因此降低关税的实际影响面很有限。至于那些确实受到高关税保护的产业，不少是外资企业产品占重要比重的产业，如汽车产业、计算机产业等。它们在国内有优势地位，索要的价格比起国外同类产品高出许多，降低关税能迫使它们降价，有益于国内消费者。总之，研究表明，国内许多产业是在实际低保护水平下发展起来的，现在将名义上的高保护降下来，不会有明显影响，还会迫使一些产业提高效率，降低成本，增强竞争力。由于这些都是有数据、有过程的实证研究，比较有说服力，对当时产业界的情绪和学术界的研究方向产生了较大影响。2002年，我在50人论坛举办的讲座上有一次演讲（地点好像是在国家信息中心），讲加入WTO和开放问题。演讲开始前有几位企业家和专家情绪激动，指责我的观点，甚至给我"扣帽子"，但演讲结束后他们都表示受到了启发，特别认同"算出来的数据"，表示对这个问题还需要好好想一想，不能人云亦云。不过他们的观点也给了我启发，后来我专门就其中一位企业家谈的例子做了调研，就服务业中外商只挑选好客户而国有企业还要承担普遍服务功能这个现象，写了一篇文章《外商挑奶皮，内资受歧视》，提出了相应的政策建议。

产业结构和产业政策问题

这方面有几个主题与50人论坛有关联。

产业政策问题研究

产业政策问题是我从事学术研究工作后较早研究的一个问题，起点却是对一个更宽泛问题的思考。上大学时我就有一个疑问：经济学有"理性人"的假定，这些理性人追求个人利益最大化，但为什么在那些有关改革问题的研究中，总是将改革决策与执行的相关个体和群体设定为"全局利益"的代表，假定其行为总是"公正无私"而不是"理性人"？（当时我就此写过一篇论文《利益制约与对策性研究的改进》，修改后于1986年发表在《经济研究》上，算是这种思路的起点。）博士毕业后我到中国社会科学院工业经济研究所工作，当时产业政策问题很热，产业政策的制定和执行过程很适合研究决策者行为，因此产业政策成为我当时研究的重点。研究表明，不同产业政策实施程度和实际效果差异很大，根本原因是在不同的产业政策中，各个利益集团在政策实行时的损益不同，有动力也有阻力，各个利益相关方相互作用的净作用决定政策的实际效果，其中也包括决策者的利益和行为。因此，在考虑改革方案时，要将所涉及对象的损益及其可能的反应方式考虑进去。在正确的改革方向下，含有妥协、利益补偿等考虑的政策，在理论上可能不是最优的，但在实践中当时是最可行的。

对这个问题的实证研究体现在我的一本专著《体制转轨中的产业政策：对中国经验的实证分析及前景展望》之中，其中有对纺织、轻工、家电、汽车、洗涤用品等多个行业的实证分析。与理论分析相关的内容，则集中体现在《中国推行产业政策中的公共选择问题》这篇论文中，其中提出，对产业政策的高期望隐含着以下前提：一是政府能制定出合理的产业政策；二是制定出来的产业政策能得到有效执行；三是通过产业政策调整结构问题比通过市场机制调整的成本更低。然而，这些前提经常得不到基本满足，不少产业政策的合理性和有效性存在问题。有些产业政策确定的发展规模与市场需求的实际增长相去甚远，在突破产业政策的限制后，这些产业才实现了大发展，如家用电器行业。有些产业政策制定出来后得不到有效执行，形同虚设。还有些产业政策不仅执行成本高，而且干预了市场发挥优胜劣汰的作用，本身成了扭曲产业发展状况的因素。因此，在许多情况下，将结构问题交给市场去处理，可能反而是相对较优的办法。尤其在一些竞争性行业中采取会明显干扰市场机制正常发挥作用的产业政策时，其代价可能超出了结构变动的范围，需要特别慎重。此前，国内研究产业政策的论文，几乎都想当然地认为政府代表全局利益和长远利益，有做出正确决策的足够能力和动力。在我的研究中，政府行为本身是观察和分析对象。这个问题在 50 人论坛讨论中有一些争论，印象深刻的有以下三个方面。

一是应该区分选择性产业政策和结构性、功能性产业政策。当时 50 人论坛的一位牵头人是政府产业政策的实际操作者，他提出，我此前对产业政策的一些批评意见有道理，分析的情形符合现实情况。但是，产业政策本身也在适应和调整，我所批评的主要是以往的选择性产业政策，即由政府来选择哪些产业应该发展、哪些企业应该由政府重点支持等，这确实不符合市场经济的规律和要求。但自 20 世纪 90 年代后期以来，产业政策已经转向结构性、功能性产业政策，目的是为企业创造公平的竞争环境，建立正常的市场秩序，鼓励研究开发，支持企业国际化，为从整体上增强中国产业的国际竞争力服务。包括我在内的 50 人论坛不少成员都认为这个转变很重要，值得探索和实践，理论界的研究也应该及时跟上。不知后来是否有过对这种类型产业政策效果的实证研究。

二是对"重复建设"和"过度竞争"问题的争论。我国实施产业政策的一个重要理由，是认为改革以来我国经济发展中存在"重复建设""重复生产""过度竞争"等问题。的确，20 世纪 80 年代中期以后，在我国许多产业的发展过程中，出现了包括上述问题在内的一些不合预期的现象和企业"不合理"的行为，被指为"市场失效"的表现，因此需要政府干预。我对此并不认同，通过大量实证考察和分析，得出了一些新的观察角度和新观点。例如，许多产业出现的重复生产、重复建设问题，被许多观点指为"市场失效"的表现，因此需要政府给予干预。在各方面看来，产业政策有最大的公约数：赞同市场配置资源者认为它与计划体制相比更有市场倾向，而赞同政府配置资源者认为它与市场相比更有计划成分。因此，可以说用产业政策解决问题的思路盛极一时。我的看法有以下几点。第一，供大于求存在过剩能力，是正常竞争的必要条件。第二，由于市场潜力巨大，已有的企业缺乏竞争力，大量新企业进入是合理选择而不是"盲目"行为。虽然那些老企业已经亏损停产，但新的进入者体制新、机制活，仍能开拓广阔的市场空间和发展机会，这是典型的优胜劣汰过程。第三，由于利润率高和折旧快，投资者短期内就能获得合理回报，生产能力快速更新淘汰并不是经济学意义上的浪费。第四，"优胜而劣不汰"，特别是低效率的国有企业不退出，是能力长期过剩的重要原因，这是市场被扭曲因而不能有效发挥作用，而不是"市场失效"。体制转轨各个方面不同步不衔接，会导致"竞争失效"，不能优胜劣汰，必然形成有竞争、无淘汰，强激励、软约束的结果，导致市场机制扭曲，这是许多行业存在"过度竞争"问题的根本原因。解决问题要靠全面推进改革，而不是倒退到人为计算出"合理规模"和选择"定点企业"这种计划体制的模式。这个观点当时有一些争论，记得一些参加50人论坛的国有企业领导人提出，国有企业缺乏竞争力的原因是承担了较多的社会职业和历史包袱，与轻装上阵的民营企业无法竞争。同时也有一些民营企业家提出，国有企业占用大量的垄断性资源，民营企业在竞争中处于受歧视地位。但是论坛的学者意见相对集中，认同市场上竞争者不同质这个观点，因此部分企业认为市场已经饱和，不应允许更多企业进入而另一部分企业却不断涌入，应该视为市场条件下的竞争常态，应该让市场而不是政府发挥作用，推动竞争中的产业升级。

三是需要论证如果没有产业政策，情形是否会更糟糕。50人论坛上有学者提出这个观点，很有力度，我也认为应该将其加入分析框架中，却找不到合适的论证方法，因为找不到一个产业，有一部分有产业政策而另一部分没有产业政策。我记得一位成员提示我可以用同一个产业特区之内的部分（视为享受产业政策）和特区之外的部分（视为不享受产业政策）做比较研究，我认为很有道理，并允诺马上做，提交论坛再次讨论。但动手之后发现需要控制的其他变量太多，也就是说影响特区内外相同产业发展实绩的因素太多，无法仅将产业政策的影响隔离处理，最后只好不了了之。

对服务经济和服务业发展的研究

我从事服务经济领域的研究，50人论坛起到了一定的推动作用。受传统经济发展指导思想和计划体制的影响，服务业的发展在我国长期不受重视，比重很低，发展落后。相关学术研究也明显薄弱落后。直至20世纪90年代后期，除一两个机构中有少数几位学者研究"第三产业"问题外，在国内几乎找不到以服务经济研究为主业的高校院系和研究院所，也缺乏学术研究带头人和著名专家。论坛讨论中有许多专家谈到要重视研究服务业问题，认为国内学术界对服务经济的理解和研究大大落后于其他领域，应该更多地研究这个问题并培养专业研究队伍。当时我在中国社会科学院财贸经济研究所当所长，受此启发，力主将服务经济作为全所的主要研究方向之一，成立了专门的研究室并加大了各方面的投入。我当时想多看看有关现代服务业的经典文献，发现国内多年来翻译了许多经济学的经典之作，却几乎没有服务经济的相关经典文献。有鉴于此，我准备集全研究所之力翻译一套《服务经济译丛》，将国外最经典和最新的研究成果引进来。本来希望能得到50人论坛的支持来做这件事，因此在论坛一次活动中专门做了介绍，但出于各种原因特别是经费问题而一时未能办成。在这个过程中，有几位50人论坛成员提供了国外相关研究情况，介绍了所知晓的相关文献。后来我虽然离开了财贸经济研究所，但没有放弃这个愿望和相关努力，最终在清华大学公共管理学院产业发展与环境治理研究中心（CIDEG）的支持下于2010年翻译并出版了这套丛书，此前50人论坛成员介绍的文献中有好几本都收到了这套丛书中。

2004年以后，由于工作变化，时间不好掌握，我参加50人论坛的活动大大减少，可以说屈指可数，但其中有一次还是与服务业发展有关。记得当时正在制定"十一五"规划，此前我在社科院主持做过一个"十一五"服务业的课题，因此被邀去做发言。后来讨论"十二五"规划时还被邀请过，但因为缺乏研究就未发言，只在讨论时提出了观点。再往后几年，我放弃了对开放和产业政策等问题的研究，坚持下来的研究领域就只剩服务经济了。回头想来，这也许和 50 人论坛多次邀请我参与的会议多数与这个领域有关,保持了我的学术兴趣和对现实问题的一定关注。

现在 50 人论坛进入了新的发展阶段,希望越办越好。我也争取更多地参与其中,多学习、多交流。

李波简历

研究员,曾在中国人民大学国际经济系本科学习,后赴美国留学,获斯坦福大学经济学博士,哈佛大学职业法律博士。现任中国人民银行货币政策司司长。长期从事货币政策、经济政策、国际金融市场等问题的研究,出版多部专著,发表多篇学术论文。主要代表作有:《公共执法与私人执法的比较经济研究》、《深化经济体制改革重点领域一揽子方案建议》(主编)、《推动地方探索创新、深化经济体制改革》(主编)等。

二十年点滴

李 波

时间是个很奇妙的标尺。二十年,在漫漫的历史长河中不过沧海一粟,但对一个机构、一个人而言,它包含了丰富的内容。我们裹挟着勇气和犹豫、欢喜与忧愁、思考和探索蹒跚前行。站在时间的前端时,未来轨迹充满机会和变数;站在时间的后端回首时,却发现了必然性与规律。

初心不变,学成归国

50人论坛成立于1998年。那年,我刚刚在美国西海岸获得经济学博士学位,又回到波士顿攻读职业法律博士学位。同年5月在波士顿的一个会议上,我再次见到了我敬仰的老师,也是难得的忘年交——吴敬琏先生。吴先生深厚、专业、学贯东西的学术素养和严谨、开放、实事求是的治学态度一直深深感染着我。此次重聚,吴先生鼓励我,在美国学成后要回国报效。这也是我一直未曾动摇的想法。我当下就向吴老保证,明年从法学院毕业后,我计划在美国先工作几年,在理论和实践方面都有一定积累之后,定当回国。无独有偶,参加此次会议的另外一位智者向我提出了同样的问题,我也做了同样的回答和承诺，他就是时任中国建设银行行长的周小川先生。

1999年从法学院毕业后，我暂居美国，在纽约一家律师事务所从事与金融相关的法律事务，工作忙碌而充实，实践使我对美国的法律制度、金融运行机制有了更深刻的理解。在学校所学的理论知识犹如骨骼，而参与繁杂的法律事务、金融业务实践则慢慢为骨骼注入血肉，但似乎还缺少心灵上的慰藉和平静。身在异乡，虽时时关注祖国的各种消息，但毕竟相隔万里，我无法设身处地了解中国现实问题，更无从谈起解决问题。我越来越感觉到，事业的灵魂需要故土滋养才能真正丰满。与两位先生的约定冥冥中一直牵引着我，使我离祖国越来越近。

2003年，我被律师事务所派驻香港地区工作，趁一次到北京出差的机会，我又一次拜访了周小川先生。我知道，向两位先生履行承诺的时候到了。此时，周小川先生已被任命为中国人民银行行长，我便向他表达了到人民银行工作的愿望。那个时候，中央部委中鲜有从海外归来直接担任一定职务的情况。周行长却持有非常开放、开明的态度，他欢迎我回国，同时也表示要严格按照组织程序，提交推荐信，进行面试，接受组织考察，再最终做出决定。我开始投入具体准备工作，在这个过程中，我有幸得到了很多人的帮助。吴敬琏老师在得知我需要推荐信后，当天就写好，并托人送到了人民银行。2003年底，我接到面试通知，当时的吴晓灵副行长和条法司陈小云司长面试了我。到2004年5月，我便收到了正式通知，组织研究决定聘任我为人民银行条法司副司长，聘任一年期满后再考察决定是否正式任命。在海外求学工作十余载后，我终于回到了魂牵梦萦的故土。

这一归来,我在人民银行已经度过了十四年的时光。从条法司,到组建成立货币政策二司,再到货币政策司,在成方街 32 号这个小小的院子里,我与周行长等诸位令人尊敬的经济学家、中国货币政策和金融改革第一线的实践者共事,参与经济金融改革发展,与有荣焉。

法治公平,市场之基

周行长一直鼓励年轻人多做研究,倡导建立研究型央行,他慷慨地、毫无保留地将自己的研究思想、研究方法分享给我们。2004 年 12 月,周行长参加了 50 人论坛的一次内部研讨会,这是我第一次听说 50 人论坛。周行长发表了题为"完善法律制度,改进金融生态"的讲话,他提出,我国从计划经济向市场经济转轨过程中的基本问题是"财务软约束",它是否会继续存在,在很大程度上要靠法制的转变和完善。在推进金融改革过程中,一项非常重要的工作就是要完善与金融有关的立法,特别是《破产法》和与贷款欺诈相关的法律,法律环境会直接影响金融生态。周行长的讲话意义深远,对后来《破产法》《物权法》等重要法律中部分条款的起草和修订产生了重大影响。

在周行长的法治框架中,既包括建立完善法律制度以解决具体经济问题,如在解决不良资产处置、国有企业改革、地方政府融资、去杠杆等问题中,发挥法治作用,有效解决争议,也包括对央行等公权力机构的有效约束。法治是一个精妙的平衡器,需要兼顾市场力量的天然自由性和法律制度约束下的有序性。因此，周行长倡导建设法治央行，确保公权力对经济的调控在合理范围内，对市场保持谦虚谨慎的态度。一方面要确保市场的基本自由属性；另一方面为防止市场混乱，对其天然缺陷要有所预防。

吴敬琏老师在此领域也有很深造诣，作为我国最早提出"法治市场经济"的经济学家，他一直为推动法治进程奔走呼吁。他提出了三个核心内容：一是在全体人民中树立法治观念；二是按照宪法体现的公认正义来制定法律和修订法律；三是独立审判，公正执法。在 2017 年结集出版的《中国改革三部曲》中，我们深深感受到了吴老的良苦用心，建设法治的"好的市场经济"是吴老为中国改革设想的重要目标。

整体设计，推动改革

保持持续推动改革的勇气，不断打破经济发展桎梏，是我国取得令人瞩目的经济和社会发展成就的法宝之一，对体制、机制、制度的不断反省和完善是我国改革的重要内容。

吴敬琏老师一直坚定地站在呼吁改革、推动改革的第一线。他早在 20 世纪 80 年代就通过比较计划和市场两种资源配置方式的交易成本，论证了建立社会主义市场经济的合理性与必然性，并推动将社会主义市场经济确立为我国经济改革目标。20 世纪 80 年代初期，改革基本上是局部的、零敲碎打的和自发式的。80 年代后半期和 90 年代初，以吴老、周行长为代表的部分经济学家提出了"整体改革论"思想，对改革涉及的多领域、多方面进行系统梳理，提出一系列相配套的改革建议。他们提出，搞活企业、建立和完善社会主义统一市场、实现宏观经济管理模式转换等方面应相互协调，从而使新经济体制的主要支柱较快地建立起来。"整体改革"方案成为20世纪90年代最有影响力的经济改革方案，其诸多内容已不同程度地被政策制定者采纳。

2012年，党的十八大明确提出"不失时机深化重要领域的改革"，2012年底的中央经济工作会议要求在2013年"深入研究全面深化改革的顶层设计和总体规划，明确提出改革总体方案、路线图和时间表"。2013年初，吴老给我打电话，鼓励我组织一些年轻经济学家做一些研究，权衡轻重缓急，挑选出关系最为密切的重点改革领域，形成"最小一揽子"的配套改革方案。按照吴老师的建议，我立即组织CF40（中国金融40人论坛）的几位年轻经济学家成立了课题组，深入研究，广泛听取意见。吴老多次过问课题进展，并亲自参加研讨。周行长也非常重视此课题，参与讨论，提供指导。历时一年后，课题成果《深化经济体制改革重点领域一揽子方案建议》付梓出版。该课题以地方创新、对外开放、法治建设为基本思路，针对财税体制改革、社会保障体制改革、城镇化供地制度、建设统一大市场、建设法治国家、扩大对外开放等部分重点领域提出一揽子改革方案，包括：构建有利于地方改革创新的统一大市场；推动财税体制改革，理顺中央与地方的财政关系，提高地方政府在现有税种中的分享比例，改革转移支付制度；改革城镇住房用地供地方式，建立耕地"当量"跨地区占补平衡制度，提高建设用地使用效率；推动社会保障体制改革，逐步做实养老金个人账户，划转部分国有资本到社保体系，大力发展养老保障第二和第三支柱，发展商业性健康保险；提高对外开放水平；推动政府与司法改革，建设法治的市场经济；等等。课题成果得到了部分同仁的好评，部分研究成果在政策实践中得到采纳。

2013年底，在上述课题临近结题时，经吴老等前辈推荐，我很荣幸地成为50人论坛的一员，并迅速开始了下一个课题的研究。2014年，相关部门开始制定"十三五"规划，吴老希望我把之前的研究成果进一步细化、做实，就"十三五"部分重点领域改革提出更有针对性的政策建议。在原课题组成员基础上，我们适当调整了课题组人员构成，在50人论坛上正式启动新的课题，并多次召开研讨会，向50人论坛成员及相关专家汇报研究进展，听取研究建议，最终于2016年初集合新课题研究成果，出版了《推动地方探索创新　深化经济体制改革》一书。

我们的核心观点是，应将顶层设计和基层创新有机结合，发挥好中央和地方两个积极性。在很多改革领域，我国国情的复杂性和各地发展情况的差异性，决定了一个理论上完美且普遍适用的改革方案通常是不存在或难以事先设计出来的。承认各地多样性，释放"自下而上"改革的创新性和能动性是改革的必由之路。在维护全国统一大市场的前提下，支持地方政府在养老和医疗保障、房地产税、市政债、城镇化供地制度、区域性金融市场和金融机构等方面探索创新，适度竞争，优化趋同。当然，发挥好中央和地方两个积极性，需要深化财税体制改革，保持中央地方财力格局总体稳定，理顺中央地方财政关系，提高财政可持续性，使各级政府"有所为，有所不为"。

在上述两个课题的研究过程中，我深深感受到改革的必要性和紧迫性，也感受到作为一名经济学研究者和实践者，不拘泥于章句小楷之积习，在现代化进程中发挥所长，为改革出谋划策甚至付诸实施的自豪感。

笔耕不辍，探索不止

自加入50人论坛以来，除了深化经济体制改革一揽子问题外，我还牵头了《国民经济循环与资产泡沫风险》《盘活国有资产与去杠杆、促改革》《主要经济社会发展风险研究：2020—2030》等50人论坛的研究课题。

《国民经济循环与资产泡沫风险》从制度建设的深层次视角探讨了我国资产泡沫产生的根源。我们认为，结构性扭曲是资产泡沫隐患的根本原因，而扭曲的根源在于政府与市场关系的错位，政府行政管制过度或直接"经营"经济，导致负债规模膨胀，过度依赖"土地财政"，市场难以实现自我循环和自我平衡。理顺政府与市场关系，深化经济体制改革是根本的解决之道。

《盘活国有资产与去杠杆、促改革》就推进国企改革、盘活国有资产提出了具体的操作方案。按照市场化、规范化、系统化的国际经验，以管资本为主，成立若干家国有资产管理公司，通过投资基金模式管理国有资产；按照现代公司治理架构进行市场化管理；国有资产有进有退，优化布局；以市场化方式推进债转股，通过银行发展综合经营等方式使部分居民储蓄存款转化为国有企业股权投资，引导社会资金帮助国有企业降杠杆；积极推动企业兼并重组，依法依规实施破产清算；打破垄断，公平准入，放开价格管制，加快盘活国有资产;等等。

《主要经济社会发展风险研究:2020—2030》围绕国家治理体系、全社会的资源要素禀赋特征、不同风险之间的演化和交叉传染三条主线,提出了2020—2030年我国经济社会发展可能面临的四大类风险,包括经济陷入停滞的风险、财政不可持续风险、金融体系不稳定风险和社会矛盾激化的风险,诱发这些风险的因素主要集中在债务膨胀、房地产泡沫、人口老龄化、农业扭曲、生态恶化以及全球格局大调整带来的外部冲击六个领域。要防范上述风险,需要从体制机制上加快改革和调整,包括深化财税体制改革、建立有效有力的货币政策框架、完善宏观审慎政策框架、完善城镇化战略、完善法律法规、更多借助市场力量和价格手段实现有效约束和激励等。

我加入50人论坛的时间虽然不长,但在这个平台上收获了很多。这是一个开放的平台,论坛成员来自学界、政界、业界,在这里都可畅所欲言,充分争辩讨论;这是一个务实的平台,大家将理论知识和实践相结合,关注解决中国现实问题。论坛每年的年会更是思想盛宴,我印象特别深刻的是2016年年会,主题是"深化供给侧结构性改革,全面提升发展质量"。周行长在发言中提出,我们当前的体制中存在诸多价格扭曲问题,消除价格扭曲问题在很大程度上就是供给侧结构性改革。价格作为供求关系的最终体现,也发挥着调节供给和需求的作用。在实践工作中,我们一直在有序推动利率市场化和汇率形成机制改革,目的就是减少资金对内、对外价格扭曲,发挥其"缓冲垫"作用,增强应对风险冲击的能力,并以此促进经济、金融体系结构性调整并健康发展。在50人论坛中学习到的思想和理念，使我对理论和实践问题的思考不断深入，也使我有机会分享自己的研究和实践心得，通过交流、讨论，升华认知，推动知行合一。

愿在下一个二十年中，继续在50人论坛上与众位前辈、同仁交流探讨。作为研究人员和一线工作人员，希望自己能保持理性、独立思考的精神，保持脚踏实地、躬行实践的作风，为解决我们面临的理论和实践问题贡献绵薄之力。

刘伟简历

男，汉族，1957年1月出生于河南商丘，祖籍山东蒙阴，中国共产党党员，经济学博士，教授，博士生导师，现任中国人民大学校长。兼任国务院学位委员会委员、学科评议组理论经济学组召集人，教育部学科发展与专业设置专家委员会副主任。中国人民政治协商会议第十三届全国委员会常务委员、中国人民银行货币政策委员会委员。

1974年11月至1978年2月在黑龙江省生产建设兵团工作。1978年春考入北京大学经济系学习，1982年获经济学学士学位，1984年获经济学硕士学位，1990年获经济学博士学位。1984年起在北京大学任教，历任讲师、副教授、教授。2002年至2010年7月任北京大学经济学院院长，2007年任校长助理。2010年5月至2013年9月任北京大学党委常委、副校长。2013年9月至2015年11月任北京大学党委常委、常务副校长。2015年11月起任中国人民大学校长。

主要学术研究领域包括：政治经济学中的社会主义经济理论，制度经济学中的转轨经济理论，发展经济学中的产业结构演变理论，以及经济增长和企业产权等问题。发表学术论文逾300篇，出版学术著作数十部。获得多项学术奖励，主要包括：两次获孙冶方经济科学奖（1994年、1996年），获教育部人文社会科学经济学一等奖（第六届）、二等奖（第二、三届），获北京市哲学社会科学成果一等奖（第四、七、十一、十四届），获全国首届青年社会科学成果一等奖（1995年）等。

独立主持多项国家、教育部社科基金项目，先后担任教育部重大课题攻关项目"中国市场经济发展研究"（2003年）、"我国货币政策体系与传导机制研究"（2008年）首席专家，国家哲学社会科学基金重点项目"我国中长期经济增长与结构变动趋势研究"（2009年）项目主持。1992年起享受国务院政府特殊津贴；1997年入选教育部人文社会科学"跨世纪优秀人才培养计划"（首批）；2004年入选人事部、科技部、教育部、科学院等部委联合组织的国家级新世纪百千万人才工程；2005年被聘为长江学者（特聘教授）。

中国经济50人论坛的启示

刘 伟

2018年是有许多纪念日子的年份,特别是恰逢中国改革开放四十年,同时也是中国经济50人论坛成立二十周年。一个论坛成立二十周年纪念当然不能与改革开放四十周年纪念意义相比,但50人论坛诞生于中国改革开放伟大历史进程中,并且努力为之服务,因而在纪念改革开放四十周年的同时,纪念50人论坛二十周年就有了特殊的历史烙印。其实,不仅在中国,在世界其他国家类似的论坛也是有的,有的也称为"50人论坛",据说我们成立50人论坛之初多少还受到国外做法的启发。但不同的是,中国伟大改革开放历史进程给50人论坛提供了特殊的成长历史环境,使之具有特殊的性质。当然,出于中国的国情,包括社会各方面发展意义上的国情和制度、体制意义上的国情,我们的50人论坛无论是在人员构成上还是在活动方式上,无论是在讨论的问题上还是在话语方式上,无论是在与学术界的联系上还是在与政府的关系上,在多方面均有其特殊性,而这些特殊性是值得总结和思考的。

50人论坛自成立起至今二十年,中间应当是经历过若干次换届和调整,但总体上说,其各届人员大都是有一定影响力的,包括来自政府部门、学校和研究机构、商界和企业界等各方面。我虽然从第一届至今二十多年的时间中，始终在 50 人论坛当中，但的确没有为 50 人论坛做什么事情，除参加一些专题性学术和政策研究性的研讨外，只是为论坛举办的进大学开办的学术讲座做过几次演讲，主要是为论坛设在清华大学经管学院的讲座发表演讲，另外，有时也间或地为论坛的网站提供文章。所以在接到 50 人论坛秘书处发来《50 人的二十年》邀稿通知时，久久不知写点什么，因为通知里明确写着，要求写"这些年来参与 50 人论坛活动的纪念文章"。后来，仔细读通知，发现后边还附有一句，即也可以写点儿"并不是 50 人论坛的活动"，而是"有关中国经济改革与发展的事件与分析"。这就有了大一些的选择空间，当然也不能完全脱离纪念 50 人论坛成立二十周年的背景。而我自改革开放初期，作为恢复高考后第一届大学生（1977 级）进入北京大学经济系读书毕业至今一直在大学里教书。先是在北京大学经济学系，后在经济学院任教直到 2015 年，从进入北京大学读书到教书差不多有三十八年的光景。2015 年秋调入中国人民大学，至今差不多有三年。因而我想结合 50 人论坛二十年的成长谈点对中国高校经济学教育变化的感想，或许与我这些年的经历是贴切的。

我是在黑龙江生产建设兵团三师 20 团 5 营报名参加的高考，填写报考志愿时第一志愿填报的是北大图书馆系，后边好像还报了黑龙江大学的哲学系、南京大学的历史系等。我不知道大学里还设有"经济学系"，可能是因为高考分数不够高，接到录取通知书时看到我被调整到"北大经济系"，不知道经济系学什么，询问周围的人，大都不清楚，一位在营部中学任教师的北京知青（记得姓陈）说："可能是学打算盘。"那时，经济学在中国的大学教育中是冷门专业，并不被人们熟知，尤其是像我们身处边陲荒原的"无知"青年更不了解，远不是今天"经济学"作为大学教育中的热门"显学"的格局。应当说，这是经济学教育在中国大学中发生的极为显著的变化，当然，这种变化有其深刻的历史背景，并不是简单的学科专业在教育体系中地位的变化。50人论坛中我了解的许多人，都是在这种时代大变革中接受了很有特点和冲击力的经济学教育，这种教育背景的变化反映在中国经济学教育地位的变化上，进而规定着经济学教育特点的变化，也在相当大的程度上塑造着50人论坛的学术品格：在不断变革的世界中不断探索。

经济学到底是不是科学？或许一直有争议，但经济学是历史的，是有历史性的，这恐怕是成立的。既然是历史的，当然就有其社会性，进而一定具有阶级性，有其阶级性基础上的历史价值取向，不管人们在形式上或主观上承认也好，不承认也好，本质上或客观上经济学作为关于社会历史演变的理论，一定有其价值观作为基础，只是代表不同阶级利益的经济学说的历史价值取向不同而已。在古希腊罗马时代的经济思想不可能承认奴隶的劳动，中世纪的经济思想不可能违背封建贵族和教会的利益，从英国古典经济学以来的资产阶级经济理论核心命题是论证资本主义生产方式的优越性和有效性，马克思主义经济理论自然是对资本主义生产方式的"政治经济学批判"，进而对未来人类理想社会——共产主义的憧憬和追求。正由于经济学的这种阶级价值取向，经济学的教学从一开始就面临一系列的特殊问题：如何处理和认识经济学的价值取向的阶级性与其阐释社会经济现象和运动规律的客观性之间的关系？如何认识和处理经济学的意识形态指向性与其分析问题的科学性之间的关系？不应当把这两个不同方面割裂开来，更不应当将其绝对化而后对立起来。事实上，所有的割裂和对立，所有的模糊与绝对化，都不过是形式上的，甚至多少有些自欺欺人。本质上，一切经济学流派，一切成熟的经济学者都是自觉不自觉地将二者统一为一体，并且在这一统一中都是首先从特定的历史价值观和意识形态指向性出发，再进一步以此为基础展开经济学的分析并提升其分析的"科学"水平，或者说，所谓经济学的"科学性"，科学阐释都是服务于特定的阶级利益要求的。然而，在经济学的教学中，这一特殊性往往容易被忽略，或者被片面化地诠释。这是经济教育不够成熟或者不够自信的一种表现，这种不够成熟和缺乏自信的情况，在经济发展相对落后、经济制度和体制处于不断变革中的社会背景下更容易发生。中国改革开放的伟大历史进程，同时也是中国经济学教育逐渐走向成熟和不断提升自信的过程，在这一过程中，人们付出了艰苦的努力，50人论坛在其中所做的探索和产生的影响是十分富有积极性的。就宗旨而言，50人论坛开宗明义是服务于中国特色社会主义的伟大事业，是坚定地站在中国人民和中华民族伟大复兴的立场上的，其历史价值取向是鲜明的，这种鲜明性成为50人论坛的显著特征，这是难得的也是值得骄傲的。就学风而言，50人论坛一以贯之强调实事求是，从实际出发，针对"真问题"，强调说服力，其科学态度是追求严谨的，这种严谨性同样成为50人论坛的突出特点，这既是社会需要，也是值得尊敬的。这里说的50人论坛的宗旨和学风，长期接触和参加50人论坛活动的人应当深有体会，至少对我从事经济学的教学和研究工作产生了影响。

50人论坛从一定意义上讲带有"智库"色彩,虽然在二十年前成立时没有这样说,但二十年下来所做的工作显示出了这一特点。这种智库的特色可以从二十年来50人论坛研讨关注的问题上看出来,即始终是紧紧围绕社会经济发展和改革开放不同时期的重大问题展开讨论,并且特别关注政府政策性研究,强调经济理论研讨的政策含义和政策倾向。50人论坛的人员构成结构也在一定意义上规定其具有智库特色,这一点也可以从50人论坛历届人员的组成上体现出来,其中相当一部分成员本身就是政府部门政策研究者和制定者,或者是与国家及政府决策机构具有深入联系的学者,从而使其研究关注的问题多为国家、政府政策研究决策需要解决的问题。而且,智库作为"库"特别需要储备和包容各方面有专长的研究者,才能针对问题及时而又不失深入地回应,提出负责任、有价值的意见。50人论坛以其特殊的平台和组织联系方式逐渐形成了"库",对当下强调智库建设的新形势来说,50人论坛二十年的实践探索是有借鉴和启迪价值的。对于高校而言,建设"智库"必须处理学科建设与智库建设的关系,既不能要求学者忽视学科的基本学术研究而追随智库的问题研究导向,那将是舍本逐末,也不能忽视问题导向而关注象牙塔里的研究,这就需要以"库"的多种形式和平台,以扎实的学科建设为基础,对于需要研究的智库提出的问题,既能及时地迎刃而解,又能深入剖析令人信服地做出阐释,尤其是对高校经济学科的建设及相应的智库建设来说,处理学科与智库间的关系是具有时代性的新问题。中国人民大学的国家发展战略研究院作为国家设立的第一批25家智库之一,包括中国人民大学重阳金融研究院等,近几年来在智库建设方面取得了一些进展,在国内国际产生了较大的影响力，十分重要的原因在于依托中国人民大学深厚而又充实的人文社会科学学科建设基础，既不是盲目热衷多头展开智库研究而减弱了学科建设，又不是在持之以恒加强学科建设的进程中无视智库建设，使学校的老师既能坚守学术根本，又能在此基础上回应智库需要。在这方面，50人论坛做出了率先性、引领性的探索。

虽然研究和讨论带有较强的应用性、政策性，但50人论坛对许多题目的探讨是有其长期稳定性的，高水平的论坛不仅在讨论的问题上应具有敏感和敏锐性，而且要求其具有持续和累积性。50人论坛研究和讨论的许多问题是紧随国际国内时局演变的，如前不久针对新一轮中美贸易摩擦开展的讨论等，不仅非常及时，而且研讨很有影响力，重要的原因在于其紧扣社会发展和变革的时代主题，紧扣改革开放和政策脉搏的历史跳动。但同时，50人论坛讨论的问题也不乏长期坚持和关注的题目，如从二十年前开始讨论的产业结构及产业政策方面的问题到近年来不断深化的供给侧结构性改革的命题，实际上是有其长期的内在联系的，进而推动形成了理论上的共同关注和实践上的政策选择。这一点对于高校的研究而言，更应当引起重视，高校不同于一般的政策研究单位，重要的是在学科建设基础上更能够也应当关注一些基本问题，而这些基本问题的研究往往需要长期坚持。

50人论坛在中国走过了二十年，并且是恰逢大变革和发展的二十年，很多人为此做出了无私的奉献。在中国当下急速变化过程中，一个论坛能健康茁壮成长二十年而不变，是件很不容易的事情，没有这些人的默默努力是不可能的，尤其是在当下信息化"各领风骚数十天"的时代,这种甘于寂寞的坚持就更显得难能可贵,也正因如此,我们对50人论坛才有了下一个二十年,甚至更多二十年的期待。

钱颖一简历

生于北京，祖籍浙江。1977级清华大学数学专业本科毕业。毕业后留学美国，先后获哥伦比亚大学统计学硕士学位、耶鲁大学运筹学/管理科学硕士学位、哈佛大学经济学博士学位。之后任教于斯坦福大学、马里兰大学、伯克利加州大学。2006—2018年任清华大学经济管理学院院长。

学术荣誉包括：2012年当选为世界计量经济学会（The Econometric Society）会士（Fellow），2018年当选为清华大学首批文科资深教授，获得2009年度孙冶方经济科学奖、2016年度首届中国经济学奖。研究领域包括：比较经济学、制度经济学、转轨经济学、中国经济、中国教育。担任《经济学报》《清华管理评论》《教育》主编，《经济研究》编委会委员。中文著作包括：《现代经济学与中国经济改革》（中国人民大学出版社）《现代经济学与中国经济》（中信出版集团）、《大学的改革》（第一卷、第二卷）（中信出版集团）等。论文发表在《美国经济评论》（The American Economic Review）、《政治经济学期刊》（Journal of Political Economy）、《经济学季刊》（The Quarterly Journal of Economics）《经济研究评论》（The Review of Economic Studies）、《经济研究》等国际国内学术期刊。

我与中国经济 50 人论坛的三件事[①]

钱颖一

中国经济 50 人论坛聚集了具有一流学术水准、享有较高社会声誉,并且致力于中国经济问题研究的中国经济学者和专家,被认为是经济领域中举足轻重的"智库"。

我于 1981 年从清华大学毕业后到美国留学、执教,2006 年 9 月起回国担任清华大学经济管理学院院长至今。作为一个在海外学习、工作二十多年后回国工作的经济学人,我能够在中国经济 50 人论坛的第一个十年中成为 50 人中的一人,深感荣幸。感谢论坛学术委员会和论坛成员的认可和支持。

中国经济 50 人论坛自 1998 年成立至今,走过了二十年的历程。它在中国经济改革开放二十周年时成立,在 2018 年纪念改革开放四十周年的节点上,它伴随中国改革开放正好一半的时间。50 人论坛的 50 人都是这四十年改革开放历史的见证者、参与者、贡献者。今天,我们纪念 50 人论坛二十周年,就是以纪念中国改革开放四十周年为背景的。

我借此机会,回忆我与 50 人论坛的三件事。

[①] 原文完稿于 2018 年 7 月 6 日。

长安讲坛落户清华大学经济管理学院

从2001年4月开始,中国经济50人论坛在北京开设长安讲坛。这是一个有关中国经济政策的讲坛,由论坛成员和其他经济学者和专家讲述他们有关中国经济的研究成果。长安讲坛主题围绕中国经济发展的现实问题和政策选择,涉及范围广泛,讨论问题深入。演讲人介绍最新研究成果和前沿,听众即时提问与演讲者交流互动。这里既有对中国经济热点问题的分析,也有对中国经济未来挑战的前瞻性洞见,更是现代经济学理论与中国改革发展实践的结合和碰撞。

自2001年4月长安讲坛第一期开讲至今,已历经十七年。截至2018年6月30日,长安讲坛一共举办了339期,平均每年20期。自2008年以来,长安论坛与新浪网进行战略合作,成为新浪财经频道的定期专栏节目,使论坛的覆盖面和传播力更加扩大。记得在2008年底,50人论坛成员、清华经管学院魏杰教授找到我,建议把长安讲坛落地到清华经管学院来。我觉得这是一个好主意。一方面,我们这里有永远的听众,即学生和教师;另一方面,清华经管学院也可以借此推动经济学的教学和研究水平。之后我就积极准备,完成必要的程序,安排必要的场所。

从2009年2月26日的第148期开始,清华经管学院加入长安讲坛主办方,论坛定期在清华经管学院的教室和报告厅举办。在长安论坛至今举办的339场中,已经有近200场在清华经管学院举办。落户清华经管学院的第一场是第148期,嘉宾是吴敬琏先生,我主持了那一期论坛。2016年,论坛举办第300期,嘉宾也是吴敬琏先生,那场也是由我致辞。这两场长安讲坛听众都是爆满,是让我印象非常深刻的两场,具有标志性意义。

我记得在 2016 年的第 300 期,吴敬琏先生演讲的主题是"什么是结构性改革,它为何如此重要"。这是针对当时中国经济增长走势、经济中存在的扭曲、改革方向和具体措施方法等一系列关键问题的系统性探讨。关于这些问题,在经济学界有不同判断和分析十分正常,只有通过讨论、争论,甚至辩论,才能获得对问题更加准确的把握,从而引导中国经济走向可持续的发展,这是事关中国经济未来大局和大势的事情。

长安讲坛落户清华经管学院,对学院的经济学教学起到了直接的推动作用。清华经管学院在经济学教育上一直注重经济学理论与中国经济改革开放和发展的实际相结合,鼓励学生了解中国经济中的重大现实问题,并把它作为思考和研究的对象。从 2007 年秋季学期开始,学院开设了经济学专题课程,外请各领域经济学者授课,聚焦中国经济问题。从长安讲坛落户清华经管学院之后的 2009 年秋季学期开始,学院将长安讲坛与经济学专题课程结合起来,使它成为学院本科第一学位和第二学位学生的学分课程。这样的结合至今已经整整九个学年,有 2000 多名清华经管学院本科生修课,平均每学期近 150 人。因此,长安讲坛除了向社会开放、吸引了大批听众之外,对清华经管学院本科经济学教育也起到了重要的推动作用,有益于中国未来经济学者的成长。

供给侧结构性改革的理论基础

供给侧结构性改革是在 2015 年 11 月举行的中央经济工作会议

上首次提出的,并在 2017 年 10 月写入中共十九大报告。这是为中国经济新时代的改革确定了改革方向的重大判断。而这个判断的理论基础与 50 人论坛内部的多次研讨密切相关。

要想理解这个改革方向判断的提出,必须回到 20 世纪 90 年代的市场化改革的起步和与之相关的宏观调控中。自 20 世纪 90 年代中期,中国开始建立社会主义市场经济的基本框架。当时经济高速增长,经济增长本身不是问题,突出的问题是经济波动。从 1993 年开始,随着改革高潮的到来,经济出现"过热",随之而来的是政府的"宏观调控",也就是压总需求。到了 1996 年,终于实现了经济的"软着陆"。但是紧接着就遇到了 1997 年的亚洲金融危机,外需急剧下降。1998 年的宏观政策在改为增加有效需求的同时,力争保住 8% 的增长速度。在经济经历再次的高速增长之后,又遇到 2008 年全球金融危机,刺激需求又称为政策优先,出台"四万亿"就是突出的举措。这些都是需求侧管理的问题。

这段历史告诉我们,在中国经济向市场经济转轨之初的前十五年,对宏观经济周期性波动的调控是宏观经济政策制定者的主要关注点。所以,很自然地就是使用需求管理理论框架,也就是人们熟知的"三驾马车":投资、消费、净出口。事实上,在标准的现代经济学教科书上是"四驾马车":投资、消费、政府支出、净出口。在以私有经济为主导的市场经济中,前两项的投资和消费都是指私人部门的投资和消费,因为政府不是投资主体。在我国,政府的投资作用非常大,无法区分私人和政府投资,所以我们把政府支出中的投资部分并入投资之中,把消费部分并入消费之中,就变成了"三驾马车"。

由于经济波动反映在经济增速的变化上,所以通常人们就以为"三驾马车"的需求侧管理理论就是有关经济增长的理论框架。这对政策制定者来说,似乎是合乎逻辑的,而且在相当长的一段时间内,经济学家也未提出过质疑。

大约在 2010 年,在一次 50 人论坛研讨会期间,吴敬琏与我交谈,他质疑"三驾马车"的理论框架,他说这好像不应该是讨论长期经济增长问题时应该使用的理论框架。我记得我当时说,应该区分短期需求侧管理的宏观政策模型与长期供给侧决定的增长模型。前者的理论框架是凯恩斯提出的:在短期,由于市场调节的失灵,会出现有效需求不足的情况。有效需求是由"四驾马车"(即我们说的"三驾马车")决定的。凯恩斯给出了增加有效需求的办法,即增加政府支出,并通过政府的财政政策和货币政策增加私人部门的投资、消费、净出口。而后者的长期经济增长理论是索罗模型,经济增长是由供给侧的生产函数决定的。在长期,供给与需求是均衡的,不存在有效需求不足的问题。而生产函数中的产出是由资本、劳动力数量和质量、技术创新、制度等因素决定的。后来在多次讨论中,包括在与秦晓的讨论中,我也反复讲述这两个理论框架的差异和对比。

2010 年之后,中国经济增速开始逐年下降,其实这反映了中国进入中等收入之后潜在增长率的下降,正是增长模型预测的结果。不过,由于我们头脑中的理论模型仍然是短期需求侧的"三驾马车"模型,所以就出现了很多政策建议都是围绕增加需求的。当然,也有经济学家反对这种政策建议。这里争论的实质是,对经济增速下降的判断是周期的还是趋势性的。反映在经济理论框架上,是用凯恩斯的短期需求模型,还是用索罗的长期供给侧增长模型。

2014年7月16日,我在全国政协经济委员会座谈会上发言,再次说明了我对以上争论背后的理论框架的分析。我说,从"三驾马车"的理论框架中推导出的政策结论往往是增加投资。这个框架完全是基于凯恩斯的理论,有两个特点:一是短期;二是需求决定。在凯恩斯理论中,经济周期的某些阶段,会出现有效需求小于供给的情况,而市场的自动调节机制由于某些原因不能快速地发挥作用。因此,政府的财政政策和货币政策可以增加投资、消费或净出口,以此增加有效需求,从而提高经济增长。由于消费和净出口不容易调节,所以政府增加投资就是最为方便的政策。

但是,这个以凯恩斯理论为出发点的"三驾马车"模型是一个用来分析周期性经济波动带来的短期有效需求不足的理论框架。然而,经济学家在分析长期经济增长时并不用这个理论框架。经济学家分析长期经济增长是基于生产函数的供给模型。生产函数既包括人口、资本存量等因素,也包括改革、开放、创新等因素。而后者的作用可以定量地反映在"全要素生产率"即经济效率上。因此,它可以包括改革红利、开放红利、创新红利等来自供给方面的效率提高因素。所以,如果不改革、不调整,较高的投资固然可以拉动较高的短期增长,但是会加大结构扭曲,影响长期持续增速。这是"三驾马车"的理论框架不能推导出的。

两个理论分析框架推导出来的政策工具是不同的。对短期和长期经济增长出现的问题所使用的政策工具随之不同。对于短期的周期性波动,政府可以通过宏观调控总量减缓周期性的波动程度。这里,总量政策是指宏观变量,如货币供应、利率、汇率、财政支出、税率等。总量政策不是针对行业的政策,更不是针对个别企业的政策。那种以为产业政策或其他微观经济政策可以调控周期性波动是一个误区。

对于长期的经济增长问题,总量政策通常是无法解决的。那种以为总量可以调控长期经济增长也是一个误区。促进长期的经济增长主要是靠供给方面的制度和政策,加强企业和个人激励,减少资源配置的扭曲。这只能通过改革、开放、结构调整,以及鼓励创新创业来实现。比如,减少政府行政审批、建立政府权力清单这一改革,虽然不能解决短期的周期性波动问题,但是会促进长期经济增长,因为它减少了企业的成本。所以,认清政府政策工具的不同作用,并且在适当情况下使用适当工具,也是转变政府职能的一个重要方面。

这个理论框架的改变具有重要的现实意义,也为后来提出的供给侧结构性改革提供了理论框架。从后来经济发展的情况来看,确实出现了中国经济增速持续下降的情况,政府和社会也把注意力转向了供给侧而不是需求侧,现在这已经成为经济学界和政策制定者的共识。近年来,"三驾马车"说法的出现频率也越来越少。所以,50人论坛上的讨论起到了一定的思想引领作用。

有关企业家精神的经济学

在经济学的一般均衡模型中,市场经济被描述为一个供给需求关系中的资源配置问题,其中的企业是一个被简化为使利润最大化的假定。这对研究资源配置的效率问题是合适的,但是对研究经济动态增长动力问题就没有解释力了。在经济增长模型中,创新的作用是显而易见的，它是提高全要素生产率的推手。但是推动创新的力量，在模型中并不显示。

中国是从计划经济向市场经济转轨的国家，民营经济从无到有，成为推动经济增长的主要力量。但是，传统的计划经济思维和国有经济的地位对民营经济和企业家的歧视依然还有很强的力量。特别是在供给侧结构性改革中，供给侧的重要推动力是企业的活力，它主要依赖于企业家精神。2016年2月19日举行的中国经济50人论坛年会安排我发言，给我的题目是"企业活力与企业家精神"。我围绕这个话题讲了三个观点。

第一，关于效率与活力。两位奥地利经济学家帮助我们认识从计划经济走向市场经济提供了重要的思想。一位是哈耶克（Hayek），他论述了市场经济资源配置的效率来源于分散信息通过价格机制的有效使用。哈耶克在1992年去世，正是在那一年中国决定走市场经济道路，而如今市场在资源配置中起决定性作用已经在中国成为共识。由于20世纪的一个核心争执是计划与市场，所以哈耶克很可能是20世纪最重要的经济学家。

另一位是熊彼特（Schumpeter），他是最早论述企业家精神（或称创业精神）的经济学家。他认为创新是经济发展和进步的核心动力，市场经济长期活力的根本在于创新，而创新则来源于企业家精神，来源于企业家开发新的产品，创造新的生产方式，这是一个"创造性毁灭"的过程。熊彼特在1950年去世，他的影响在他去世之后日渐变大。由于创新已成为全球最为关注的问题，所以曾任美国财政部部长和哈佛大学校长的经济学家萨默斯（Summers）说，熊彼特很可能是21世纪最重要的经济学家。

从哈耶克的市场经济的效率，到熊彼特的市场经济的活力，我们对市场经济的认识逐步深化。效率与活力，既相关又不同。效率更多的是指在现有技术和生产方式下资源配置的有效性，是供给与需求两方面的结合。而活力更多的是指改变现有的技术和生产方式，使企业更有生气。企业活力和企业家精神是供给侧的。效率与活力的结合是市场经济的精髓。

第二，关于企业管理与企业家精神。讲到企业家和企业家精神，需要区分企业管理与企业家精神，区分管理者与企业家，这在商学院教育中是明显的。一方面，一个好的企业管理者未必是一个好的企业家，也不一定具有企业家精神。因为把企业管好，不一定意味着企业创新。企业家精神不是单纯的企业管理问题，而是要创造出与前人不同的产品或生产过程。反过来，一个好的创业者也未必是一个好的企业管理者。比如史蒂夫·乔布斯（Steve Jobs），他起初是一个创业者。但是1985年他被苹果公司解雇，因为他不是一个好的管理者。接替他出任苹果公司CEO（首席执行官）的约翰·斯卡利（John Sculley）是一个好的管理者，但他不是一个有企业家精神的管理者。乔布斯在1997年重回苹果时，他的企业管理方法有了很大改进，成为一个具有企业家精神的好的管理者。所以，我们要注意企业管理与企业家精神的不同：在重视企业管理的同时，必须大力提倡企业家精神；在鼓励优秀企业管理者的同时，更要推崇优秀的企业家。

第三，关于企业家精神与官僚机构和官僚主义。企业管理是很难避免官僚机构和官僚主义的，而企业家精神却与官僚主义不相容。熊彼特当年在推崇企业家精神时，就担忧日益增强的政府和大企业的官僚主义会扼杀企业家精神，从而窒息市场经济的活力。今天，虽然企业家精神仍在，但是他当年担忧的官僚主义扼杀企业家精神的现象也比比皆是。因此，我们在提倡企业家精神、提倡创业精神、注重企业活力的时候，必须减少官僚主义，就是要减政放权。这就是为什么减政放权与倡导企业家精神是一个硬币的两面。

我们的计划经济传统使我们更容易依赖政府推动创新。但是企业活力必定主要靠企业家精神。在激发企业活力时，虽然政府应该发挥推动作用，但是来自政府部门的官僚主义依然是压抑企业家创新活力的主要障碍。所以，推动企业家精神的同时，必须减政放权，减少官僚主义带来的束缚。

有关企业活力和企业家精神的讨论，直接的结果是要加强对产权的保护。2016年7月8日，在习近平主持的经济形势专家座谈会上，我在发言中提出产权安全性是一件大事。当时民营投资下降引起关注，我认为只要产权安全，企业家推动增长的动力就是无穷的。因此，出台产权保护的法律和政策有重要意义。

2016年11月27日，中共中央、国务院印发《关于完善产权保护制度依法保护产权的意见》，这是完善产权保护制度的纲领性文件。2017年9月8日，《中共中央国务院关于营造企业家健康成长环境　弘扬优秀企业家精神　更好发挥企业家作用的意见》文件公布，并把它的重要性上升到推动供给侧结构性改革、激发市场活力、实现经济社会持续健康发展的层面上。2018年以来，检察院和法院更是通过纠正以往在产权保护上的一些有社会影响的错案，为涉及的企业家恢复名誉，以此来展示中央弘扬企业家精神的决心和勇气。从中我们也看到50人论坛起到了一定的作用。

盛洪简历

1954年12月生于北京，1983年毕业于中国人民大学，1986年和1990年于中国社会科学院研究生院相继获得经济学硕士和经济学博士学位。现任北京天则经济研究所所长，山东大学经济研究院教授。

自20世纪80年代后期以来，盛洪侧重于制度的结构、起源和变迁的研究；文明的冲突、融合与整合问题的研究；国际政治经济学的研究。他组织翻译了罗纳德·科斯教授的论文集《论生产的制度结构》。他的专著《分工与交易》是制度经济学的研究方法在中国的成功尝试之一；论文集《治大国若烹小鲜》用制度经济学对政府进行了深入浅出的分析；演讲集《制度为什么重要》通俗易懂地介绍了制度经济学的基本理论；他主编的《中国的过渡经济学》和论著《寻求改革的稳定形式》代表了这一领域的领先水平；随笔集《经济学精神》《在传统的边际上创新》《长城与科斯定理》《士志于道》透露了他普及经济学的努力和对文化与道德问题的关注；文集《为万世开太平》、对话集《旧邦新命》和《以善致善》则交织着理性主义的冷静思考和关注天下未来的文化激情；新著《儒学的经济学解释》和《真正的红线是市场》则同时体现了对文化的深思和对现实的关注。

我的中国经济 50 人论坛

盛 洪

在我的印象中,中国经济 50 人论坛是一个经济学家的同人组织。1998 年成立时,倡导者刘鹤先生时任国家信息中心常务副主任。在此之前,我们认为他就是经济学家圈里的人。当然随着时间的推移,刘鹤的官方色彩越来越浓,应该说,现在的 50 人论坛是一个官民结合的机构。一是有官方背景;二是中国经济 50 人论坛是以工商注册的形式存在的,应该是一个企业;三是成员是一群来自各个机构的经济学家,其中也不乏来自政府机构的经济学家,还有企业家理事。这种奇特的组合恰恰形成了一种有效的机制。这就是一个对政府政策和制度提出建议和批评的地方,也形成了有关政策的官民之间的交流。这在全国来说是很少见的。

二十年就像一瞬,但足以使黑发变为白发。坚持了二十年,也说明 50 人论坛的成功。在还没有形成成熟的建议与批评机制的我国社会,能够对政策进行讨论和批评的 50 人论坛之所以成功,我想首先是因为经济学家的特点。经济学家之间讨论问题、发表意见,是以经济学理论为基础的,因而批评不是情绪化的,而是冷静的和理性的。其次,既然是理性的,批评之后就有建设性意见。再次,经济学的主流是主张市场化的,这与中共十一届三中全会确立的改革方向和十八届三中全会强调的"市场在资源配置方面起决定性作用"在大方向上是一致的。又次，50人论坛只是一个意见机构，经济学家的意见仅供参考，也就没有权力寻租扭曲意见，意见也比较"纯粹"。最后，政府部门也意识到，他们与其他人一样都是凡人，而政策和制度都是相对复杂的，听取各方面的意见，尤其是听取经济学家的意见是很重要的。

这也是我之所以一直参加50人论坛活动的原因，尤其是每年的年会，我只要在北京，就一定会参加。因为这是50人论坛规模最大的会议，能听取各方意见，也是见见老朋友的机会。当然，这也是发表意见的重要机会。只要不是指定的重点发言，自由发言一般只有五分钟的时间。但这五分钟足以表达一个重要观点。二十年，我都说了什么？近几年的发言，由于论坛组织者要求校订，我都有比较完整的文字。但前些年的呢？好在，50人论坛的网站有一些记录。我看了看，我在早些年的发言有这样一些标题，如"宏观经济政策充分发挥作用有赖于市场制度的建设""中国从贸易保护走向自由贸易""巨大国家效应"等，强调市场化改革和自由贸易，也兼作世界和中国的经济形势判断。

近些年我在50人论坛上的发言侧重于国企改革、打破行政性垄断、约束行政部门和保护产权等方面。有时批评比较严厉，但同时也提出改革方案并指出改革可能带来的好处。政府方面的反应经常都是正面的。我也看到我们的一些意见进入了高层决策中。如对国有企业，原来国资委宣传说"国有企业的集体崛起是中国模式的优势所在"，后来不提这种说法了，改为承认要对国有企业再一次改革；又如中共十九大的报告也提出要"破除行政性垄断"。我在2015年年会上的发言中说:"如果你想改革,取消政府各种不当的进入许可,我觉得首先应该放开原油进口。连原油进口都不能放开,对我们这么有利的事情都不做,还谈什么减少行政许可?"可喜的是,从那年开始,民营企业的原油进入配额有了大幅增加,近几年有1/4到1/3的原油是由民营企业进口的。

其实在中国经济50人论坛之外,还有很多民间的或学术机构的论坛,这些论坛无疑也丰富了我国的意见空间。不过,50人论坛的这种形式仍具有独特意义,即官民交流、朝野互动,能够对政府决策有帮助,既提供多角度的评判,又对错误予以批评,这会避免更多或更大的错误。人无完人,哪有不犯错误的,但只有一种错误不可原谅,那就是拒绝批评、坚持错误。防止犯这种绝对错误的方法,就是要建立成熟的评论和批评机制。如果这种形式推广到地方政府或各个部门,在采取某项行政措施之前先听取专家的意见,也许就不会出现太出格的错误,如驱赶外来居民或跨省抓捕批评者。因而,50人论坛的示范效应不可低估。

宋晓梧简历

研究员、博士生导师。中国经济50人论坛成员、中国社保30人论坛成员、中国收入分配50人论坛成员，北京师范大学中国收入分配研究院院长，东北振兴研究院理事长。

曾任中国经济改革研究基金会理事长，国家教育咨询委员会委员，中国经济体制改革研究会会长，第十一届全国政协委员，国务院振兴东北办副主任，国家发改委党组成员兼宏观经济研究院院长，国务院体改办党组成员兼秘书长、宏观体制司司长，国家体改委分配和社会保障司司长兼国务院医改办主任，中国劳动科学研究院常务副院长，中国厂长经理工作研究会副秘书长。

长期从事经济理论研究与改革的实践，在企业改革和劳动体制、社保体制、收入分配体制、社会体制改革及区域协调发展等方面撰写了一系列有理论创新和应用价值的论著、文章。有关研究成果曾获孙冶方经济科学奖、劳动部科学技术进步一等奖。个人学术成就被收入《20世纪中国知名科学家学术成就概览（经济学卷）》，主要学术观点被收入《中国百名经济学家理论贡献精要》。

一个精彩纷呈的大讲堂

宋晓梧

2001年,经吴敬琏老师和樊纲、易纲两位朋友推荐,我成为中国经济50人论坛成员。50人论坛以公益性、学术性为原则,通过组织年会、内部研讨会、经济政策讲座、高层理论讨论、国际学术交流等活动,为我国经济发展和体制改革等重大问题提供了一系列有深度的理论分析和可操作的政策建议。这些理论分析和政策建议对经济理论界产生了广泛的影响,对经济决策部门起到了重要的参考作用,从而为构建社会主义市场经济体制和经济高速增长做出了应有贡献,在经济理论界享有独特的声誉,也引起了国内外相关人士的高度关注。

近二十年来,参加50人论坛的活动使我受益匪浅,下面重点谈谈个人的体会。

精彩纷呈的理论讲堂

对我个人而言,50人论坛是个精彩纷呈的经济理论大讲堂。我是学劳动经济的,知识面大多局限在工资、就业、社保以及劳动关系和人力资源开发等方面。后因工作岗位变动,担任过国务院体改办宏观司司长，兼任过国家发改委宏观经济研究院院长等职务，还从事过东北振兴工作，但我知道自己除了劳动经济学，在其他经济学领域没有多少学术根底，也不敢在其他学术领域发表偶得的思想火花。参加50人论坛的活动，给了我一个十分难得的学习机会。50人论坛成员多是国内经济学各领域的资深专家，涉及财政、税收、金融、外贸、工业、农业、服务业、生态、区域、教育以及人口、劳动、社保等各方面，成员的经济学背景也各有千秋，不少人是从国外留学归来，或学发展经济学、制度经济学、福利经济学、人口经济学等，或师从货币学派大家、供给学派大师等。也有几个像我这样土生土长，啃《资本论》出身的，但他们大都出国开阔了眼界，了解世界经济风云变幻，视野远比我开阔。经济学各领域的专家在50人论坛齐聚一堂，各抒己见，让我大大拓展了经济理论知识面，学到了很多新思维、新观点，也学了不少新词汇。这里仅举一个与我实际工作紧密相连的例子。

一次内部研讨会，讨论财税体制改革。主讲人谈到了税制当时存在的一些弊端，其中税收与税源相背离的问题给了我很大启发。主讲人说，西气东输工程中的营业税是地方税，把天然气从新疆运到上海，营业税的税源是运输量乘以单位运费。但是由于营运公司在上海注册，结果全部营业税都交到上海，沿途十几个省份拿不到一分钱营业税。还有中央地方共享的所得税，一家商业银行在全国有众多支行，但由于这些商业银行的总部多设在北京金融街，所以四六分成的企业所得税地方部分全部交到了北京市西城区。据税务部门统计，当时占全部税收入 92% 的税种，增值税、营业税、消费税、企业所得税和个人所得税这五个税种，在不同程度上都存在税收与税源背离的问题。这就造成各地财政收入的差距远远大于地方经济之间的差距。

主讲人的这个结论当时对我启发很大。我那时担任国务院振兴东北办副主任，负责资源型城市的可持续发展工作，到抚顺、阜新等资源枯竭城市调研，了解到他们积极招商引资，发展接续替代产业，取得了一些进展，但都反映，虽引进了不少大项目，当地财政增收却并不多。我问为什么。回答是企业合并报表，税大都在总公司所在地上交了。我隐隐感到这是一个影响区域平衡发展的大问题，但老实讲，我那时连税源地与税收地的概念都不清楚。通过这次 50 人论坛的内部研讨，我才领悟到在区域协调发展方面，落后地区引进几个大项目很好，但也必须改革有关的税收制度。因为大企业、大公司的总部多设在发达地区，集中在北上广深等地，而税源与税收分离的现行税制，在一定程度上造成税收调节的逆向转移，扩大了区域之间的不平衡。解决这个问题，中央财政转移支付可以弥补，但有扬汤止沸之感，不如釜底抽薪，改革相关税制，借鉴发达市场经济国家的经验，结合我国实际，使税源地合理分享税收。后来，我在全国政协的会议上谈区域协调，在撰写《新常态下的区域经济大变局》一书中，都提到了税收与税源分离的问题，能够得到一些领导和同志的好评，就是得益于 50 人论坛这个大课堂。

贴近实践的高端智库

成立二十年来，50 人论坛始终把脉国际国内经济，力争站在经济理论前沿，为我国的体制改革和经济发展出谋划策。印象比较深刻的，有配合"十五"至"十三五"四个五年规划的重大问题研究，有配合十八届三中全会关于经济体制改革决定的重大问题研究。当一些突发事件和重大经济事件发生时，50人论坛也尽可能做出自己的理论分析和对策建议，如专题研讨SARS（非典）和中国经济发展与改革、汶川地震对中国经济发展的影响、美国次贷危机对世界经济的影响、欧债问题对中国经济的影响等。比较典型的是2013年上半年的七个专题研究：《改革：总体思路和当前举措》《城市化、农民进城与农村土地制度改革的统筹思路》《以财税改革为主线，推进责任政府与法治政府建议》《中国资本账户开放与管理的顶层设计：路线图与时间表》《国有资产监管与使用机制的改革》《社会主义基本经济制度与保护产权》《社会保障制度改革的路线图和时间表》。从这七个题目就可以看出50人论坛的研究紧密地联系经济体制改革实际，并主动配合党中央和国务院的决策需求。

在专项研究方面，50人论坛注重发挥各领域经济学者的专长，献计献策。我参加就业、工资、社保以及社会体制方面的专题研讨比较多，也尽可能参加其他领域的专题研讨，珍惜宝贵的学习机会，如财政金融体制改革、资产价格风险对策、年度及中长期经济形势分析、金融危机背景下的对外开放、内外失衡下的综合改革、国有企业改革等。

应当说，50人论坛能够贴近实际，紧密结合国家经济政策需求提出建议，与这个论坛的人员组成直接相关。社会上有些议论称，中国经济50人论坛成员中部级干部太多，难免行政氛围浓厚，学术空间窄小。但这个论坛在成立之初并没有几位部级干部，现在50人论坛中的部级领导绝大多数是参加论坛后被提拔起来的，一些人还是社科院、国务院发展研究中心长期专职从事研究的专家。毋庸讳言，有的政府部门主要领导是 50 人论坛成员，但都学有专长，在各自的经济学领域颇有建树。二十年斗转星移，现在的 50 人论坛成员有二十多位是部级干部。其实，其他一些分专业的经济学术论坛，大多也有本专业行政部门的领导或退休的领导参加，但一个部门的行政领导较少，而 50 人论坛涉及经济学各个领域，不同部门的领导在这里相对集中，也是形成 50 人论坛中部级干部占比多于其他经济学术论坛的原因。尽管如此，我也认为，作为民间学术团体，部级干部过多的人员结构是否需要适当调整以及如何合理调整，是可以进一步商榷的。

50 人论坛贴近经济实践的另一个有利因素是有一个企业家理事会。这个理事会成员多是在改革中成长起来的著名企业家，既有来自国有控股企业的，也有来自民营企业的。经济学者和企业家互动，更增加了 50 人论坛学术活动的实践性。例如，2008 年由美国次贷危机引发的世界性金融风险，感受最深的是处在市场竞争第一线的企业家。现在的企业家与 20 世纪 80 年代中后期我在中国企业家协会工作时联系的老一代企业家相比，真是"升级换代"了，他们既在国内外取得了高学历，又在商战中摸爬滚打，对经济问题颇有见地者不乏其人。尤其是在新经济领域，一些企业家的见识在技术业务层面上远高于经济学者。我也从企业家理事那里增长了知识，大有获益。

和而不同的辨析论场

学术研究，贵在和而不同。我从前在湖南省第一师范附属实验小学上学期间，多次去岳麓书院游玩，南宋"朱张嘉会"的故事给我留下了深刻印象。当年张栻主教书院，与朱熹有学理之争，约朱北上，并肩论理，辩疑不绝，和而不同，已成千古佳话。至今岳麓书院大堂之中还并排放着两张太师椅，就是纪念这段故事。50人论坛以公益性、学术性为原则，自然应当继承我国学术研究方面好的传统，让不同意见充分发表出来，做到和而不同。二十年来，50人论坛在学术争论方面的自由度是相当宽松的，这也是我愿意积极参加论坛活动的重要原因。下面举几个例子。

在讨论"十三五"及中国中长期经济潜在增长率时，有人认为日本、韩国经济高速发展延续了约三十年，中国的经济体量远大于它们，大致可以再以8%~10%的增长速度发展三十年，如果"十三五"及今后二十多年的经济增长速度低于8%，政府就要出台刺激政策。有人认为，由于中国长期实行"一个家庭一个孩子"的严格计划生育国策，到"十三五"时期劳动人口将出现负增长，同时农村剩余劳动力的供给也到了"刘易斯转折点"，因而潜在增长率处在下滑期，可能从8%逐步下滑到5%以下。也有人提出，分析"十三五"规划时期的经济问题不应把精力集中到GDP的增长速度上，应重点分析效益、质量、结构以及经济与社会、经济与生态的均衡发展，而找平衡、调结构、提效益需要有一定的宽松空间，如果各地仍然把GDP增长指标绷得紧紧的，调结构等就很难真正提到议事日程上。

在讨论中国经济高速增长的成功经验时，有人同意地方政府的GDP竞争起到了积极作用，认为地方政府GDP竞争是中国经济增长的秘诀，应当作为正面经验加以肯定。有人认为地方政府GDP竞争在一定发展阶段对中国经济总量的增长起到了巨大推动作用，但因此积累的问题也到了必须解决的时候，中国不能被低收入增长阶段的路径锁定，向高收入增长阶段迈进应当进一步理顺政府包括地方政府与市场的关系，在"十三五"时期坚决摒弃地方政府的GDP竞争。

在讨论社会保障体制改革时，有人主张彻底改革现行职工基本养老保险制度，扩大个人账户规模，最好搞28%的名义个人全账户，取消社会统筹，以刺激职工参加这项制度的积极性，同时也便于职工调动时携带方便。有人不同意扩大个人账户规模，坚决反对搞28%的全个人账户，认为这种做法必定会扩大一次分配的差距，而中国的一次分配差距已经过大了，因而主张把个人账户从现行的8%缩小到3%~5%，同时相应扩大社会统筹在基本养老保险中的平抑一次分配差距作用。

在讨论企业降成本时，有人提出近期劳动力成本增长过快，降成本首先要控制劳动力成本。有人分析改革开放以来劳动力成本的变动情况，指出从中长期看，中国的劳动力成本是被过分压低了，近几年的较快增长有补欠账的性质，也受到劳动力总量供求关系变化的影响，从国际比较看，中国的劳动力成本还有较大提升空间，因此不同意把降劳动力成本放到降成本的大筐子中。

类似的理论争论在50人论坛中经常发生，有时因一个用词是否准确也可能发生争论。值得赞赏的是，尽管在50人论坛中有不少部级领导，有的还是政府重要部门的主要负责人，但在学术讨论中都能平等待人，没有人把行政部门下级服从上级的规则拿到这个论坛来。我也参与了多次理论争论，有的还挺激烈，但我多是被迫迎战。我的学术观点早已发表，同行知根知底，在我还没有从理论上反思自己可能错了的时候，若在重大问题上对不同观点不敢站出来说话，似不是学者所为。其实有不同声音，发生争论是好事，有助于对问题的全面深入研究。但说实话，有时我真的很犹豫或很纠结，尤其是与我发生争论的是自己相当尊重的领导或多年的好友。感谢50人论坛为我们提供了一个宽松的理论研究环境，在这样的环境中，绝大多数争论并没有伤感情，有时还增进了友情。当然，和而不同也是有前提的，岳麓山下的"朱张嘉会"之所以能成为理学学术争论的一段佳话，是因为朱、张都遵儒学。如果其中有一位大骂孔夫子是奴隶制的孝子贤孙，那就不可能和而不同，而只能是道不同不相为谋了。50人论坛的和而不同，前提条件是大家都要为完善社会主义市场经济体系出谋划策，为中华民族的伟大复兴殚精竭虑。

二十年在历史发展过程中只是很短的一瞬，但对个人而言是青壮年的逝去。许多当年40多岁、50岁出头，意气风发的学术带头人，一晃就白发苍苍了。如果按现在的规则，成员到80岁才退出50人论坛，再过几年，这个论坛将成为古稀经济学者论坛了。为保持论坛的活力，借论坛成立二十周年之际，我建议论坛成员原则上降到70岁，最多不超过孔老夫子的年龄，腾出位子给50岁上下的后来者。希望在纪念50人论坛成立百年之际，这个论坛还散发着朝气蓬勃的青春气息。

王一鸣简历

现任国务院发展研究中心副主任、研究员，兼任中国社会科学院博士生导师，清华大学和中国人民大学兼职教授，中国城市金融学会副会长。1989年毕业于南开大学，获经济学博士学位，其后长期在国家发展和改革委员会工作，曾担任国家发改委宏观经济研究院常务副院长、国家发改委副秘书长等职。1993—1994年，曾在比利时老鲁汶大学应用经济系做访问学者。主要从事发展战略和规划、宏观经济和政策等方面的研究工作，先后在国内外重要刊物上发表学术论文和理论文章一百多篇，独著、合著、主编学术著作十余部。享受国务院政府特殊津贴。曾多次获优秀研究成果奖励。

参加中国经济50人论坛活动的两三事

王一鸣

中国经济50人论坛与近年来兴起的国内其他类似以50人或以100人命名的论坛相比较,最鲜明的特点无外乎两个方面:一是论坛不仅会聚了一批经济领域各学科的专家学者,还有一批学者型官员;二是论坛讨论的话题常常是决策层关心的经济发展改革的重大问题。我是论坛换届后被吸纳为论坛成员的,2005年后才比较密集地参加论坛活动。与论坛中一些有深厚学术造诣的学者相比,我长期在政府部门的政策研究机构工作,更多偏重政策性研究,而论坛严肃的学术讨论恰好为政策性研究提供了学理基础。让我印象最深的就是关于经济增长阶段性变化、培育经济增长新动力和中国经济发展质量问题的讨论,这些讨论无疑对梳理转型期中国经济面临的特有挑战和应对思路有积极意义。

关于经济增长阶段性变化的讨论

2008年下半年爆发的国际金融危机,引发世界经济自第二次世界大战以后最严重的衰退,对中国经济也造成了巨大冲击。虽然危机后中央政府实施一揽子刺激计划,经济增速在2009年第一季度触底后强劲回升，但仅仅持续了四个季度，2010年第一季度达到高点后，季度增长率在波动中持续下行。那个时期正处在"十一五"和"十二五"交汇期，论坛开展的各类活动，包括论坛年会的主题大体都与此相关，如那些年论坛年会的主题包括"'十二五'规划：改革与发展新阶段"（2010年），"'十二五'开好局起好步的几个重大问题"（2011年），"2012的机遇与风险——世界的动荡与中国的发展"（2012年）等，内部研讨会的话题大体也与此类似。

那时我还在国家发改委宏观经济研究院任副院长，无论是工作需要还是研究兴趣，论坛讨论的话题都是我需要关注的领域，因此，我是论坛各类活动的积极参与者，或是主要发言人。无论是讨论全球经济变化对中国经济的影响，还是研究"十二五"时期的经济发展，都涉及对中国经济增长趋势性变化的判断，这就涉及如何看待2010年后的这一轮经济减速，仅仅是一个短期调整，还是经济增长的阶段性变化。如果说已经进入新的增长阶段，经济增速会如何变化，影响这种变化的内在因素是什么？从那个时期的讨论来看，意见并不完全一致，有人认为中国经济还能保持高速增长，但多数人认为伴随内外条件的变化，中国经济的潜在增长率将会下一个较大台阶，由高速增长阶段转向中速增长阶段。我是后一种判断的坚定支持者。主要分析判断和理由有以下几个方面。

第一，从中长期看，可实现的经济增长率是由潜在增长率决定的。短期的经济增长虽受到需求因素影响，但实际增长率往往围绕潜在增长率上下波动。从国际经验看，在经过二三十年的高速增长、人均国民收入达到中高收入水平后，几乎所有经济体的潜在增长率都出现大幅下降。

第二，从我国情况看，经济增长阶段性变化是外部因素和内在条件相互作用的结果。但国际金融危机带来的冲击仅仅是"导火索"，根本原因还是支撑过去三十多年经济高速增长的内在条件发生变化，潜在增长率大幅下降，促使经济由高速增长阶段向中速增长阶段转换。

第三，促使潜在增长率大幅下调的因素，包括劳动年龄人口比重下降和抚养比提高、高储蓄率和高投资率向下调整、生产要素从农业部门向非农部门转移放缓等，此外，外部需求条件变化和环境约束加剧，也直接或间接影响我国潜在增长率向下调整。

第四，利用世界大型企业联合会（conference board）世界经济数据库（前身为麦迪逊数据库）进行大样本统计，结果显示，5000~10000国际元时出现经济增长急剧下降的占40.4%，10000及以上国际元时出现经济增长急剧下降的占45.2%。2010年我国人均GDP达到7371国际元，根据预测，2015年将超过11000国际元。这意味着"十二五"时期正是经济减速的高概率区间，进入"十三五"时期，我国经济增速下降趋势将更加明显。

第五，国际上高速增长转向中速增长，一些国家表现为突变式下降，另一些国家则表现为渐进式下降。从各方面因素来看，我国具有更多渐进变化的条件，包括内需市场尚未充分开发、潜力较大；作为一个幅员辽阔、区域差异较大的国家，经济增长的回旋余地较大；城镇化发展还有较大空间，基础设施和住宅等有较大投资空间。

第六，从高速增长转入中速增长，不仅仅是增长速度下降，更重要的还伴随着经济结构的大幅调整，服务业取代工业成为经济增长的主要动力，消费成为需求增长的主体，经济增长将更多地依靠技术进步和创新,增长质量将有所提高。但这不是自然而然发生的,必须以发展方式转变和体制改革为重要前提。

围绕这条线索,我与同事合作出版了一部专著《走向2020:中国中长期发展的挑战和对策》,并在《宏观经济研究》《人民日报》等报刊上发表了一系列文章。这些成果与我参加论坛的讨论是分不开的,其中有些观点和研究方法也得益于50人论坛讨论的启示。

我还特别强调,经济增长的阶段性变化本质上是一次经济新转型。改革开放后的第一次转型,中国实现了经济高速增长,并由低收入国家迈入中等偏上收入国家行列。第二次转型要实现从高速增长向高效增长的跃升,核心是提升经济增长的质量和效率,以有效对冲劳动力成本上升和投资边际效率下降,使企业保持或接近高速增长时期的盈利水平,并释放高速增长时期积累的泡沫和风险,使中国由中等收入国家迈入高收入国家行列。2015年6月,为纪念巴山轮研讨会三十周年,有关方面在三峡游轮上组织了一次纪念"巴山轮会议"三十周年暨2015年宏观经济国际研讨会,我受邀在会上做的发言,就是以"中国经济的第二次转型"为题。

2010年后,国际上有人用"新常态"描述2008年国际金融危机后世界经济与金融状况。随后,这个概念引入中国,最初是用于刻画中国经济从高速增长转向中速增长的状态。2014年中期以后,"新常态"逐步成为决策层的用语,用于概括性表述经济增长阶段性变化,并作为制定宏观政策的重要依据。现在来看,50人论坛是比较早系统讨论经济增长阶段性变化的,这些讨论至今仍有非常重要和积极的意义。

关于经济增长新动力的讨论

在对经济增长阶段性变化达成共识后，随之而来的是如何应对这种变化，这就涉及培育和重塑经济增长的新动力问题。从国际上看，随着美国金融危机向欧洲债务危机，再向新兴市场产能过剩危机演进和扩散，全球经济陷入"低增长困境"，主要经济体劳动生产率和全要素生产率增速放缓，国际分工格局加快重构，全球贸易增速甚至连续数年低于经济增速。从国内看，产能过剩矛盾突出、经济增长内生动力不足、金融风险不断积聚、部分地区困难增多。这些问题的根源何在？如何有效应对经济阶段性变化后出现的各种矛盾和挑战？2014年后，论坛围绕这一主题的讨论逐渐多起来。从这一时期年会的主题看，比如"突破难点，推动改革"（2014年）、"新常态下的'十三五'规划思路"（2015年）、"深化供给侧结构性改革，全面提升发展质量"（2016年）、"深化供给侧结构性改革——产权、动力、质量"（2017年），可以说话题越来越聚焦。我也是这一时期论坛活动的踊跃参与者，在讨论中，我比较强调以下几个方面。

第一，中国经济发展进入新常态，经济增长的约束条件发生明显变化，宏观经济失衡从以往的总量性失衡为主转向结构性失衡为主。长期以来支撑中国经济高速增长的动力，受到供需两端结构性变化的约束而趋于减弱，主要表现在，依靠扩大投资拉动经济增长受到投资效率下降和债务杠杆攀升的约束，依靠"铺摊子"扩大产能推动经济增长受到产能过剩的约束，依靠生产要素大规模高强度投入受到生产要素供需条件变化的约束，推进新一轮动力转换已势在必行。

第二，化解过剩产能是动力转换的重要条件。随着经济增速的持续下行和内外需求的不足，产能绝对过剩和周期性过剩问题同时显现，工业品价格负增长，生产领域出现严重通缩，企业盈利状况持续恶化，甚至一度出现全行业亏损。化解过剩产能，再沿用过去通过政策性刺激扩大市场需求的办法已经不大管用了。这样做只能把问题延后，不能解决根本问题，而且越往后拖越被动，只会使矛盾进一步加剧，还会使潜在风险进一步积累，延误有效化解风险的时机。

第三，产能过剩使劳动力、土地、资金等大量生产要素被"僵尸企业"占用，无法有效进入新兴产业领域，造成严重的资源沉淀和浪费，并造成市场价格扭曲和资源错配。"僵尸企业"的大量存在已经成为经济运行中的"恶性肿瘤"，必须痛下决心进行"外科手术"，停止对"僵尸企业"输血，使局部性风险得以暴露和释放，而不至于积累和酿成系统性风险。

第四，重塑新动力的核心是提高全要素生产率。旧动力逐步衰竭的根源在于生产要素供给发生趋势性变化，劳动力、土地、环境等要素成本上升、约束持续强化，迫切要求从优化资源配置效率、提高全要素生产率中挖掘新动力。提升全要素生产率的主要途径，已经由要素部门间转移为主向部门内和企业间转移为主转换。通过深化改革、放宽准入、打破垄断、引入竞争等手段，将更多的要素从低效率行业转移到高效率行业，从低产出企业转移到高产出企业，可以大幅度提高全社会生产效率，从而为经济发展注入新动力。

第五，经济下行既是挑战，也是经济转型的机遇，不要轻易浪费经济下行中推进市场出清、资产重组和风险释放的稍纵即逝的机会。必须以深化改革破解发展难题，下决心消除"僵尸企业"，加快推进过剩产能有效出清和资产重组，恢复市场优化资源配置功能。

第六，制约经济发展的主要矛盾和结构因素主导的经济下行特点，决定了宏观管理要转向以供给调整和结构性改革为主。在这个阶段，需求政策的作用主要是保持总需求的相对稳定，防止经济出现短期断崖式下滑，为结构性改革创造良好的宏观环境。供给政策要发挥关键作用，核心是要加快建立有利于市场出清的体制机制，加大资产重组力度，充分激发企业家精神，促进要素自由流动，实现资源优化再配置，在更高阶段和更高水平上建立新的平衡。

这些观点在我与同事合作出版的《重构新平衡》《聚力供给侧》这两本书中进一步做了阐释，在《管理世界》《人民日报》《求是》等报刊上还发表过论文，并在 2017 年论坛年会上以"寻找经济增长新动力"为题做了主题发言。当然，这些讨论还更多集中在实体经济结构性失衡上，尚未扩展到实体经济与其他部门特别是金融部门失衡等更大范围。

关于中国经济转向高质量发展阶段的讨论

这是 2018 年春节后的事，因此我记忆比较清晰。党的十九大报告做出了中国经济由高速增长阶段转向高质量发展阶段的重大判断。如何认识这一重大判断，50 人论坛 2018 年年会的主题就是"从高速增长到高质量发展"。根据 50 人论坛的安排，年会上我第一个做主题发言，同我一起做主题发言的还有四位论坛成员。我之所以要提到此事，是因为讨论中有激烈争论，这也反映了 50 人论坛平等争论的氛围。

我首先从微观、中观、宏观层面谈了对高质量发展的认识。要实现从高速增长到高质量发展，我认为要完成三个转型：从"数量追赶"转向"质量追赶"、从"规模扩张"转向"结构升级"、从"要素驱动"转向"创新驱动"。其次，我提到高质量发展要适合中国的发展阶段和基本国情，不能简单地以成熟经济体的"标准结构"作为参照依据，还要充分考虑中国的大国特征、结构快速变动期和发展的不平衡与不充分。实现高质量发展，最根本的途径是要深化改革，包括正在推进的供给侧结构性改革，增强经济的活力、创新力和竞争力。最后，我强调转向高质量发展面临的十大挑战：一是如何形成有效的市场竞争环境特别是确立竞争政策的基础性地位，倒逼企业提高产品和服务质量；二是如何推进体制机制创新特别是产权和知识产权制度改革，推动经济增长从要素投入转向创新驱动；三是如何深化教育体制改革特别是创造更加公平的受教育机会，加快人力资本积累；四是如何优化区域空间结构特别是加快形成网络化区域发展格局，提高空间资源配置效率；五是如何打破阶层固化，增进社会流动性，特别是提高社会的纵向流动性，进一步扩大中等收入群体；六是如何加快土地制度改革特别是扩大宅基地流转范围，提高土地资源配置效率；七是如何解决突出环境问题特别是建立最严格的生态环境监管体制，有效应对污染排放峰值期的环境挑战；八是如何健全风险管控体制特别是加强金融监管能力建设，防范化解高速增长时期积累的风险；九是如何进一步扩大开放特别是服务业开放，加快改善外商企业营商环境；十是如何全面深化改革，形成与高质量发展相适应的制度环境。

在年会上，有企业家理事围绕我说的十大挑战发表了观点，他赞成我强调制度环境、产权改革对高质量发展的重要性，但不认可将高质量发展放在城乡双轨制的"既有框架"下去讨论。其中有些话很尖锐，媒体有多种版本的报道，在微信上也广为流传，以致一些好友和同事打电话问我"究竟发生了什么事"。这从一个侧面表明，50人论坛是一个不同意见交锋和争论的平台，问题总是越辩越明。正是这种平等的讨论，赋予了论坛旺盛的生命力。

关于承担50人论坛课题研究的事

50人论坛不是一个"清谈馆"，而是一个讨论问题的平台，还是一个为决策机构服务的智库。长期以来，50人论坛一直承担着为有关部门提供研究咨询的使命。我曾经参与50人论坛一些课题的讨论，也承担过50人论坛委托的课题。比如，2017年初我承担了《面向2030年的经济社会发展环境和战略研究》的课题，这项研究初衷是要系统分析面向2030年的经济社会发展重大趋势和影响，并提出相应的战略选择。

我与单位的几位同事采用了模拟结构变化的可计算一般均衡模型，对2016—2020年和2020—2030年的经济增长进行测算，并对2020—2030年中美经济总量对比的变化、人均国民收入迈向高收入水平的时间窗口，以及能源结构变化和大气污染物、水污染物、固体污染物排放的峰期进行了预测，对这一时期面临的主要挑战，包括收入差距拉大、社会流动性降低、区域差距再扩大、金融领域风险叠加并可能集中释放等做了分析，进而提出2030年的战略目标和发展思路，以及实现目标的重要举措。这一研究成果得到了有关方面的重视。像这样的研究项目，50人论坛有很多，我仅想借此说明，50人论坛对我国经济发展改革重大问题的研究和讨论，为决策部门提供了重要支撑作用，这也是本文开头提到的中国经济50人论坛区别于其他论坛的不同特质。

值得一提的是，我在工作单位牵头负责的课题研究，也受到参加50人论坛有关课题讨论的启发。比如，我曾在单位牵头负责"经济转型期的风险防范和应对"课题，提出了按照系统化、网络化的视角，以经济系统中的居民部门、企业部门、金融部门、政府部门为核心部门，运用"部门资产负债表"的方法，通过分析各部门间债权债务、投资权益、隐性担保和期限错配等，研究风险的传递、转移路径，进而探讨风险的传导机制，这一研究方法受益于参加50人论坛组织的有关课题讨论。这个成果后来发表在《管理世界》上，并被《新华文摘》转载。

总之，50人论坛带给我的成长和进步，很难用寥寥数语来表达。纪念50人论坛二十周年最好的办法，就是日后一如既往地参与50人论坛的活动，伴随50人论坛一同成长。

夏斌简历

研究员，博士生导师，享有国务院政府特殊津贴。

现任国务院参事、当代经济学基金会理事长、国务院发展研究中心金融研究所名誉所长、中国首席经济学家论坛主席、中国经济50人论坛成员。曾任央行货币政策委员会委员。

20世纪90年代曾长期在金融部门工作，历任央行金融研究所副所长、中国证监会交易部主任兼信息部主任、深圳证券交易所总经理、央行政策研究室负责人和非银行金融机构监管司司长等职，直接负责亚洲金融危机后中国非银行金融机构的危机处置。后筹建国务院发展研究中心金融研究所，任首任所长。目前还兼任中国金融学会常务理事、国家行政学院和数所著名大学的兼职教授，《银行家》杂志编委会主任，北京市、上海市等政府金融顾问。

主要研究方向为宏观经济政策、货币政策、金融监管和中国资本市场发展。有关学术论文曾获孙冶方经济科学奖等，并在20世纪90年代早期多次获得中国金融学会全国优秀论文奖。

由中国经济 50 人论坛的桌签想到的

夏　斌

我参与中国经济 50 人论坛活动多年。50 人论坛对于我，迄今，也许以后仍然会一直参加下去。让我印象最深刻、最有特色的一件事，不是某一场政策讨论，也不是某人的思想观点，而是论坛开会时论坛成员姓名桌签的摆放方式。即每位成员一进会议室，首先可看到摆放成一堆的论坛成员姓名桌签。与会者进会场先从中寻找到自己的桌签。然后，自己愿坐会议桌的哪一方，桌签就放哪一方；愿意与谁挨着坐就跟谁挨着坐，完全自由、平等。当然，会议主持人总会找个相对居中的位置。

会议讨论发言时，谁想发言，就把桌签竖起来。谁先竖，谁先发言，主持人按此排出发言的先后顺序。

以上这一做法不知出自谁的主意，又源自哪里。

其实，这并不重要。重要的是，我体会到，贯彻 50 人论坛要把众多优秀的经济学人凝聚一起，要体现政策学术讨论的自由、平等、百家争鸣的精神，需要有一种制度、一种秩序的保障。恰恰这一看似"形式"的制度与秩序，可以说是基本保障了多年来 50 人论坛能会集众多优秀经济学人，并使大家踊跃发言甚至是与官方主流观点有不同思想的一项有实质性内容的重要制度。从某种意义上说，这一制度确保了50人论坛创办时的初衷。

中国经济50人论坛自1998年创办，迄今整整二十年了。今天，不管50人论坛是否已是官方认定的"国家智库"，是否领受财政拨款补助，办好50人论坛，为国家经济建设建言献策，我想是论坛全体成员踊跃参与的一份真诚初心。然而，由于各成员来自经济领域的各个方面，有官员与非官员，有教授学者与政策实操者，不同的教育与工作经历，聚集一起议论国是，有时难免因视角与"兴奋点"的差异，讨论时"焦点"不集中，加上讨论时间有限，往往最后的讨论效果不佳。常常是看似咨询建议但不够深入，看似操作方案又不够具体。由此想到，如何进一步发挥好50人论坛"自由、平等、百家争鸣"这一好宗旨应迸发的积极效益？如何讲究时间效率？我认为，应做到以下几点。

第一，必须首先明确，办好智库，国事研究咨询，主要是研究政策或研究制度。其实从亚当·斯密和马克思以来，政治经济学或经济学历来是包括理论经济学和经济政策体系两大部分（只是后来有些学者把此简化或理解偏了）。50人论坛若要办成一个好智库，肯定是研究现实问题，研究经济政策，而不是研究纯经济理论，搞纯学术理论。因此即使涉及中长期经济问题甚至冠以"战略"字眼的问题，其实仍是基于论坛成员已有的经济学知识对短期或中长期经济运行中的实际问题，提出解决的方案与政策建议，仍是对现实的政策与制度的研究。明确这一点非常重要，因为这直接关乎论坛作为好智库作用的真正发挥。然而，要做好这一点，恐怕对论坛议题、论坛主持、论坛参与者等方面都需要注意。

第二，在决定每次论坛讨论的议题上狠下功夫，要问题导向，要有针对性,要"接地气"。"国事"是重大政策。什么是重大政策问题?应该从国民经济运行中的主要困难、主要矛盾出发,"要想总理之所想,急总理之所急",要了解发改委、财政部、央行等我国现阶段主要宏观决策部门负责人业务工作的难处、痛处。由此出发,归纳梳理,才能提出"真问题",才可能是现实重大的政策制度问题。切忌提出泛泛的议题,提出"大而空""博士论文"式的议题。切忌简单用政府文件中过于概括、抽象的号召式的提法作为具体政策咨询问题的讨论议题,使参会者不知"从何下脚"进行具体的政策讨论。更要切忌简单搬用政府文件中号召式、目标要求式的某一提法,找几个专家进行诠释性的发言,把进一步需要"百家争鸣"的政策应用研究平台变成一般的舆论宣传平台。

第三,为使讨论深入、有意思,发言者一定要事先有所准备。讨论中不一概反对即兴发言,特别是有时在受主发言人发言内容的"刺激"与启发后,评论人的即兴发言往往更深刻、更"有味"。但讨论不是闲聊,而是研究问题、解决问题,因此发言者必须以问题为导向。安排好若干发言人扣题的、有准备的发言,对一场讨论的质量与效果至关重要,因此讨论要"接地气"。要做到这一点,没有一点儿调研与准备恐怕是不行的。因此,针对某一议题,论坛成员若无合适的发言者,可从决策部门选择在经济运行第一线操作或指挥的学者型官员任主发言者。因为针对某个经济问题,能把现实问题说清,能把矛盾情境摆透,能对多种倾向性决策意见进行梳理,是至关重要的,便于启发更多人的深入讨论。而且,真正"接地气"的决策讨论,重点应鼓励有不同意见的发言、争论,这才有供领导决策不犯错误的价值。为此,在主发言者之外,从讨论成员中或从外部寻找一两名不认同主发言者观点的人做评论发言，引导决策讨论的真正深入，同样是至关重要的。

第四，"百家争鸣"时间要有保障。为确保将一个复杂的政策制度问题讨论清楚，真正发挥决策咨询的作用，恐怕半天的时间远远不够。为此可适当延长内部讨论的时间，直至各方把问题议透，把不同意见摆透。

第五，论坛成员不求每人每次会议都参加，但在论坛上每人的发言都要有针对性。由于论坛属政策研究的智库型平台，而且每位论坛成员的教育与工作背景不一，熟知领域与兴趣点不同，可以不要求每一位成员必须参加任何一项政策的讨论，但论坛主持者每次在会上须有明确的"安民告示"与提醒，说明讨论的主题、政策的焦点是什么，要求每一位成员的发言紧扣主题，不讲废话，反对即兴发挥，畅谈自己有兴趣的话题，"摆龙门阵"。这既是尊重其他有备而来的与会者，也能提高论坛讨论的效果。

许善达简历

国家税务总局原副局长，中国注册税务师协会顾问。现任中国经济50人论坛成员、学术委员会成员，联办财经研究院院长。1970年毕业于清华大学自动控制系。1984年获中国农业科学院研究生院农业经济管理硕士。1990年获英国巴斯大学财政专业硕士。主持金税工程获2006年国家科技进步二等奖。2009年被《第一财经日报》评为当年的"金融思想家"。

回忆我参加的中国经济 50 人论坛的三次活动

许善达

二十年对一个经济学家组织来说也是不短的历程。就我自己而言，50 人论坛的活动在我的工作经历甚至人生经历中都有不小的价值。感谢刘鹤、樊纲等几位发起人创建了这个经济学家组织并邀请我参加。50 人论坛成员来自各个领域，他们都是各自领域的佼佼者，他们的工作经历非常丰富，在论坛活动中提供的信息十分广泛。从某种角度说，其中部分信息还是一些政府部门不容易掌握的或者容易被忽视的。自 2007 年离开行政岗位以后，我和吴晓灵被补选为论坛学术委员会成员，能为 50 人论坛发展多尽一份力，内心十分欣慰。值此二十年庆典之日，想说的话很多，以下仅仅通过我参加的三次活动来谈谈 50 人论坛是如何发挥协助领导层决策功能的。

活动一：2008 年坚持"两防"和改变"两防"之争

50 人论坛这么多年为什么能为领导决策提供许多有价值的参考意见呢？坚持集思广益的工作方针是重要原因之一。我参加的一次活动充分体现了这一点。

2007 年 12 月，中央经济工作会议对 2008 年经济工作做了全面部署。当时认为全世界包括中国在内流动性过剩，投资过热，提出了 2008 年的宏观经济工作的重点是"两防"，即防止通货膨胀，要把通货膨胀抑制在 3% 以下；防止经济过热。如何实现"防通胀、防过热"？自然是从紧的财政政策和货币政策。但是到了 2007 年 12 月底，全世界的经济形势就出现了中央经济工作会议准备期间没有预见到的一种经济动态信号：发达国家的货币流动性不够了。因此 2008 年 1 月，发达国家包括美国、欧洲、日本、英国等的央行，都开始释放流动性。这一动态并没有被我国很多专家关注。同时，虽然当时以广东珠江三角洲为代表的我国加工贸易企业的生产仍然正常，但是也开始出现了外国订单减少的情况。当时这些加工贸易企业的订单主要来自发达国家，而订单减少就成为一个信号，说明发达国家的这种需求已经出现了萎缩，而这种萎缩势必导致中国外需不足。因为那段时间我们的对外出口 50% 以上都是加工贸易，加工贸易订单减少说明 2008 年的出口可能会产生问题。

在 2008 年的一次政协会议上，有一种意见提出应该针对这两个重要的经济信号给予足够的关注，建议调整"防止通货膨胀，防止经济过热"的目标，调整从紧的财政政策和货币政策。我国的经济工作是按照日历年度安排的，但是世界经济的变化并不是完全按照日历年度发生的。发达国家央行从 2007 年底就判断流动性不够，并且马上开始释放流动性，并不考虑日历年度。我们也要从实际出发，不能死守日历年度。如果坚持把通货膨胀抑制到 3% 以下的目标，就要大幅度收紧货币，可是全世界的货币流动性已经不够了，在这种形势下，如果我国大幅度收紧货币，企业的生产经营情况会呈现什么状态？另外一种意见认为，2007 年 12 月中央经济工作会议和

2008年"两会"刚刚确定"两防"的宏观经济目标,刚刚决定实施从紧的财政和货币政策,不能变。这两种意见在政协经济委员会内部引起很大的争论,一直持续到2008年7月。

当时,刘鹤同志主持了一次50人论坛内部经济形势研讨会。在会议上坚持"两防"意见的同志最强硬的理由就是,中央经济工作会议和总理的政府工作报告都是明确实施"两防",我们不能提出修改意见。但是刘鹤同志说,论坛成员有不同意见,论坛不对这些不同意见做正确或错误的裁定,不同意见都可以向领导同志汇报,供领导同志决策参考。

7月初,在时任国务院副总理李克强同志听取政协经济委员会对经济形势的分析汇报会上,按照政协领导同志的安排,将关于调整"两防"目标,调整从紧的财政和货币政策的建议向李克强同志汇报。李克强副总理说发改委已经报告,2008年上半年的通货膨胀率已经达到了5%,如果全年坚持3%的目标,就意味着下半年只能将通货膨胀率控制在1%左右,这是绝对不可能的。人民银行的领导也汇报了同样的意见,他们预测的通货膨胀率是6%~6.5%。当时,坚持"两防"目标不能改变,"双紧"的财政政策和货币政策不能调整的意见也不再坚持汇报了。到了7月20日左右,中央政治局研究上半年经济形势,决定废除"两防"目标和从紧的财政和货币政策。而政治局会议之后,刘鹤同志在《人民日报》发表了一个答记者问,说明了为什么政治局调整"两防"目标。正是由于中央政治局及时调整了"两防"的目标,国务院根据政治局决议于10月出台了扩大需求的新战略。自此,中国决策层启动了长达六七年的主要从需求侧来调控宏观经济的历程。

50人论坛召开了不知多少次这样的内部研讨会,这个会议只是其中很普通的一次。50人论坛的近50位专家对经济问题的分析和判断不可能每次都一致,从某种角度说,可以说有比较偏激进的,也有比较偏谨慎的,可以排出一个类似光谱的谱系。而50人论坛坚持把各个成员的不同意见收集、整理、讨论,集思广益,然后形成领导决策的参考建议。这正是50人论坛成效显著的原因之一。

活动二:"共有产权房"形成国策

多年来,用多种形式与地方政府合作讨论经济工作中的问题已经成为50人论坛的一项经常性活动。地方政府能够从活动中获取各方面专家的信息,扩大当地各部门、企业和研究机构的视野;50人论坛专家能够获取地方实践的信息,有助于自己的研究和工作。同时,50人论坛也成为中央有关部门获取地方实践经验的有益渠道。上海的共有产权房就是其中一例。

自从20世纪末我国启动住房市场化改革以来,没有人预测到我国房地产市场会出现如此复杂的局面。不同专家提出各种不同的政策建议,不同政府部门之间也出现不同的意见,因此,一些政策出现前后不协调、彼此不协调的情况,这是很正常的现象。在土地国有制的国家实行房地产市场化的体制全世界没有先例。我国财政体制所形成的公共服务均等化水平不高,随着经济的发展,居民收入水平提高,收入水平相对较高的群体一定会迁移到公共服务水平较高的地方居住,以期享受更好的教育、医疗、环境等公共服务,这样就必然导致大城市的住房需求不断强化。这种需求和地方政府期望从国有土地进入房地产市场获取更高的地方收入相契合。房价由于市场和政府两种需求的增强必然出现持续上涨态势。但是，多年来，以控制房价上涨为目标的政策收效有限。习近平总书记2014年在政治局学习会上讲，保障性住房是党和政府对人民的承诺，必须坚决完成计划，也反复强调房子是用来住的而不是用来炒的。李克强总理多次明确，政府的责任是要关注低收入群体，解决他们的住房问题。这些都体现了决策层的房地产政策战略从抑制房价转移到帮助低收入的居民住有所居。我国实际上已经逐步完成了房地产政策的战略调整。

实际上，最近几年，许多地方政府已经根据习近平总书记的房地产战略各自在自己权限范围内制定当地的政策。各地方政府在解决居民住房需求上取得了相当大的成效。保障性住房历经多年努力，大幅度减少了居住在不具备基本居住条件的地方的居民数量（按照2012年普查数据，2010年底的上述城镇居民全国有5000万户），虽然新的普查数据尚未出台，但全国低收入城镇居民在此方面的呼声已经大大减弱了。现在的主要问题已经转化为大中城市"夹心层"居民的住房困难问题，而且这个居民群体的住房困难已经构成企业特别是高科技企业的劳动力成本组成部分。

地方政府在房地产领域具有相当大的自主权。哪些地方的政策有在全国普遍推广的价值是中央政府密切关注的问题。50人论坛的一大优势是和许多地方政府保持密切的联系，多年来50人论坛在许多地方与当地党委、政府合作讨论问题，这种活动使50人论坛能够了解地方党委、政府的成功经验。这些地方的成功经验对中央决策会有非常重要的参考作用。

比如，一次在上海的活动期间，50人论坛了解到，在房地产领域，在时任上海市委书记俞正声和市长韩正的主持下，上海市已经搞了好几年"共有产权房"制度。该项制度虽然没有列入中央政府批准的"试点"，但实际上是中国房地产政策重要的突破之一，而且被实践证明是成功的突破。上海搞共有产权房就是在保障性住房已经基本解决以后，政府把解决"夹心层"的住房问题列为政府在住房领域的职责。上海定了一条线，如家庭收入水平、资产等，凡是在这条线以下都可以申请。共有产权房是什么概念？比如这个房子卖每平方米2万元，你用70%即14000元的房价可以买到，政府给你出6000元，但是这6000元不是作为补贴，房产证上要说明你拥有这个房子70%的产权，政府拥有30%。共有产权房五年之内不许卖，五年后如果你因收入增加而要改善住房条件，要卖，那政府要收回30%，如果这个房子溢价了政府也要30%，相当于股权投资一样。如果居民需要一直住着，政府不收回这30%。这是上海的共有产权房制度，实际上就是政府拿出一定数量的国有资本作为居民住房的部分产权。据2014年统计数据，上海市政府一共有500亿元左右的财政资源投入共有产权房，同时实现了市场1500亿元左右的居民住房购买力，解决了近9万户"夹心层"居民的居住问题。这还不算由于解决了住房而拉动的其他方面的居民购买力。同时，大大降低了这类居民工作单位的劳动力成本。可谓一举多得。上海市做出的这个重要的房地产决策完全符合现在的中国国情，完全符合习近平总书记提出的房地产政策的新的战略方向。

50人论坛了解这个重要信息之后，通过多种渠道将上海成功经验报送有关领导部门参考。李克强总理的政府工作报告里已经要求各地对共有产权房进行探索，住宅建设部的领导同志已经发表了若干次讲话号召各地探索共有产权房，而且部署了若干城市进行共有产权房试点。北京市政府也将以前实行的普通自住房制度调整为共有产权房制度。

我参加50人论坛与地方合作的研究活动次数很多，如广州、深圳、杭州、青岛、成都、唐山等，数不胜数。每次这类活动50人论坛专家参加的积极性都很高，每个人都受益匪浅。事实上，从各地获取的地方工作中的成功信息也成为50人论坛为决策层提供有价值的建议的重要源泉。

活动三：百密一疏的页岩气

50人论坛的研究活动硕果累累，已被社会公认。但是，还有许多需要改进和完善之处。我被补选为50人学术委员会成员之后，要为50人论坛发展多做一些工作。其中经我联系论坛成功举办了中美经济学家颐和园对话。这个对话活动既包括内部的小型会议，也包括公开的大型会议。所有参加会议的中美专家都对这项活动比较满意。但现在回想起来，美国专家提供的一个重要信息当时包括我在内的中方专家没有及时抓住。如果当时能敏感地把握住这个信息的价值，及时反映给有关领导机关和企业，我们对世界经济的重大变化就会把握得更好一点。这个重要信息就是美国页岩气技术的突破将导致世界大宗商品价格大幅度下跌。

事情还要从世界经济出现下行趋势说起。许多专家对世界经济出现下行走势的原因做了分析。比如，有一种意见认为2008年世界金融危机的影响尚未消除，有的意见还认为中国经济的下行拖累了全世界，等等。这些看法不能说毫无道理，但都不够全面。现在多数专家的看法是美国页岩气技术的突破至少是导致这一轮全世界经济下行的主要原因之一。美国页岩气技术的突破在大宗商品降价五六年以前已经显示出迹象。现在回想起来，我印象十分深刻的一次中美经济学家颐和园对话活动的内部小型对话在钓鱼台举行，对话在许多内容上展开，其中一位美国经济学家提出一个问题给我们中方专家：你们中国对于大宗商品降价有什么应对准备？这位美国经济学家并没有详细说明提出这个问题的原因，而当时中方专家，包括我在内，对这个问题没有反应，因为当时石油价格还处在上升通道，无论是产业界还是学术界都没有人对石油价格会暴跌提出警告。石油价格可以说是世界大宗商品价格的代表，石油价格上升，其他大宗商品价格也一定是上升趋势。现在回想起来，美国的经济学家非常敏锐地把握住这个信号并给美国政府提出报告，遗憾的是我们的经济学家、政府机关、科研单位、企业界都没有对此给予足够的关注，在发生石油价格暴跌至五十美元以下时才意识到美国页岩气技术突破对石油以及所有大宗商品价格的影响，自然我们也难以就页岩气技术突破对世界和中国经济的影响做出准确的前瞻性的预判。回顾前几年世界经济发展的过程，恰恰是美国页岩气技术的突破使美国大量低成本页岩气进入世界能源供给市场，从而进一步使全世界能源供大于求，以石油为代表的大宗商品价格大幅度下降。虽然中国是石油等矿产品进口国，大宗商品降价使中国节省了巨额进口成本，但是，当时很多人都没关注到的是，由于大宗商品降价，全世界的投资规模大幅度地萎缩。这是新的低成本能源的出现导致整体能源结构变化引发的经济萎缩。石油价格大幅度下降就使能源领域投资规模大幅度缩小,导致其他资源、制造业等需求萎缩,最后使全世界包括消费在内的总需求萎缩。在这种形势下,中国能源、金属制品、制造业等的需求也必然萎缩,从而导致职工收入和企业利润增长率下降。如果这个分析结果是成立的,那么,正常的逻辑推论就是:只要以石油为代表的大宗商品价格没有出现明显上涨的趋势,中国产能过剩局面没有得到根本性扭转,中国经济增长率就不可能很快出现下行底部拐点而转为上行。当然,这是必要条件,而不是充分条件。仅仅是石油价格上涨并不能使中国经济转为上行趋势。

无论是政府、企业家,还是居民,都希望能对经济走势把握得准确一点以减少决策失误。50人论坛承担着历史使命。现在反思一下,50人论坛组织的活动质量很高,信息量很大,理应为政府、企业和居民提供较为准确的预判。但是,50人论坛专家都非常忙,没有更多的时间来消化获得的信息,因此,百密一疏是难以避免的。任何一个经济学家都难以对所有信息做出准确判断。如果50人论坛能够更多地组织专家对海量信息进行集体讨论,就可以减少误判和漏判,一定能为政府、企业和居民提供质量更高的意见和建议。这也是我参加50人论坛二十年活动的一点心愿。

中国经济 50 人论坛丛书
Chinese Economists 50 Forum

第二篇　二十年助力中国经济发展

蔡昉简历

1956年出生于北京市。先后毕业于中国人民大学、中国社会科学院研究生院。经济学博士。现任中国社会科学院副院长、研究员、学部委员；第十三届全国人大常委会委员、全国人大农业与农村委员会副主任委员。主编《劳动经济研究》杂志，并担任《中国社会科学》《经济研究》等杂志编委；兼任中国经济50人论坛及其学术委员会成员等。主要从事中国经济发展与改革、劳动与就业、"三农"问题等领域理论和智库研究。近年著有《解读中国经济发展之谜》《从人口红利到改革红利》，主编《中国人口与劳动问题报告》系列专著等。获第二届张培刚发展经济学优秀成果奖、第一届中国软科学奖、第十四届孙冶方经济科学奖、第三届中国出版政府图书奖等。

关于"刘易斯转折点"的争论及其意义

蔡 昉

自从中国社会科学院调我到人口（与劳动经济）研究所工作，我就开始尝试把人口转变因素纳入经济增长的框架中，希冀由此能够更全面地认识中国经济。事实证明，这个视角使我获益良多：面对2004年愈演愈烈的劳动力短缺问题，由于能够结合人口结构变化趋势，我得出中国经济将迎来"刘易斯转折点"，因而人口红利即将消失的判断。在守护自己得出这个判断的研究中，中国经济50人论坛提供了一个有益的平台，依托这个平台我能够面对严肃的经济学家同行表述自己的观点和论据，并且在争论过程中，得以对这个判断的认识不断深化，进而得出一系列关于中国经济可持续增长的观点。

在我从事经济研究的职业圈内，通常要与三类对象进行交流：一是经院派经济学家的研讨，要大讲假设、模型和数据，对此强调至极，有时会导致研究的真正问题和初始目标的偏离；二是接受财经记者的采访，对方只需要你的最与众不同的观点，注定要把前因后果、传承取舍和推论过程通通省略；三是具有问题意识的经济学家，注重分析过程，懂得来龙去脉，关注政策建议。中国经济50人论坛成员就是后一类经济学家的代表性群体。

"需要走过多少路？"

获得诺贝尔文学奖的美国摇滚歌手鲍勃·迪伦（Bob Dylan）在其名为《答案在风中飘荡》（*Blowin' In the Wind*）的歌中写道：需要走过多少路，一个人终能长大成熟？国家的发展也是一样，总是要翻山越岭、爬沟过坎，才能有柳暗花明又一村。根据相关的历史经验，揭示出经济社会发展有哪些关口是不能退避的，哪些转折点必须跨越，以期引起社会的关注，对政策制定也具有一定的参考价值。通过诸如此类的研究，经济学家常常会概括出一些关于发展阶段的特定说法。在尝试刻画这些特征化事实的时候，也需要着眼于准确性和出于醒目的目的，抓住事物最关键的特征为其命名，如果能够朗朗上口、便于记忆，则更佳。

也有一些人对这类概括不以为然，认为是一些研究者在造概念，甚至怀疑这类研究的动机，责备其哗众取宠。批评者中最极端的辩论方式，是不分青红皂白把诸如此类的概念一概定性为"伪命题"。科学上讲的伪命题或不真实的命题，是指一种判断既不符合客观事实，也不符合理论预期的命题，因此，回应这些不同意见的方式，无疑是继续进行经验研究，以提供更多的证据。

此外，还有必要从更基础的问题上进行一些讨论，即回答我们为什么需要概念从而理论。概念作为思维体系中一个最基本的构筑单位，是理论家把观察到的事物进行概括，最终抽象为理论的一个工具。因此，制造概念也是进行研究的一个必不可少的中间过程。经济学家在形成相对成熟或成体系的理论之前，常常把现实中的观察结果提炼为一些特征化事实（stylized facts），依据的就是这个道理。我们熟知的如罗斯托划分经济发展阶段的传统，其实并非在后来的文献中消失，而是被一系列冠以特征化事实名称的说法替代。如库兹涅茨"现代经济增长特征"、"帕兰特－普雷斯科特发展事实"、"卡尔多事实"、琼斯和罗默"新卡尔多事实"等。

这里举的经济学说史中的例子都显示，如果提出的问题的确有意义，作为抛砖引玉以启发更多同行参与讨论，并概括这样的特征化事实对学术的发展当然是有益的。至于哗众取宠之说，更是责之过甚了。我之所以要为研究中的这种现象辩护，还有如下两个与个人有关的原因。

其一，中国经济能够在一个人的一生中经历完整的发展过程，即从低收入阶段迈入中等收入阶段，进而进入高收入阶段，实乃经济学家的幸运。再把眼光放远放长的话，我们能够借助经济史文献，加上个人的直接观察，看到中华民族由盛至衰、再至盛的伟大复兴。记录和解说这样的恢宏经济发展历史，揭示其一般规律，当然要尽可能使用抽象的方法和规范的语言。

其二，我本人与相关的概念制造与流传有关。例如，堪称原创、争议最大、流传最广的概念是"刘易斯转折点"；对区域协调发展有借鉴意义的原创概念梅佐乔诺陷阱；并非作为学术概念提出，却有一定参考意义并被人们记住的雷尼尔效应。此外，对于有助于在认识上鞭辟入里、政策上未雨绸缪和宣传上不胫而走的其他概念，我虽不是原创者，却也撰文参加了相关的讨论。

不过，对理论价值和政策含义最有信心的，还是自己作为始作俑者并因之长期处于争论旋涡中心的两个重要概念——"刘易斯转折点"和人口红利。中国经济 50 人论坛这个平台本身及其成员，无论赞成与否，始终以严肃的态度对待，并提供了发表的讲坛和有益的评论。

田横岛纵论人口红利

除了在体育锻炼的时候，我通常喜静不喜动，对离京出差总有些不情愿。不过，对于中国经济50人论坛拟于2007年7月在青岛举行的田横岛论坛，我却充满了期待。原因和出差无关，也并非完全由于论坛本身，而是我急切想亲睹这个很久以前就耳熟能详的田横岛。

上高中时正是"文革"后期，我自学绘画却没有很多画展可看，故位于北京新街口的徐悲鸿纪念馆便成为我观摩学习的圣地。从那时直至近些年仍时有造访。真要感谢该纪念馆在那个特殊年代还能保持开放。而且，不记得是从什么时候开始，该馆便陈列着大型历史油画《田横五百士》。

这幅画描绘的是"亡国"贵族田横与其仅余五百人的部众告别的场景，随后他本人在被招降途中自刎，保全了不向刘邦称臣的声名，而他的五百士听到消息后则集体自尽，算是给他的尽忠陪葬。无论把这幅作品理解成对威武不能屈的礼赞，还是对愚忠的宣扬，终究会触动青少年的英雄情结。特别是成年后，我对于以艺术形象凝结历史瞬间的题材情有独钟，且对徐悲鸿以《田横五百士》为代表的油画作品，以及像《愚公移山》这样体现素描功力的中国画，较之以奔马为代表的写意水墨更为偏爱。爱屋及乌，虽然此前我并不知道真有一个田横岛存在，也可以说早就心向往之。

2007年7月28日举办的田横岛论坛，可以说是我的一个机会，能够向经济学家同行系统讲解自己关于"刘易斯转折点"和人口红利消失的观点。那一年早些时候，作为中国社会科学院建院三十周年的纪念活动，我就该题目做了一个讲座，讲完后便匆匆回到当时的挂职单位——南水北调中线干线建设管理局，暂时把这事抛诸脑后。

孰知这次讲座的内容被记者大肆炒作，一时造成"满街尽说蔡中郎"的局面。当我注意到的时候，发现这轮炒作不仅依据的都是被记者简化甚至断章取义的观点，而且许多报道和评论都以自己的好恶判断来曲解我的本意，结果造成一种钱玄同与刘半农式的双簧效果。当年这两位新文化运动的提倡者，苦于找不到论战对手，遂自导自演了双簧戏，把反方扮演得逻辑混乱、洋相百出。我当时几乎就是被记者塑造成这样的角色。

恰是因为处在这样一个尴尬的境地，我才十分珍惜在田横岛与经济学同行面对面交流的机会。记得在田横岛的讨论中，每个主旨发言人都获得了足够充分展示经验证据的时间，讨论者提出的问题也全然不是那种不可证伪式的，避免了小儿辩日般的无奈。或者在现场可以即时回应，或者把问题如数照收，自认为最终都得到了经验的检验和合理的回答。

判断"刘易斯转折点"

早在 20 世纪 80 年代，我在尚不能熟练阅读英文文献的时候，就开始借助介绍性文章和翻译文献，密切关注刘易斯的二元经济发展理论。而且，随着对中国农业劳动力转移过程的研究日益深入，我发现这个被西方主流经济学忽略的理论对于理解中国的经济发展颇有助益。反过来，中国经济发展的实践填补了该理论在经验上的不足之处，实际上帮助了这一理论流派的重生。例如，刘易斯本人自始至终没有说清楚，为什么剩余劳动力不能像新古典理论预期的那样在劳动力市场上出清。而实际上，中国特有的户籍制度恰恰起到这种阻碍市场出清的作用。

在2003年之前，对于中国的民工潮现象，我与经济学界同行在认识上就有分歧。那个时候，人们已经不再把农民工看作盲流，相反，有一些经济学家认为沿海地区外向型企业和劳动密集型产业的发展，压低了农民工的工资，因而把利润拱手让给了跨国公司。而我坚持认为这是消化剩余劳动力的过程，同时发挥了比较优势，是值得拍手称赞的发展模式。而2004年突然发生的民工荒现象，一下子把争论的问题转了个方向，同时让我的认识有了进一步的深化。

对于媒体大肆渲染的珠江三角洲地区民工荒，我做出的第一反应是携团队进行实地调查，确认了这个现象是实际发生的。接下来，我把劳动力市场的这个真实的变化，与宏观数据显示的劳动年龄人口增速放慢的趋势进行比照，发现民工荒现象不是周期性的和结构性的，也不是暂时性的，而是经济发展阶段和人口转变阶段相交织的必然结果。接下来，我便得出了这个在此后多年争论不休的结论：中国经济已经迎来了"刘易斯转折点"。

1979年诺贝尔经济学奖获得者阿瑟·刘易斯把发展中国家经济划分为两个性质不同的部门，其中农业的特点是积淀了大量过剩劳动力，因此该部门的劳动边际生产力极其低下，从相对意义上说，远远低于非农产业，而从绝对意义上说，则为零或负数。这样，随着资本的积累，工业部门在扩张的过程中，便能够以不变的工资获得源源不断的劳动力供给，一直到劳动力被吸纳殆尽。这整个过程就是所谓的二元经济发展。

这个简单的模型很好地解释了中国改革开放期间经济发展的特有现象，如转移劳动力工资的低廉和长期不变、劳动密集型产品的比较优势和国际竞争力，以及超高速经济增长等。我也是一直循着这个思路去观察中国经济发展的。熟悉这一理论的国内外经济学家，认为我的研究贡献是把人口转变过程与二元经济发展结合在一起进行分析。

尽管长期以来，我像大多数同行一样，并没有想到有一天劳动力真的出现短缺，由于我的研究具有人口视角，观察到了劳动年龄人口从高速增长到减速，再到负增长，以及人口抚养比从显著下降、到达谷底及至迅速提高的变化趋势，因而可以一下了抓住问题的实质，及时指出劳动力无限供给特征变化的转折点。

"刘易斯转折点"这个概念并非我的独创，而是刘易斯二元经济理论逻辑中内含的。准确地说，在刘易斯那里，二元经济发展先后要经历两个转折点：第一个转折点以农业的劳动边际生产力超过零点为标志，现实表现却不是劳动力的绝对不足，而是需要提高工资才能保持劳动力的供给；第二个转折点以农业与非农产业的劳动边际生产力均等化为标志，二元经济结构从而使劳动力无限供给特征就此消失。

不过，只有对中国的二元经济发展历程有全方位的把握，同时对相关文献有足够深刻的理解，才能最终超越从文本到文本讨论问题的樊篱。我发现，对于中国经济真正具有政策含义的是第一个转折点，而死抠劳动边际生产力趋于相等这样的教条，并不能清晰地抓住并揭示政策含义所在，从经验的角度也很难进行实证检验。

总体而言，国内许多经济学家对二元经济理论的了解是粗浅的，此前也从未有人关注过刘易斯提出的转折点。在国际上，长期以来经济学界也已经把刘易斯的理论置于边缘的地位，而"刘易斯转折点"这个概念，仅在不那么主流的讨论中偶尔出现过。而且，国外熟悉二元经济理论的学者，过于关注第二个转折点，并对中国统计中的农业劳动力数据特点缺乏了解，因此，一些参与讨论的学者，不可避免地走进了通过估算劳动边际生产力回答转折点是否到来的死胡同。

聊以敝帚自珍的是，我确实独自做出了中国经济到达这个转折点的判断，并且在一片反驳和批评之中坚持己见，做了大量的研究检验并捍卫自己的观点。不过，除了在面对面的讨论中常常不得不回应别人的质疑之外，在这场长达数年的笔墨官司中，我没有采取针锋相对的方式直接辩论，而是自始至终自说自话般地进行阐述。原因主要有两点。

第一，绝大多数批评者依据的只是媒体的报道，几乎没有人读过我在学术刊物发表的论文，且批判性的意见通常也只是一般媒体上的非学术议论，因而无从进行正面交锋。而且我发现，中国的人口学家整体而言完全不关心经济发展，也缺乏必要的经济学训练；而经济学家长久以来并不关心人口问题，如今虽然不乏猎奇之心，但通常也不得要领，因此，辩论并不能建立在相互认同的学理和经验基础上进行。

第二，我的观点被政府主管部门视为对政策认同有不利影响，甚至有一段时间，每逢媒体报道我的一个观点，某些部门的领导或者发言人就要出来澄清一番。在极端的情况下，我的这些纯粹学术性和政策性的观点，也被人引申出无中生有的含义，因此保持一定程度的低姿态，也算是对自己的一种必要保护。

通过阅读相关领域的文献，以及与合作者一起做大量的经验检验，参与学术和政策争论，我一方面深感加尔布雷思（Galbraith）所说的"传统观念"惰性之强大，另一方面也越来越确信自己做出的这一判断的正确性，愈加感到让人们关注此事的必要性，以及推动政府做出政策反应的紧迫性。

有趣的是，如同前些年人们因诸多的误解而批评我的观点一样，近年来许多人声称赞成我的观点，同样伴随着不少的过度解读。其实，在这个问题上我所做出的努力和想要说明的事情，从逻辑主线上说，既无关人口生育政策的讨论，也不是为重视或不重视就业的政策提供证明，主要在于论证经济发展阶段必然发生的变化，可以说为新常态的判断铺设了经验背景，从而有助于人们从供给侧认识经济增长减速的原因。

高山流水有知音

在作为少数派的时候，也有经济学家以自己的敏感性、判断力、扎实研究和传播力给我以声援，如北京大学的黄益平和斯坦福大学的罗斯高（Scott Rozelle）两位教授。哥伦比亚大学教授罗纳尔多·芬德利（Ronaldo Findlay）也主动写信，认为我观察到的中国人口变化趋势对世界经济格局将产生极大的颠覆性影响。最值得一提的是几位德高望重的经济学家，最早给予"刘易斯转折点"到来这个判断以高度重视，尽管并非全都赞同这个判断。

吴敬琏教授较早注意到这一研究，并于 2007 年邀我到其主持的国际经济学会的圆桌会议上讲一讲。或许是我未能完全清晰地表达自己的重点和政策含义，也或许是评论人受主流经济学固有模式束缚，而抓不住中国问题的针对性，康乃尔大学教授考希克·巴苏（Kaushik Basu，其实他的经济学思想是相当反主流的），竟以为我警示劳动力短缺和工资上涨是渲染政策的成就，故而十分客气地大讲他之所以更喜欢对政策持批评态度的研究，是因为由此得出的结论更有助于政策的改进。

这个理解与我的原意真是大相径庭，这个善意的批评更是南其辕而北其辙。不过，吴敬琏老师却是以其一贯的敏感性，抓住了诸如"刘易斯转折点"等判断的要义，不仅在许多场合推荐这个观点，更是明确地以此作为论据，强调转变经济发展方式和提高全要素生产率的紧迫性。

曾任职日本一桥经济研究所的南亮进教授，20 世纪 60 年代以研究日本经济转折点著称，其所讨论的问题就是现在所称的"刘易斯转折点"。他在 20 世纪 80 年代初也开始关注中国经济，90 年代曾在中国留日学者的介绍下与我见面。当他注意到我关于"刘易斯转折点"的研究后，再次主动联系与我见面交流。

为了促成我赴日为他担任会长的中国经济研究会年会做报告，他特意让位于东京的 ADBI（亚洲开发银行研究院）出面，邀请我到该院访问。后来我才知道，他让 ADBI 出面是为了对方可以支付我一笔演讲费，并安排舒适一点的酒店。ADBI 不负重托，邀请了各国多位参会人与我讨论，以致在研讨会上形成我孤军奋战、舌战群儒的热烈气氛。

随后的几年里，我们一起在中国和日本成功组织了多次研讨会，安排了相关的成果出版。有意思的是，南亮进教授始终没有同意我的观点。在我看来，他过于坚守农业和非农产业的劳动边际生产力趋于相等这个教条，加上对中国统计数据把握不够准确，与马欣欣一起做了一个计量分析，认为中国远未达到转折点。

针对这个对立面，我援引关于两个"刘易斯转折点"的说法，认为第一个转折点的到来，即农业劳动的边际生产力不再为零时，对于经济发展更具有阶段性转变的意义。在东京的一场讨论中，在会议间歇他的一个学生悄悄对我说，我们几个人一起讨论过，觉得蔡教授您说的是对的。

道理越辩越明。南亮进教授的热心讨论帮助我进一步澄清了一些认识，而由我的研究引起的这场争论，也激励南亮进教授把自己的实际退休年龄延迟了若干年。当我们的争论告一段落，专著也出版之后，他便彻底离开了学术研究，以80多岁的高龄遍游世界，一心一意去爬山了。

已故斯坦福大学教授青木昌彦也曾非常关注我的研究。在我参加一个在日本京都举行的研讨会之后，他安排我到东京的若干场合演讲，包括又一场在ADBI的讲座。此后，我们分别在斯坦福大学的校园里、我所在的研究所和院里的办公室，以及一些会议的场合继续争论，并且通过大量的邮件交流。

在交流中，我深感青木昌彦教授的严谨和执着。他去世之前在邮件中和见面时反复追问我：中国农业劳动力比重是否降到了20%，认为从国际比较的角度（他的参照系是日本和韩国），这个转折点十分有意义。我告诉他，国家统计局数据显示的农业劳动力比重仍然高达30%左右，可据我自己的估计显示，这个指标实际上已经降到了20%。

青木昌彦教授去世后，许多中国经济学家撰文回顾他对经济学的贡献，以及对中国经济的关注。虽然我并没有写这样的文章，却真心认为他给我留下了有益的课题。这话要从2010年在北京召开的第十六届世界经济学家大会说起。当时，青木昌彦教授作为世界经济学家协会的卸任主席，做了一个著名的主题演讲。由于演讲主题恰是我一直思考的问题，可以说，很少有人比我更关注这篇演讲，更懂得其深邃的内涵。

在这个演讲中，青木昌彦教授根据东亚的经验把经济发展区分为五个阶段：M阶段即马尔萨斯贫困陷阱、G阶段即政府主导发展的阶段、K阶段即库兹涅茨过程、H阶段即基于人力资本的发展阶段、PD阶段即后人口转变阶段。我曾向他建议把K阶段称作L阶段即刘易斯二元经济发展阶段，他起初同意了，并且在一些场合真的这样说过。可后来或许是经过深入思考，他再次回到K阶段的说法，不再提L阶段。

根据自己所关注和研究问题的逻辑，我越来越理解为什么青木昌彦强调库兹涅茨而"忽略"刘易斯，因为他强调的是经济发展中的库兹涅茨过程，即遵循生产率提高的方向实现产业结构变化。当我告诉他中国的农业劳动力转移已经趋于减速，返乡人数有可能超过进城人数时，他不无担忧地说："那岂不是会出现逆库兹涅茨过程？"后来，我果然发现这一担忧大有成为事实的趋势。揭示与之相关的道理，提醒决策部门用改革的办法避免这一不利后果，算是对青木昌彦教授最好的纪念。

我进行了一项估算，在改革开放时期，劳动力从低生产率部门向高生产率部门转移，创造了资源重新配置效率，并对1978—2015年劳动生产率的提高做出了高达44%的贡献。在超大型城市对外来人口实施大规模清退之际，我警示这种政策造成逆库兹涅茨过程的极大危险性，即生产率提高过程的逆向变化。那样的话，则会使经济增长动力向生产率驱动的转变受阻。

结语：诱致性研究兴趣

日本经济学家关志雄曾经对我说："刘易斯转折点"（人口红利）这个说法够你"吃"十年。十来年过去了，我的确不再愿意总是把这些概念挂在嘴边。然而，由这场争论引起的深入研究，除了在关于中国如何避免中等收入陷阱等方面得以继续，还促使我对流行的新古典增长理论进行反思。虽说不奢望找到一个如霍金说的"万物理论"（The Theory of Everything），但我一直期冀能够有一个分析框架，把相互联系的经济发展过程之间的认识樊篱拆除，把理论与历史及现实之间的鸿沟填平。

我在普雷斯科特和青木昌彦工作的基础上，尝试将时间上继起和空间上并存的经济增长划分为四个类型或阶段，分别为马尔萨斯贫困陷阱（M类型增长）、刘易斯二元经济发展（L类型增长）、"刘易斯转折点"（T类型增长）和索洛新古典增长（S类型增长）。其中，L类型增长是从中国经济自2004年开始经历的发展阶段概括而来，恰是我一直以来研究的对象。如果为其确定一个时间区段的话，应该起始于刘易斯第一个转折点，结束于刘易斯第二个转折点。

研究经济史和思考发展经济学文献让我始终觉得，在对经济发展阶段或形态做出上述划分之后，仍然存在一个缺失的环节，导致分析中可能出现逻辑链条的断裂。通过梳理经济增长理论和经济史文献，拼接一些经济史研究的经验发现，我论证道，各国经济史上都经历过积累大规模农业剩余劳动力，从而形成二元经济结构的过程。

事实上，以往不少研究者（虽然并非全是经济学家）或明或隐地对此进行过描述。由于克利福德·格尔茨（Clifford Geertz）在分析印度尼西亚农业时，最先用内卷化概括这个现象，我遂称之为"格尔茨内卷化"经济发展阶段（G类型增长）。至此，从人类经济史这五个发展阶段或形态出发，可以把东西方各国的长期经济发展做出统一和典型的概括，因而在逻辑上更为完整，在经验上更加丰富包容。

曹远征简历

男，1954年6月21日出生，经济学博士，研究员，中银国际研究公司董事长。

曾长期在国家经济体制改革委员会工作，从事中国经济体制改革及宏观经济的政策制定与理论研究，曾任中国经济体制改革研究院第一副院长。20世纪90年代后期加入中银国际，致力于经济体制改革措施的实际执行。曾任中银国际控股公司董事兼副执行总裁、首席经济学家，中国银行首席经济学家。目前担任中国人民大学博士生导师，北京大学、清华大学、复旦大学兼职教授，中国宏观经济学会副会长，中国拉丁美洲学会副会长，太平洋经济合作委员会中国委员会副主席等学术职务。曾担任世界银行、亚洲开发银行、联合国开发计划署的专家，以及若干转轨国家如越南、蒙古、捷克、哈萨克斯坦、吉尔吉斯斯坦、乌兹别克斯坦的经济顾问工作。现任若干省政府的经济顾问。

我经历的金融体制改革二十年

曹远征

2018年是中国经济50人论坛成立二十周年。二十年前，我在成为50人论坛成员的同时，因中国政府机构改革，离开了工作十余年的国家经济体制改革委员会，分流到中国银行，从经济体制改革政策的研究制定者转变为执行者。二十年来，我参与了中国金融体制的改革，见证了中国金融的对外开放，经历了中国金融由弱变强，不断深化为中国经济发展的服务能力并日益走向世界的过程。

民族投资银行发展与国有企业改革

区别于以资产负债业务为主、以存贷为特点的商业银行，投资银行不具有庞大的资产负债表，而是以承销股票、债券为主的非银行金融机构。尽管投资银行业务历史悠久，但真正兴起是在第二次世界大战后，尤其是1973年以美元与黄金脱钩为标志的浮动汇率制时代。为回避利率和汇率风险，包括金融衍生品在内的资本市场迅速发展，层出不穷的金融工具及其相对应的金融工程理论和操作创新，催生了一大批以投资银行为业的新型金融机构。

中国开始了解投资银行业务是在改革开放后，特别是20世纪

90年代后。随着市场经济的发展，无论是乡镇企业还是全民所有制企业共同感受到建立公司法人治理机制的重要性，股份制的改造成为必然选择，加之中国资本市场的初步发展，资本市场业务成为中国金融新的热点，证券公司应运而生。然而，相对于发达的国际资本市场，中国资本市场尽管发展迅速，但是仍容量狭小，规模不够。相对于已日臻完善的国际投资银行，中国的证券公司的投资银行业务，无论是在技术上还是在管理上，都差距巨大，还在蹒跚学步阶段。在上述情况下，体制改革和融资的迫切需要使企业不得不将目光转向海外。1993年，随着青岛啤酒在H股上市发行成功，国际投资银行开始介入中国的企业股份制改造及上市融资。资本市场业务成为国内金融机构竞争的焦点，相形之下，如何加强民族投资银行业务的竞争力被提上日程。

20世纪90年代中期，建设银行和中国银行在这方面率先开始了尝试。建设银行与国际著名投资银行摩根士丹利合资成立中国国际金融有限公司（中金），股份各占一半，注册地在北京。而中国银行则是另寻他途，利用长期在海外经营的优势，在伦敦注册了中国银行国际控股公司（中银国际），全资附属于中国银行。一家合资成立于境内，一家全资却浸淫于国际资本市场，不同的路径却是同一个目的，就是学习国际上先进的投资银行技术，为中国资本市场发展树立标杆。50人论坛成员、时任中国银行副行长的周小川曾倡议成立中银国际。后来他在转任建设银行行长时，也兼任了中金公司的董事长。

1998年，国家经济体制改革委员会撤销，我被分流到中国银行，奉命参与重组中银国际。当时香港刚刚回归祖国，在港的中资机构不必再采取分散经营的策略,而香港的稳定繁荣也成为中资机构义不容辞的责任。中国银行国际控股公司迁册回香港,以附属于中国银行在港的非银行金融机构为基础,重组成立了中银国际控股有限公司,成为跨伦敦、新加坡和香港资本市场的国际化投资银行。

中银国际控股公司成立之际,也是亚洲金融危机肆虐之时。在香港,国际投机资金不断来回打压股市、汇市,金融市场一片肃杀之气,联系汇率危在旦夕。在内地,受亚洲金融危机冲击,企业经营雪上加霜,一大批国有企业资不抵债,破产倒闭,下岗失业成为普遍现象。甫一出生的中银国际,就面临着严峻的经济金融形势。在受香港特区政府委托组织国际炒家投机炒作的同时,中银国际也肩负起协助国有企业股份制改造上市的责任。

1999年,中银国际被委任为中国海外石油海外上市的主承销商之一,并由我主持。中国海外石油原隶属于石油工业部的海上油田开发单位。1998年,随着中国政府机构的改革,石油工业部撤销,原石油工业部一分为三,除北方(中石油)、南方(中石化)外,海上油田开放单独成为一家国有独资企业。然而,在计划经济体制下,所有的利润上交财政,所有的支出由财政拨付,从石油工业部分离出来的三家石油公司统统陷入资本金不足、负债率高企、治理结构落后、经营方式陈旧、发展后劲不足的尴尬局面。通过上市融资来壮大资本并改善治理结构成为必然的选择。而海外上市不仅会加强市场纪律的约束,还有利于国际合作。

1999年国庆节后,中国海外石油海外上市发行路演正式拉开帷幕,这是中国大型央企海外上市的第一次。路演路线是从亚洲到欧洲,最后在美国纽约定价。亚洲的路演十分成功,认购踊跃,在欧美却气氛冷淡，尤其紧随全球石油的下跌，销售日益困难，价格日益下滑。最终不得不结束发行，扫兴而归。

中国海外石油首次海外上市发行失利，给志在建立民族投资银行业务标杆的中银国际当头一盆冷水。我们第一次感受到市场的残酷无情，体会到弱小的中国投资银行在国际市场上的无力与无助。亚洲市场了解中国却不了解石油，欧美市场了解石油却不了解中国，使我们陷入两难境地。

但是，市场不相信眼泪。我们在不停地写检讨的同时，也认真反思了我们的差距。除了一些技术和能力问题外，最大的差距是对市场机制，尤其是对专业市场的精准的理解。举例来说，中国海外石油总公司是国家唯一授权的近海石油开采公司。而海油总公司将这一特许经营权注入上市公司。我们估值时以为，除此之外，别无分店的独家垄断经营是利好。但国际市场不是这样理解的，认为这是风险，是利空因素。理由是有什么法律保证中国政府会永远特许该上市公司可独家开采海上石油的权力。如果没有，则需要风险折扣。坦率地说，我曾在国家经济体制改革委员会和中国经济体制改革研究所先后工作过十四年，自以为对市场经济是了解的，但现实冷冰冰地给了我个不及格。

投资银行的核心技术是企业估值，而投资银行的部门和流程几乎是围绕着估值设计建设的。它是市场经济机制在微观部门的立体再现。投资银行内部有"中国墙"的设置，在墙两端分设不同的部门。一端连着发行者，即拟上市公司；另一端连着投资者，即市场。两端的部门严禁过墙，不仅文件信息需要保密不能过墙，而且在物理上要区隔，人员不能往来。从经济学意义上讲，这两端实际是供给和需求曲线的再现，而"中国墙"是供需的交叉点。连着发行者的墙的一端的部门，因利益驱使会努力证明拟上市公司品质如何优秀；而连着投资者的墙的另一端部门，同样因利益驱使会反复强调市场如何挑剔。当拟上市公司经过一系列流程从墙两端逼近"中国墙"时，市场的意义就淋漓尽致地体现出来了。在代表市场投资者利益墙的一端部门的反复挑剔下，代表发行者利益墙的这一端部门就得不断挖掘拟上市企业可供投资的亮点，企业的价值由此得到发现，估值因此形成。但这不是过程的终点。模拟的市场毕竟不是真实的市场。投资银行对企业估值仅仅是个价格区间，最终定价还要通过路演。路演就是通过对投资者，尤其是以共同基金为代表的机构投资者的一对一谈判，收集不同投资者对同一标的企业的包括数量和价格在内的出价。不断地收窄价格区间，累计后的最终结果就是公开发行数量与发行价格。

在模拟市场的投资银行业务组织架构下，连着发行者的墙的一端除营销客户外，最重要的职责就是研究企业，以便估值。理论上，要做好估值，就要比客户还要了解客户自身。除了财务、法律等必备金融能力外，还要具备了解企业生产物理流程的能力。从某种意义上讲，只有了解企业生产的物理流程，才能把握企业的财务流程。因此，投资银行都有行业组设置，成员多是该行业背景或该专业人士，行业组的多寡视投资银行的业务方向和规模而定。同时，投资银行还需要专业包括宏观经济在内的经济和市场研究团队来做支持。

从经济学意义上讲，市场经济是优胜劣汰的，在资本市场该行业市场估值最高的企业，也是商业模式最佳的企业，即标杆企业。

投资银行估值，除一般的估值模型建构以外，惯用的方法就是可比公司法。在国际资本市场寻找同类标杆企业进行对标，以标杆企业为样板调整包括企业治理结构在内的商业模式，即重组，进而获得最佳市场定价。

综上，优化组织架构、卓越的行业研究能力和娴熟的估值技术共同构成了投资银行的核心竞争力。中海油发行失利后，中银国际在反思的基础上，开始以此来建设自身能力。一方面，自力更生建立人才梯队，一次性大规模在国内重点院校招聘研究生，组成行业组，并送往国外机构培训。在此基础上，将校园招聘作为持续性的工作，年复一年地补充新鲜血液，并以此保持内部优胜劣汰的竞争压力。另一方面，根据中国经济改革与发展的需要在重点行业寻求突破，构建竞争力。2000年，深圳市政府决定在公用事业领域进行改革，中银国际获委托担任顾问。以此为契机，中银国际组织青年新秀，分成若干组，广泛调研自来水、燃气、公交等公用事业领域国内外重组案例，反复琢磨它们的物理特征及其相关的财务安排。在透彻了解资产专用性的基础上，形成切实有效的重组方案，并成功地引进了境外战略投资者，获得了广泛的赞誉。

也正是凭着对全程全网和全程不全网的独到理解，中银国际在这一领域建立了竞争优势，将业务拓展到包括各地的共有事业在内的基础设施领域，先后担任了京沪高铁、西气东输、国家电网、北京地铁、北京奥运场馆等融资顾问工作。更为重要的是，"一枝独秀不是春"，作为民族的投资银行，中银国际有责任将其经验上升为理论，供社会共享。在总结深圳经验出版专著的同时，与50人论坛成员张曙光、盛洪和茅于轼共同商量组建了天则公用事业研究中心。中心将中国公用事业各行业协会组织在一起，成立了理事会，我担任理事长。中心的宗旨就是在公用事业领域为政府提供决策参考，为企业提供解决方案，为社会提供高品质的学术资源。中心相继发布了中国公用事业绿皮书，出版了多种专著和译著，组织理论和案例讨论会，促进同行经验交流，有力地推动了PPP（政府和社会资本合作）技术和制度安排在中国基础设施领域的运用。

二十年过去了，中国的民族投资银行一改过去"一穷二白"的面貌。不仅机构林立，竞争力也在提升，中国的资本市场规模也位居世界前列。与此同时，中国的企业，无论是国有还是民营，无不认为重组上市是壮大资本、加快发展的重要方法，同时也是改善治理、提高竞争力的重要途径。两相益彰，目前中国的企业重组和境内外上市都可以看到中资投资银行的身影，与外资银行同台竞技。尽管我们与国际大行仍有相当大的距离，但过去二十年的事实说明，只有对外开放、在"公海中游泳"，才能锻炼出经风雨的能力。我们相信中国民族企业和民族投资银行业会在对外开放中日益成长。

中国银行业商业化改造与中国金融的发展

1984年1月，以工商银行从人民银行中分离出来为标志，中国初次具备了独立于财政的中央银行与商业银行的金融架构。但是此时，不仅金融市场尚在萌发中，而且银行仍是政府主导的专业银行，还与财政有千丝万缕的联系，甚至依附于财政。进入20世纪90年代，尽管金融市场有了相当大的发展，各类非银行金融机构纷纷涌现，但就专业银行而言，还担负着帮助国有企业改革和全力支持经济发展的责任。其自身自主经营、自担风险、自负盈亏、自我约束的体制机制建设既无条件也无意愿，仍在路上。

1993年12月，国务院颁布了《金融体制改革决定》的改革。在这一决定中第一次明确地提出了"把国家专业银行办成真正的商业银行"的改革目标，开启了国有银行商业化改造的历程。因在国家经济体制改革委员会工作的关系，我参与了起草这一决定的相关工作，此后就介入这一改革的实际推动过程之中，从而也构成了体改委撤销后分流到中国银行的原因之一。

1998年我加入中国银行的第一件工作就是草拟中国银行香港业务的重组方案。

中国银行是中国最早的民族银行，其前身可追溯到1905年清政府在北京设立的"大清户部银行"。新中国成立后，随着计划经济体制的建立，金融发展的市场基础消失，所有国内金融机构全部归并到中国人民银行，存续几十年的中国银行因此也成为中国人民银行国外业务局。但是，在海外，尤其是在我国香港地区，新中国的国际金融活动仍以中国银行的名义进行。当时的香港还是英国的殖民地，囿于客观条件，中国银行实行的是分散经营方针。除中国银行外，尚有包括宝生、南洋商业、集友、盐业、新华、广东省银行在内的13家银行，其中四家注册在内地，其余则在香港地区注册。它们共同构成香港地区的中国银行集团。1997年，随着香港回归祖国，分散经营的必要性消失，其资本金过小、结构复杂、效率低下的弊端开始暴露，重组实为重要。重组的基本思路是，以宝生银行为主体，将其他各银行业务注入宝生，除保留中国银行香港分行及南洋商业和集友银行外,其他各行相继注销。在此基础上,宝生银行上市,并改名为中国银行(香港)。1999年12月,这一重组上市方案获国务院批准并开始实施。2002年中国银行(香港)以红筹形式在境外上市,重组上市最终获得极大成功,为中国银行业的商业化改造积累了有益的经验。

21世纪以来,随着中国加入WTO并承诺金融服务业开放,国有银行的商业化改造被紧迫地提上日程。这一紧迫性从当时中国银行业的资产负债状况上可见一斑。2002年,中国国有银行的资本充足率平均只有4%左右,但坏账水平高达20%左右,坏账水平几乎是资本的5倍。从《巴塞尔协议》银行业8%资本充足率的标准来看,已经该倒闭五次了。中国银行业几乎全面陷入资不抵债的技术性破产状态。

事实上,早在20世纪90年代中后期,人们已经注意到银行资产负债表健康化的问题,为此,1998年同时成立了四大资产管理公司(AMC)分别对应四大国有银行进行坏账分离。在新旧世纪之交,时任中国建设银行行长的周小川曾专门著文,提出利用"好银行、坏银行"的机制,加快国有银行的改革,引起很大的反响。随着中国经济的发展,尤其是国有企业经营状况的转好,国有银行的改革条件也开始具备。改革条件日趋成熟,改革的紧迫性日显突出,两相益彰。2004年1月1日,中国银行通过股份制进行商业化改造的帷幕终于拉开。

与以往的改革相比,此次的改革从金融机构产权结构调整入手,重塑其治理机制,改造其内部流程,建立可持续经营的商业化基础,使金融机构真正成为市场的主体。这一系列改革工程由三个相对独立又相互关联的部分组成。

第一，以清理资产负债表为契机，重塑国家与金融机构的关系。其核心是建立有限责任机制。国家通过中央汇金投资有限责任公司（以下简称中央汇金公司）行使出资人权利，并以出资额为限承担有限责任，以此割断国家与企业的"父子关系"。金融机构将自担风险、自主经营、自负盈亏。

第二，以股份改造为突破口，建立良好的公司治理结构。通过银监局战略投资者，建立股东会、董事会，并由董事会聘任管理层，由管理层聘用员工，形成现代企业制度。为了使这一机制长期稳定持续，通过商业银行海外资本市场公开上市这一措施，强化市场纪律的约束。

第三，以银监会成立为抓手，建立独立于政府的第三监管体系，实行行政权力与监管的分离，强化专业监管。

基于两年前中银香港成功重组上市的经验，中国银行被率先选为两家试点行之一。而由于我自始至终参与了中银（香港）的重组上市，也就顺理成章地参与了中国银行总体上市的方案设计操作过程。中国银行是百年老店，历史遗留问题很多，而且是全球经营。受不同国家监管主体的不同监管，监管标准各异，仅涉及重组，各类文件及材料就有数吨，直接参加重组业务的人员高达数千人次，其难度和工作量之大可想而知。由此也可以想象，全部国有银行的股份制改革重组上市是多么浩大艰巨的改革工程。

这一改革工程也是创新工程。在这一过程中，中国经济金融的理论工作者和实际操作者立足中国实际，创造性地使用了各类金融工具，圆满地完成了改革任务。一个重要的创新就是中央汇金公司的创设。中央汇金公司起初是央行的公司，它借用央行的资产负债表，以外汇为资本注资银行，夯实银行的资本充足率，把银行从技术性破产的边缘挽救回来。在此基础上，再通过四大资产公司进行坏账剥离、财政核减利润、核销坏账等综合手段，使银行的资产负债表健康化，奠定可持续经营的财务基础。需要说明的是，这样一个资产负债表的健康化过程也是一个脱胎换骨的公司化改造过程。原有的国有银行已经在资产负债表意义上消亡了，取而代之的是新设立的公司承接原有银行的牌照、商号及客户重新开张经营，此银行已非彼银行。举例来说，现在的中国银行是中央汇金公司先独资设立的有限责任公司，进而进行股份化改革形成股份有限公司，它承接原中国银行的牌照和客户开始的新经营。它同时意味着原中国银行股份有限公司，尽管国有仍绝对控股，却是以出资额为限承担有限责任，从而切断了传统政府与国有企业的预算软约束的"父子关系"。

为了巩固这一改革成果，并使银行在商业化轨道上持续经营，银行的公司治理结构需要重塑，其业务和管理流程需要再造。一方面，各银行建立了股东会、董事会，并由董事会聘任管理层，与此同时，为了加强市场纪律约束，银行公开上市，而国际市场纪律约束强于国内，各银行不仅在国内上市，而且在海外上市；另一方面，各银行根据自身的业务特点进行重新定位，并以市场为导向进行各流程再造，其中市场化的人力资源流程再造又是重心。举例来说，我曾是国家经济体制委员会的司局级干部，在人力资源流程再造中，不仅失去了干部身份，而且需要与中国银行签署劳动合同，如果业绩表现不佳，中国银行可解除劳动合同。显然，这种约束是强约束，流程再造由此告别了传统的经营方式。

这轮旨在成为真正的商业银行的改革，以2003年12月31日中央汇金公司成立为起点，先由中国银行和建设银行启动，随后波及各类国有金融机构，既包括商业银行，也包括非银行金融机构，并以2012年中国光大银行公开上市告一段落，历时八年。这轮改革使中国金融机构面貌一新，其经营理念、经营方式、资本充足率、风险管理能力、科技水平都上了一个台阶。事后看来，这轮改革恰逢其时，准确到位，从而构成了中国金融体系成功抵御2008年全球性金融危机的基础。

在这一轮改革中，50人论坛为此倾注了心血，其中不少50人论坛成员贡献甚巨。他们是时任央行行长周小川，时任财政部副部长、后任中投公司董事长楼继伟，时任外汇管理局局长、后任中央汇金公司董事长郭树清，时任央行金融稳定局局长、后任中央汇金公司总经理谢平，时任央行条法司副司长李波。中国银行业今天的业绩凝结着他们的汗水。

人民币国际化与中国金融走向世界

2015年，国际货币基金组织（IMF）宣告，人民币纳入SDR（特别提款权），并于2016年10月1日正式实行。这是继美元、欧元、英镑、日元后的第五种储备货币，标志着人民币国际化进入新阶段。

由于在中国银行（香港）机构工作的关系，我是较早介入人民币跨境使用安排的人。早在二十年前，受到亚洲金融危机的冲击，香港金融市场动荡，百业萧条，香港的稳定繁荣不仅涉及香港居民的福祉，而且涉及"一国两制"的成败。亚洲金融危机后，一系列有利于香港稳定繁荣的政策开始实施，其中最主要的是 CEPA，即在 WTO 框架下，内地与香港建立更紧密的经贸关系的安排。其中重要的一项措施是对原产于香港地区的产品出口内地实行零关税。那时，由于香港制造业已大部分转移，原产于香港地区的产品不多。CEPA 的安排虽然有益，却是杯水车薪。香港经济在亚洲金融危机冲击下得以恢复，很大程度上得益于内地居民赴港的自由行。大批的内地居民赴港旅游，吃住行加购物，带动了香港的消费，支持香港草根阶层的收入增长。但是，一个问题也凸显出来：由于人民币尚是不可兑换货币，内地居民虽然有购买力，却没有购买力的表达形式。因此，如何使内地居民获得购买力的表达形式成为关键。在人民币尚不可兑换的情况下，一个可行的安排是香港当地允许直接使用人民币。人民币跨境使用由此提上议程。

然而，一旦提到人民币可在香港使用，一系列政策和技术难题便扑面而来，核心是中国国际收支资本项目的开放。从香港角度来看，在人民币不可兑换情况下，在香港使用的人民币需要由内地全额收回，即人民币回流。从内地角度来看，如果人民币不能以经常项目回流（进口）就需要安排从资本项目回流，而这不仅给当时极度渴求外汇以平衡国际收支的内地带来压力，而且亚洲金融危机"前车在前"，资本项目开放意味着什么尚且难料。于是，矛盾的焦点就成为能否形成封闭的人民币回流环，以有效地控制资本项目开放的风险。

2003 年，我开始参与这一回流环的设计工作。经反复酝酿和不断论证，形成了一种利用中国银行（香港）特定优势的特殊安排：

在内地居民赴港常去的消费场所，指定商户可以使用人民币，而指定商户的人民币贷款收入由中国银行（香港）及时兑换为港币；中国银行（香港）与中国人民银行深圳分行签订协议，将其在指定商户获取的人民币头寸（主要是现钞）输送回内地。由此，人民币在经常项目多头流出内地（个人携带），但在资本项目经过唯一特殊管道封闭流回内地（中银香港与中国人民银行深圳分行特别安排）。

需要指出的是，在这种特别安排下，中国银行（香港）实际上代行的是中央银行清算的功能。其实质意义是：在人民币不可兑换的情况下，即不存在外汇市场结算的情况下，市场的出清只能依赖中央银行的清算。而中央银行因其主权性质，难以进行跨境清算，便委托其可以信赖并在管辖范围的金融机构寻找代理清算业务。

随着上述特别安排的实施，内地居民在港消费可以直接用人民币支付，不仅消费方便，而且人民币使用规模大增，在推动香港经济稳定繁荣的同时，也使原有的以现钞为内容的中银香港与深圳人民银行的清算管道显得过于狭窄，不能充分满足人民币回流的需要。于是在管道外架设了"抽水机"，即通过专门的安排，指定某些内地机构在香港发行人民币债券，调人民币资金回内地，起初是各大银行，后来扩展到财政部。这一措施既缓解了原清算管道的拥挤，也因开辟债券回流的新渠道，拓展资本项目本币回流奠定了香港离岸人民币金融市场的基础。至此，人民币国际化的基本框架——清算行＋离岸市场的基因开始奠定。

2008年国际金融危机肇始于美国，美元的国际流动性严重匮乏，"美元荒"使正常的国际经贸往来因缺乏支付手段而陷入停顿。启用新的国际货币用于国际支付，进而缓解国际流动性严重不足成为当务之急。由于中国不仅 GDP 已位居世界前列，更已成为最大的国际贸易体之一，人民币成为新晋国际货币的首选，人民币因此被国际化了，不再仅限于我国香港地区。显然，人民币的国际需求使发展中国家资本项目开放及可兑换的挑战更加尖锐地呈现在中国面前。

在博源基金会的支持下，50 人论坛学术委员会成员吴晓灵牵头组织关于人民币国际化的大规模研究活动。研究的难点之一就是人民币国际使用与资本项目开放的关系问题。其中，香港的经验需要认真发掘，并加以总结，使其由被动的临时变通性的安排上升为主动的长期稳定的国际化战略。我承担了这项研究，形成《香港在人民币国际化的地位与作用》的专项研究报告。研究的结论是：在双方金融当局达成共识并紧密合作的基础上，可形成人民币在资本项目不可兑换条件下，回流中国封闭运行的机制。其最佳安排是指定中国金融当局可以管理的国际银行充当清算行。这不但不会损害中国外汇管制的目标，反而有利于经常项目流出的人民币在海外蓄积。一旦境外金融当局许可，海外积蓄的人民币可形成离岸人民币金融市场，并由已形成或创设新的本币资本项目回流渠道回流中国。例如，用离岸市场筹措的人民币以直接投资形式进入。值得说明的是，博源基金会支持的这项研究，并不仅仅满足于研究报告的撰写，而旨在形成可供操作的政策体系及实施措施。课题组不断地与香港和内地的金融当局沟通，在提供智力支持的同时，也征求两地的金融机构的意见并提供咨询意见，使操作更加缜密。最明显的成果就是共同促进形成了香港金融管理局 2010 年二号通函。通函认定：人民币出入香港系中国人民银行的权利，香港不予干预；在上述基础上，人民币视同其他自由兑换货币，可用于香港金融市场的交易。至此，清算行+香港离岸市场的模式正式化、规范化。以中国香港为蓝本，中国台湾、伦敦、法兰克福、巴黎、新加坡、曼谷、首尔以及北美离岸人民币市场相继开通，人民币的国际化在全球范围内登堂入室。

自2009年7月2日人民币跨境贸易结算开启，至今不过九年。九年来，人民币国际化紧张虽在意料之中，却在预期之外。速度之迅速，规模之庞大，使我们这些当年的参与设计者始料未及。2009年7月2日，仅在上海、深圳、广州、珠海、东莞五个城市365家企业的货物贸易项目开始人民币跨境结算的试点，2010年就扩展到20个省份，2011年全国所有的省份所有的企业都可用人民币进行贸易结算，不仅可用于货物贸易，而且可用于服务贸易，更为重要的是可用于跨境直接投资。目前，人民币已成为第七大国际支付货币、第二大贸易融资货币，使用范围遍布全球，并因此进入SDR，成为各国的储备货币之一。

更为重要的是，人民币国际化创造了解决发展中经济体资本项目开放与可兑换之间的矛盾的新鲜经验。因工作的需要，在过去九年中，我几乎跑遍了整个欧亚国家和半个美洲的中央银行和主要金融机构去讲解人民币国际化。准确地说，不仅是主动推展，更多的是应邀与国外同行切磋和讨论，从而深刻体会了这一新鲜经验的独特性，但同时又是严格符合经济学一般逻辑的。

传统观念认为，若资本项目开放必然就是本币与外币的可兑换，而一旦可兑换，国际资本尤其是短期资本的流出与流入会扰动宏观经济稳定，前有二十年前的亚洲金融危机，后有今日的阿根廷和土耳其金融动荡，就是传统观念一般引用的例证。资本项目开放必要性与开放的风险,殊难抉择。而人民币国际化的成功实践表明,资本项目本币可以先开放,进而实现资本项目本外币可兑换,即先实现人民币资本项目流动,进而创造条件实现本外币可兑换。这种分步走的办法有利于减少难度,缓解矛盾,渐进逼近目标。

从学理上讲,这一新鲜经验的核心是创造了蒙代尔不可能三角的非角点解。传统理论认为,在货币政策独立性、固定汇率和资本自由流动三者之间,只能两两成立,即 $1+1+0=2$ 的角点解。而人民币国际化的经验表明,在满足集合解为 2 的条件下,$1+1/2+1/2$,$2/3+2/3+2/3$ 等非角点解也能成立。换言之,货币政策独立性要求放松一点,汇率有管理的浮动一点,资本项目开放一点,都可满足集合解为 2 的基本条件。非角点解的出现,意味着蒙代尔不可能三角角点解并非唯一解,它有多种解法,从而在实践上开创了资本项目开放的多种途径及相关安排。它既在理论上丰富了蒙代尔不可能三角理论的内涵,又以多样性顽强地证明了蒙代尔三角的理论合理性,从而预示着资本项目开放及其相关安排的收敛方向。

人民币国际化的实践丰富着经济理论,也推动着中国金融改革开放的深化。随着人民币国际化的发展,汇率市场化,进而利率市场化成为新的改革重点领域和重要环节,而其背后又是金融市场和金融服务业的开放。这反过来要求金融监管体制的改革和创新。如此棘轮效应,咬合滚动推进,使中国金融呈现出大国大金融的格局。中国金融发展已进入一个新阶段,终于需要面对世界性的问题了。

在人民币国际化的进程中,50 人论坛也做出了重大贡献,不仅在 2008 年国际金融危机期间多次组织对相关问题的讨论,形成了一系列的思路和成果,而且更重要的是不少成员亲身参与了这一进程的推进。他们是周小川、吴晓灵、易纲、李扬、余永定、李波、管涛、黄益平等。感谢他们以及他们率领的团队，尤其是央行团队，在国际金融危机袭来之时，不但临危不惧，反而以此为契机，适时开创了人民币国际化的新局面。

是为中国经济 50 人论坛二十周年纪念。

管涛简历

经济学博士，中国金融四十人论坛高级研究员，第三届中国经济50人论坛成员，国际金融学会理事、世界经济学会常务理事。

1992年毕业于武汉大学世界经济专业后，加入国家外汇管理局，先后在政策研究和统计部门工作，历任综合司副司长，国际收支司副司长、司长，国家外汇管理局新闻发言人。2015年7月正式离职，加入中国金融四十人论坛，任高级研究员。1998年获日本-国际货币基金组织-澳大利亚亚洲奖学金项目资助，赴澳大利亚国立大学学习，获发展经济学硕士学位。2001—2004年在北京师范大学学习，获经济学博士学位。长期从事货币可兑换、国际收支、汇率政策、国际资本流动等问题的研究，撰写了大量工作报告和学术论文，参加了1994—2014年一系列重大外汇管理体制改革方案的设计。

著有人民币汇率"三部曲"：《中国先机：全球经济再平衡的视角》《汇率的本质》《汇率的博弈：人民币与大国崛起》。

"第三只眼"看汇改：政策和市场的逻辑

管 涛

2016年底，我在北大国发院做了一个演讲，讲述了自己在经历1994年、2005年、2012年和2014年汇改时的一些体会，后来整理成《亲历四次人民币汇改》对外发表了。不久，有人问我，为什么没有写2015年汇改？我回答说，"8·11"汇改之前我就离开外汇局了，不敢说自己是亲历者。但正如在2016年出版的《汇率的本质》一书的自序中所言，离开体制后，居于政府和市场中间，我可以用更加客观、中立和理性的"第三只眼"看问题。我是2013年加入中国经济50人论坛，成为"50人"之一的。"8·11"汇改之后，论坛组织过对外汇问题的讨论，我有幸参加并以其他方式参与到汇改当中。作为旁观者来讲，跌宕起伏、峰回路转的"8·11"汇改是一个很好的样本，厘清其中的政策和市场逻辑，也算是身为"50人"为党的十九大提出的深化汇率市场化改革尽自己的绵薄之力。

市场公信力是汇率政策成功的关键

关于最优的汇率选择（包括汇率制度和汇率政策），一直是最有争议的问题。许多国家特别是新兴市场和发展中国家，因为汇率选择不当，而遭遇了货币贬值、债务违约并发的国际收支危机甚至金融危机、经济危机、政治危机。最终，基本的共识是：固定、浮动和有管理的浮动汇率各有利弊，没有一种汇率选择适合所有国家以及一个国家所有时期。

然而，现实中，政府的任何政策选择都是排他的，因为任何选择都有利弊，所以，政府无论怎么做都可能被批评。比如，政府选择了有管理的浮动汇率，就放弃了固定和浮动带来的好处，这就是有管理的浮动的机会成本，也是被外界批评的理由。好在最后检验政策对错的是结果，汇率选择就是一道成王败寇的选择题。

亚洲金融危机期间，亚洲货币出现多米诺骨牌效应，中国曾经面临人民币汇率是动还是不动的选择题。中国政府在危机伊始就对外庄严承诺"人民币不贬值"，将人民币兑美元汇率基本稳定在8.28左右的水平，临时放弃了有管理的浮动汇率安排，拒绝了人民币竞争性贬值的诱惑。这为阻止信心危机传染，维护亚洲乃至国际金融稳定做出了重要贡献，赢得了国际社会的高度评价，并奠定了人民币新兴世界强势货币的地位。但世界上没有免费的午餐。人民币随美元对其他主要贸易伙伴货币升值，增加了中国出口企业的困难，加剧了国内通货紧缩趋势。显然，"人民币不贬值"并非唯一解，也不是无痛解。但最终获得成功，使之前的一切付出都是值得的，"人民币不贬值"就是正确的汇率政策。

2015年"8·11"汇改，叠加不久前国内股市异动的影响，中国遭遇了一波较大规模的资本集中流出。这一次，中国选择了有管理的浮动，坚持让人民币汇率参考一篮子货币调节，随美元在国际市场波动而反向波动。但是，正如易纲行长2001年在《汇率制度"角点假设"的一个理论基础》一文中所言，有管理的浮动这种汇率"中间解"存在透明度和公信力的问题，在货币攻击的情况下，多重均衡容易出现坏的结果，耗尽外汇储备，最终货币崩盘。

"8·11"汇改以后，为了解决有管理的浮动的透明度问题，2016年初披露了人民币汇率中间价的报价机制（即中间价＝上日收盘价＋一篮子货币汇率），这改善了央行与市场之间的汇率政策沟通。2016年下半年，当人民币随着国际市场美元走高而震荡下跌时，并没有像前两次那样冲击国内股市和海外市场。因为市场理解，人民币贬值是因为美元太强，而不是竞争性贬值。但鉴于境内近90%的跨境外币收付都是美元，人民币兑美元双边汇率而非多边汇率（即汇率指数）的波动，还是对市场预期和行为有重要影响。

2016年底，我在解读中央经济工作会议精神时提出，增加汇率政策可信度是深化人民币汇改的关键。什么叫经济政策的可信度？显然，应该是让相信政策的人不能亏钱甚至要赚钱，不信政策的人不能赚钱最好是亏钱。2017年，人民币汇率维稳能够取得超预期的成功，归根结底，就是因为体现了这个原则。

2017年5月底引入"逆周期因子"，以对冲外汇市场的顺周期行为，并对更好反映国内经济基本面非常关键，这拿回了汇率调控的主动权。全年就是在市场总体看空人民币、外汇依然供不应求的情况下，借着美元意外走弱，人民币对美元升值6%以上，完爆看空、做空人民币的机构和个人，促成市场预期分化，人民币汇率由单边下跌转入双向波动，外汇供求趋于平衡。实际上，虽然人民币汇率中间价升值，但收盘价相对当日中间价贬值的天数依然占到70%多，对中间价升值是累计负贡献 8 角多钱。可见当时的市场顺周期力量有多强，引入"逆周期因子"显示了汇率调控的高超艺术。

与此同时，保汇率还是保储备问题也迎刃而解。因为无论保汇率还是保储备，都不是保具体水平或规模，而是保信心。汇率稳住了，储备自然也就保住了。2017 年，剔除估值影响后，外汇储备增加 930 亿美元，2016 年为减少 4487 亿美元，化解了跨境资本流动冲击风险。

2018 年初的 50 人论坛年会上，一位投资界的朋友说要谢谢我，因为之前找我聊，听了我关于"可信度是汇率维稳成功的关键"的阐述，当时没有恐慌性购汇。最近参加其他活动，很多人也提及，一年前，当大家都很恐慌时，唯有我表现淡定，事实证明是我把政策与市场的逻辑整明白了。

汇率市场化需要顺应市场、尊重市场

搞市场化汇率，需要了解市场运行情况，遵循规律、顺势而为。许多外汇收支的数据信息丰富，无论是对市场还是对政府来讲，都有重要的经济和政策含义。比起很多道听途说、只言片语的故事，总量的外汇数据更能帮助我们更好地做出判断和应对。

例如，2015 年和 2016 年中国遭遇的储备下降、汇率贬值，主要是由资本大规模外流所致。2015 年和 2016 年，每年国际收支口径的资本净流出（含净误差与遗漏）6000 多亿美元，远超过同期每年两三千亿美元的经常项目顺差。这表明人民币汇率已不是由贸易收支决定的商品价格，而是由资本流动驱动的资产价格，资产价格相对经济基本面容易出现过度调整，即汇率超调。

再如，从期限结构看，短期资本集中流出是当时储备下降、汇率贬值的主要原因。2015年和2016年，国际收支口径的短期资本流动（证券投资＋其他投资＋金融衍生品＋净误差与遗漏）逆差相当于基础国际收支顺差（经常项目＋直接投资）的2~4倍。短期资本流动通常受市场情绪驱动，容易偏离经济基本面，出现多重均衡的结果，即在给定的基本面情况下，资本既可能流入也可能流出，汇率既可能升值也可能贬值。并且，在普遍看空时，市场选择性地相信坏的消息，导致汇率过度贬值；反之亦然。因此，对于市场来讲，汇率是否均衡并不重要，对错之别就看是做空还是做多人民币的赚了钱。

另外，从交易性质看，境内机构和家庭资产重新配置（即藏汇于民）是资本外流的主要渠道。仅有2015年我国利用外资项下（即国际收支的口径金融账户负债方）是净流出，但2016年起又恢复了净流入，对外投资项下（即资产方）则一直是净流出。这表明境内机构和家庭是做空人民币的主要力量，它们关心的不是贸易竞争力而是风险调整后的境内外或本外币资产收益差异，因此，稳定在岸市场对于人民币的信心至关重要。我们看到，2016年，当人民币兑美元跌幅超过本外币资产收益差以后，关于排队买5万美元的市场传闻就多了起来；2017年，当人民币兑美元升幅超过出口利润率以后，境内企业纷纷美元多头转空头，大幅减少外汇存款。

应对资本流动冲击要目标也要工具

出清外汇市场无非就是价格和数量两种手段。当外汇供不应求时，可以让汇率贬值。如果不想让汇率贬值，也可以抛售外汇储备干预。如果也不想让外汇储备下降，就只有加强资本流动管理，包括扩流入和控流出。通常市场处于贬值恐慌时，资本流入有限，因此，一般要采取控流出的措施。不可能既要汇率不贬，又要储备不降，还要资本继续自由流动，我称之为外汇政策的"不可能三角"。它不是"蒙代尔不可能三角"或"三元悖论"的简单变体，因为外汇储备干预与货币政策独立性并不完全相关。2016年底，国内发生的保汇率还是保储备之争，并非因为担心货币政策的独立性。

2016年4月接受媒体采访时，我提出，在前述"不可能三角"中，汇率、储备和管理三个工具各有利弊，没有绝对的好坏之分。其实，这一方面是警告市场主体，不要挤兑外汇储备，将政府逼到墙角；另一方面也是提醒相关部门，需要对最坏的情形早做准备。按照丁伯根法则，政策工具应该多于政策目标。但中国的国情是，一个工具通常要兼顾多个目标。那么，在前述"不可能三角"中必须排出目标的优先次序，但不可能三者兼顾，否则就变成了只有目标没有工具。正所谓"巧妇难为无米之炊"。

亚洲金融危机时期，我们选择了人民币不贬值，同时也不想抛售储备稳汇率，所以，当时在不违背经常项目可兑换原则的前提下，加强和改进外汇管理，打击出口逃汇和进口骗汇，限制资本项目用汇。这次应对始于2014年下半年的资本流出冲击，起初主要是运用外汇储备干预，因为早在2006年底中国政府就提出外汇储备够用了，把促进国际收支平衡作为保持宏观经济稳定的重要任务，之后还额外积累了近3万亿元外汇储备。"8·11"汇改以后，又增加了汇率工具，让人民币汇率参考一篮子货币调节，随着美元走强而兑美元贬值。之后,由于储备下降、汇率贬值的压力较大,又引入了宏观审慎和加强真实性审核的措施。形成了"三管齐下",共同应对资本流出冲击的局面。

到 2016 年底,当人民币汇率距破七、外汇储备离破 3 万亿元仅一步之遥时,"人无贬基""中或最赢"等看空情绪高涨,保汇率还是保储备争执不下。这时,如果选择让人民币一浮到底,则必然是人民币过度贬值(如同 2014 年的俄罗斯卢布崩盘),这对国内外都会带来诸多不确定甚至是破坏性的后果。若想继续消耗外汇储备,但早在 2016 年初达沃斯世界经济论坛上,国际货币基金组织总裁拉加德(Lagarde)女士就暗示这不是一个好主意。无论从传统预警指标还是基金组织的最新标准看,当时中国的外汇储备依然较为充裕。但问题是,不用的时候,如亚洲金融危机期间,就从来没有人讨论过中国 1400 亿元外汇储备够不够用;用起来以后,4 万亿元的时候说外汇储备多了是负担,3 万亿元又担心不够花了。因为市场把储备下降当作坏事,边际成本是上升的。储备下降越多、持续越久,对市场信心的负面冲击就越大。

这时,"不可能三角"中的目标优先次序就显而易见了,既不想汇率超跌,又不想储备下降,那么就只有加强资本流动管理,尤其是阶段性地控制资本流出。至今仍有人把自己放在道义的制高点上,质疑资本流动管理,这是罔顾政策局限性和约束性的不切实际,也是"不当家不知柴米贵"。当然,管理不是蛮干,要讲求方式方法,要遵守国际规则。

按照前述"不可能三角"的逻辑,反思 2017 年外汇政策成功的秘诀,就是"管理+升值"。一方面,加强资本流动管理尤其是规范企业海外投资行为,为汇率调整争取了时间。2017年,国际收支口径的对外直接投资净流出同比减少53%,跨境直接投资由上年净流出转为净流入,使基础国际收支顺差较上年增长44%。短期资本净流出重新小于基础国际收支顺差,剔除估值影响后的外汇储备止跌回升,有效维护了国家金融安全。

另一方面,人民币升值又提供了可信的价格信号,进一步强化了管理的效果,并为后期放松监管创造了条件。2016年,虽然政府不断加强管理,但在人民币一路下跌的情况下,银行售汇减少,结汇也大幅下降,结售汇仍然是个大逆差。2017年,在人民币震荡走高的情况下,银行售汇小幅下降,结汇却大幅增加,结售汇逆差急剧收窄。而且,从2017年9月起,相关部门陆续撤销临时性监管措施,回归政策中性,释放了合理的用汇需求。如将远期购汇的外汇风险准备降至零,导致近期远期结售汇由顺差转为逆差;2017年11月以来,非金融部门对外直接投资连月同比两位数正增长。

事实上,国际社会对中国政府前期采取的措施给予了理解。国际货币基金组织并未因此指责中国,也不认为这会影响人民币作为特别提款权篮子货币的地位,而只是强调应该注意政策透明度和一致性。

管理国际收支风险要预测更要预案

我在《汇率的本质》第七章"风险是可以预见或预警的"中列举了一些个人在国际收支风险监测预警方面的案例。

当年在外汇局的时候,我们运用公开信息,准确预见了2011—2012年欧美主权债务危机对中国冲击的开头,并运用内部数据成功预测了这次冲击对中国影响的结尾,为当时外汇政策提供了决策依据。2012 年,中国遭遇了 1998 年以来少有的资本外流,但我们处变不惊,抓住市场预期分化、外汇供求平衡的有利时机,推出了一系列改革措施。如取消了对银行收付实现制结售汇综合头寸下限管理的要求,改为配合扩大人民币汇率浮动区间改革,对综合头寸实行正负区间管理。2013 年,国际收支司分析预测处因此被评为"人民满意的公务员集体";2014 年,有关同志还因此获得了"五四青年奖章"。

2014 年底,我们又判断,当内部经济下行叠加外部美元走强的冲击时,中国国际收支可能会遇到大麻烦。2015 年初,在 50 人论坛年会上,我建议在研究制定"十三五"规划时,要拟定应对资本流出的预案。媒体冠以"外汇管理局司长:亚洲金融危机气息离我们越来越近了"的标题对外报道,引起市场关注。据在国际货币基金组织工作的朋友告诉我,基金组织在晨会上讨论了相关报道。当年 4 月,基金组织发布的《全球金融稳定报告(春季)》明确指出,2008 年危机以来,全球金融风险不是下降而是在上升、在转移。这与我们的看法不谋而合。

离开外汇局以后,我继续关注外汇市场变化。在 2015 年 7 月初股市异动后不久,我就撰写报告《警惕今天的股市变成明天的汇市》,提示国内外汇市场风险。有位朋友在"8·11"汇改后说,你太神了,竟然提前一个月就预见到了这次汇市动荡。现在回头想,我如果还在外汇局的话,运用内部高频数据,应该可以提前知道 7 月银行即远期结售汇逆差从上月 70 亿美元跳升至 561 亿美元的剧烈变化(该数据 8 月 18 日才发布),以及 8 月上旬外汇市场又是怎样的状况。运用公开数据可以预判趋势，运用内部数据可以预知拐点，这是我多年从事跨境资本流动监测预警工作的深刻体会。

不过，实事求是地讲，虽然有上述记录，但我也不能保证预测永远正确。所以，无论对于市场还是政府来讲，在情景分析、压力测试基础上拟定应对预案更为重要。尤其是跨境资本流动受到内外部不确定、不稳定因素的影响较多，预测难度更大。

当年我就尝到过预案的好处。2008年全球金融危机爆发后，中国曾经遭遇过短暂的资本流出冲击。按照国务院危机应急办的要求，2009年，外汇局报送了"应对外汇收支异常流出的预案"。但由于各国联合干预、共同刺激，国际金融市场迅速企稳，特别是美国开启首轮量化宽松（QE）以后，2009年底中国重现大规模资本回流。于是，我们又报送了"应对外汇收支异常流入的预案"。预案中设置了启动的门槛和拟采取的措施。由于事前已经同相关部门会签，一旦触发门槛，外汇局只需向国务院报备以后就可以采取措施，这大大提高了政策的响应能力。2010年10月和2013年5月，我在时任局长易纲和副局长王小奕的领导和支持下，建议并启动了应对资本异常流入的预案，分别针对远期结汇大幅增加和国内外汇贷款异常增长，并取得了较好的效果。据说，外汇局是唯一在国务院备案后启动预案的单位。

这次"8·11"汇改后出现的汇市震荡也凸显了预案的重要性。改革就意味着改变，改变就是不确定性，不确定性即风险。哪怕事前做风险评估，预判利大于弊、风险可控，对小概率的风险事件也要提前有所准备，从最坏处打算争取最好的结果。

2015年9月28日下午，在参加中国经济50人论坛组织的讨论时，我被安排汇报，谈了对当时外汇形势的看法。我预测未来一个时期，国内外汇市场演进可能有三种情形。第一种情形是，凭借过去多年央行建立起来的市场声誉，市场依然相信央行有能力将汇率稳定在任何水平上，鉴于投机的息差成本较高，市场参与者有可能逐渐退出货币攻击。第二种情形是，如果出现一些好消息如国内经济企稳回升、美元汇率回调等，将改善市场预期，央行的货币阻击战就有可能取得基本面的支持。第三种情形是，如果现行汇率水平遭受市场的持续攻击，那么央行就会继续消耗外汇储备。因为境内外投资者能以较低的成本（利率、汇率）获得人民币，这将令外汇干预面临很大挑战。尤其要高度关注当外汇储备规模跌近或跌破一些整数关口时的市场反应。我提示，对于未来形势的严峻性要有充分的思想准备和措施准备。2015年底、2016年初，以及2016年下半年的两波人民币汇率快速杀跌，就是我预测的第三种情形。2016年底，国内更是掀起了保汇率还是保储备之争。

上述情景分析的方法不仅对政策有用，对市场也是有用的。2016年4月在我接受媒体采访的时候，当时美元走弱，人民币汇率参考一篮子货币调节运行平稳，大家都以为最坏的时刻已经过去了。但我在谈下一阶段人民币汇率走势时明确表示，人民币汇率参考一篮子货币调节的概念刚刚提出，实际运行中的具体操作需要经历市场波动的检验。随着美联储加息，美元进入上升周期，可能会对人民币汇率带来影响，并提醒企业要控制好货币敞口。我相信，如果企业听进去了，照此操作，应该可以规避2016年下半年人民币下跌5%以上带来的汇兑损失。

外汇市场是有效市场，汇率变化是随机游走。所以，基于理性预期的线性外推是难以捕捉汇率短期的非线性变化的。从这个意义上讲，预测汇率基本就是靠猜。对于企业来讲，树立风险中性意识，不要用市场判断替代市场操作，控制和管理好货币错配风险至关重要。加快外汇市场发展、完善现代公司治理，正是人民币汇率克服"浮动恐惧"，走向清洁浮动的重要配套条件。

事非经过不知难。谨以此文向中国人民银行、外汇局的前领导和前同事致以最崇高的敬意！祝愿他们不忘初心、砥砺前行，以无比的胆识和智慧，使人民币汇率能够顺利完成从有管理的浮动到清洁浮动的惊险一跃。

韩俊简历

中央农村工作领导小组办公室副主任,农业农村部党组副书记、副部长。1989年5月毕业于西北农林科技大学,获博士学位。1989年5月至12月在原国务院农村发展研究中心工作。1990—2000年在中国社会科学院工作。2001年3月调入国务院发展研究中心,任农村经济研究部部长。2008年10月任国务院发展研究中心党组成员。2010年10月任党组成员、副主任。2012年,当选为党的十八大代表。2014年10月调任中央财经领导小组办公室副主任、中央农村工作领导小组办公室副主任。2015年10月任国务院扶贫开发领导小组副组长。2017年2月任中央财办机关党委书记。2017年4月任中央农村工作领导小组办公室主任。2018年3月任农业农村部党组副书记、副部长,中央农办副主任。2017年,当选为党的十九大代表。参与了党的十九大、十八届五中全会文件的起草,以及2004年以来历年中央一号文件的起草。4次获孙冶方经济科学奖。兼任清华大学教授、中国社会科学院博士生导师。

实施乡村振兴战略的八个关键性问题

韩 俊

实施乡村振兴战略,是以习近平同志为核心的党中央着眼党和国家事业全局,深刻把握现代化建设规律和城乡关系变化特征,顺应亿万农民对美好生活的期待,做出的重大决策部署,是决胜全面建成小康社会、全面建设社会主义现代化国家的重大历史任务。实施乡村振兴战略,在我国"三农"发展进程中具有划时代的里程碑意义。党中央关于乡村振兴的大政方针已经明确,接下来就是要把这些战略部署落到实处,把宏伟蓝图一步步变为现实。

推动农业由增产导向转向提质导向

深化农业供给侧结构性改革,走质量兴农之路,必须深入推进农业绿色化、优质化、特色化、品牌化发展,调整优化农业生产力布局,推动农业由增产导向转向提质导向。

当前,我国农业转型升级已取得明显进展。近年来,各地坚持以市场需求为导向,着力调整优化农业结构,绿色、生态、优质、安全的农产品生产和供给明显增加。但是应该看到,推动农业全面升级的任务依然艰巨。2018年中央一号文件指出,我国农产品阶段性供过于求和供给不足并存，农业供给质量亟待提高。

农业由增产导向转向提质导向要突出两大重点，处理好两个关系。

两大重点

一是突出强基固本。粮食安全是战略性问题，必须时刻保持战略清醒。要牢固树立"以我为主、立足国内、确保产能、适度进口、科技支撑"的粮食安全观，深入实施"藏粮于地、藏粮于技"战略，严守耕地红线，全面落实永久基本农田特殊保护制度，确保谷物基本自给、口粮绝对安全。要让种粮农民基本收益不受损、种粮积极性不减弱、地方抓粮积极性不放松。

二是突出提质增效。落实高质量发展的要求，制定和实施国家质量兴农战略规划，建立健全质量兴农评价体系、政策体系、工作体系和考核体系。利用现阶段国内外粮食供需关系相对宽松和库存充裕的窗口期，积极采取粮改饲、粮豆轮作等途径调整种植结构，对于市场短缺的品种，要努力扩大其生产规模。扩大退耕还林还草和休耕轮作范围，加大黑龙江水田休耕、湖南重金属污染地区休耕治理、河北小麦季节性休耕力度，促进粮食供需结构与总量动态平衡。

两个关系

一是处理好政府和市场的关系。坚持市场配置农村资源要素与提高农业支持保护效率相统筹，坚持市场化改革取向与保护农民利益并重，深化农产品价格和收储制度改革，完善农业支持保护政策。在当前生产者补贴、收入保险等一系列配套制度尚不完备的情况下，应稳定制度框架，完善定价机制。根据市场供求关系和价格波动情况，适度调整最低收购价水平，加大价格弹性，释放价格能涨能跌的信号。千方百计加快去库存。必须"存量"和"增量"双管齐下，在短期内加快消化现有库存，在长效机制上逐步减少增量。加快实现去库存由计划思维向市场观念转变，注重用经济手段调动地方和企业消化库存的积极性。加快构建新型农业补贴制度和支持政策。稻谷和小麦两大口粮是粮食安全的内核，在合理调整最低收购价水平的同时，按"降多少补多少"原则给予相应补贴，以稳定农民收入预期，为分步推进市场化改革创造有利条件。同时，与粮食市场化改革方向相契合，积极运用农业保险这一市场化工具，探索推进粮食完全成本和收入保险，加快构建种粮收入安全网。

二是处理好统筹利用国际国内两个市场、两种资源的关系。当前，我国农业贸易大国地位凸显，已经成为全球第一大农产品进口国和第二大农产品贸易国。从总体来看，一方面，农产品贸易的发展有效缓解了国内农业资源环境压力，保障了国内供应和市场平稳运行。另一方面，我国农业贸易大国效应还未充分体现。农业基础竞争力不足，低成本优势逐步削弱。农产品贸易话语权缺失，与农业贸易大国地位不相称。农业"走出去"任重道远，对外投资需要全链条布局。农业海外投资多数主要集中在附加值不高、技术含量低等劳动密集型行业和传统领域，没有从战略上建立农产品加工、仓储、物流和贸易一体化的全球农产品供应链。下一步，我们需要针对"一带一路"倡议和地缘政治考虑，完善农业全球战略布局，明确我国利用国际市场国际资源的发展方向和重点领域，统筹处理与贸易伙伴国关系，兼顾保护国内农业产业安全和农民利益，该进的要主动进，该挡的要坚决挡，该出的要尽力出，最大限度地发挥农业贸易在促进农业发展、服务国家对外战略中的作用。

促进小农户和现代农业发展有机衔接

这几年，我们强调发挥适度规模经营的引领作用，出台了一系列扶持新型农业经营主体的政策，这些都符合现代农业发展方向。但越是这样越不能忽视小农生产这个基本面。人均一亩三分地、户均不过十亩田的小农生产方式，是我国农业发展需要长期面对的现实。处理好发展适度规模经营和扶持小农生产的关系，是乡村振兴的重大政策问题。要坚持家庭小农生产为基础与多种形式适度规模经营为引领相协调，既要把握发展规模经营是农业现代化必由之路的前进方向，也要认清小规模农业经营是很长一段时间内我国农业基本经营形态的基本国情农情。

一方面，要实施新型农业经营主体培育工程，培育发展家庭农场、合作社、龙头企业、社会化服务组织和农业产业化联合体，发展多种形式适度规模经营。实践中，各地通过发展多种形式的社会化服务，依托土地股份合作、土地托管、代耕代种等有效形式，在不打破家庭经营格局的情况下，实行统种统收、统防统治甚至统销统结，以服务规模化弥补经营细碎化的不足，实现了农业区域化布局、专业化经营、标准化生产，进而实现了基于社会化服务的节本增效、提质增效、营销增效。这种模式有效解决了亿万普通农户发展现代农业的问题，要认真总结、不断完善、加快推广。

另一方面，必须立足农户家庭经营的基本面，注重发挥新型农业经营主体带动作用，采取普惠性的政策扶持措施，培育各类专业化市场化服务组织，提升小农生产经营组织化程度，改善小农户生产设施条件，提升小农户抗风险能力，扶持小农户拓展增收空间，着力强化服务联结，把小农生产引入现代农业发展轨道。

以绿色发展引领乡村振兴

以绿色发展引领乡村振兴是一场深刻的革命。必须牢固树立和践行"绿水青山就是金山银山"的理念，落实节约优先、保护优先、自然恢复为主的方针，统筹山水林田湖草系统治理，严守生态保护红线，以绿色发展引领乡村振兴。

近年来，我国乡村绿色发展有了新进展。通过大力推行绿色生产模式，坚决打好农业面源污染攻坚战，农业资源利用的强度下降，农田灌溉水有效利用系数提高到0.55以上，退耕还林还草4240万亩，耕地轮作休耕制度试点扩大到1200万亩；农业面源污染加重的趋势减缓，以垃圾处理、污水治理为重点的农村人居环境整治全面提速，全国73.9%的行政村对生活垃圾进行处理。但是乡村环境和生态问题仍很突出，资源硬约束日益加剧。人多地少水缺是我国的国情，耕地质量下降，黑土层变薄、土壤酸化、耕作层变浅等问题凸显，农田灌溉水有效利用系数比发达国家平均水平低0.2，华北地下水超采严重。环境污染问题突出。工业"三废"和城市生活等外源污染向农业农村扩散，上亿亩耕地不同程度地受到重金属污染。农村垃圾、污水处理水平较低。生态系统退化明显。全国水土流失面积仍然有290多万平方公里，草原超载过牧问题依然突出，湖泊、湿地面积萎缩，生物多样性受到严重威胁，濒危物种增多。体制机制尚不健全。反映水资源稀缺程度的价格机制尚未形成。循环农业发展激励机制不完善，种养业发展不协调。农业生态补偿机制尚不健全。农业污染责任主体不明确，监管机制缺失，污染成本过低。

以绿色发展引领乡村振兴，要突出四个重点。一是治理农业生态突出问题。大力推行农业清洁生产方式，切实做到该减的减下来，该退的退出来，该治理的治理到位。同时，要对症下药、综合施治，继续加大对水土流失区、地下水漏斗区、土壤重金属污染区的治理力度，分类有序退出超载的边际产能。二是加大农村生态保护和修复力度。把山水林田湖草作为一个整体来研究系统养护修复的有效措施，包括健全耕地草原森林河湖休养生息制度、进一步完善轮作休耕制度等。要继续把农业节水作为方向性、战略性大事来抓，大规模地实施农业节水工程，推进农业水价综合改革，加快建立农业合理水价形成机制和节水激励机制。三是建立健全生态效益补偿机制。对于环境污染的治理，不但要坚持不欠"新账"，还应考虑如何逐步还上"旧账"。构建以绿色生态为导向的政策支持体系，让保护环境不吃亏、能得到实实在在的利益。四是以更大力度推动农村人居环境整治和美丽宜居乡村建设。要整合资源、锁定目标、确定标准，力争到2020年全面建成小康社会时，农村"脏乱差"的面貌得到根本改变，给农民一个干净整洁的生活环境。

焕发乡风文明新气象，提升农民精神风貌

乡村振兴，既要塑形，也要铸魂，要形成文明乡风、良好家风、

淳朴民风，焕发乡风文明新气象。推动农村全面进步、农民全面发展，必须坚持物质文明和精神文明一起抓，提升农民精神风貌，不断提高乡村社会文明程度。

在快速工业化城镇化大潮下，农村人口流动性显著增强，乡土社会的血缘性和地缘性逐渐减弱，农村由熟人社会向"半熟人社会"加快演化。一些地方乡村文化特色逐步丧失，传统重义轻利的乡村道德观念被侵蚀淡化，人际关系日益功利化，人情社会商品化，维系农村社会秩序的乡村精神逐渐解体，一定程度上造成了乡村社会秩序的失范。一些农民社会责任、公德意识淡化，与家人感情日益淡漠，家庭观念不断淡化，导致不养父母、不管子女、不守婚则、不睦邻里等有悖家庭伦理和社会公德的现象增多，家庭的稳定性不断被削弱。封建迷信有所抬头，陈规陋习盛行。一些地方农村红白喜事大操大办，攀比之风和过度消费盛行。在农村精神文明建设方面，缺乏一套适应农村社会结构特征、符合农民特点的有效方式、办法和载体，隔靴搔痒、流于形式的问题比较突出。

乡村是否振兴，要看农民的精气神旺不旺，看乡风好不好，看人心齐不齐。必须以社会主义核心价值观为引领，坚持教育引导、实践养成、制度保障三管齐下，采取符合农村特点的有效方式，加强农村思想道德建设，加强农村公共文化建设，开展移风易俗行动，弘扬乡村文明。传承发展提升农村优秀传统文化是乡村振兴的重要课题。要加强传统村落保护，深入挖掘农村特色文化，加强对非物质文化遗产的整理、展示和宣传。

坚持自治、法治、德治相结合

乡村振兴离不开稳定和谐的社会环境。要加强和创新乡村治理，建立健全党委领导、政府负责、社会协同、公众参与、法治保障的现代乡村社会治理体制，健全自治、法治、德治相结合的乡村治理体系，让农村社会既充满活力又和谐有序。

当前，农村经济社会结构正在经历深刻转型。一是农民持续流动。2017年全国乡村人口比2010年减少了9081万，比2000年减少了3.127亿。大量人口向城镇迁移，村庄空心化、农民老龄化程度加剧。青壮年劳动力外出务工，出现家庭分离现象，村庄空心化、"三留守"问题严重。二是农民出现分化。原来同质化的农民群体产生了明显的职业分化、收入分化、利益分化，带来农民意愿诉求多元化和行为方式多样化。2016年全国第一产业从业人员为2.1亿人，比2000年和2010年分别减少1.5亿人和6000多万人。处于不同阶层和群体的农民有各自不同的利益诉求，也往往采取不同的利益表达方式，给农村社会发展和乡村治理带来了新的挑战。三是农民原子化。市场经济发展激发了农户个体发展经济、改善生活的积极性，同时也瓦解了一些传统的经济和社会合作机制，强化了农民个体意识，弱化了农民对村庄生产生活共同体的意识。

面对农村这些变化，我国农村社会发展和乡村治理在体制、机制等方面还存在诸多的不适应，面临一系列新的挑战。一是一些地方农村基层党组织软弱涣散现象比较严重。二是基层政府和组织的服务、组织、动员能力弱化。三是农村集体经济薄弱，管理权威和服务能力弱化。四是村民自治机制难以有效发挥作用，组织农民的难度不断加大。

农村许多社会问题都归结到一个"散"字。农民缺乏组织带动和联结，凝聚力和向心力不强；缺少利益纽带、情感纽带、互助纽带。坚持和创新乡村治理，提高农民社会组织化程度至关重要。从表面上看，怎么把党支部的核心作用、自治组织的基础作用、集体经济组织和合作组织的纽带作用、其他社会组织的补充作用充分发挥出来，让农民得到各种组织的引导、教育、服务和管理，让农村家家户户联系紧起来、守望相助兴起来、干群关系亲起来，需要认真研究。农村与城市不仅外在形态不一样，社会关系、治理方式也不完全一样。乡村社会与城市社会有一个显著的不同，就是具有"熟人社会"或"半熟人社会"的特征。要采取符合农村特点的乡村治理方式，既要注重运用现代治理理念和方式，更要注重发挥农村传统治理资源的作用。比如，近年来，浙江率先探索自治、法治、德治相结合的治理模式，在完善自治、加强法治的同时，制定村规民约、行业守则、职业规范等道德章程，设置道德讲堂、德育基地、文化礼堂等各类载体，开展道德评议活动，提升德治水平，促进"三治"相结合，对化解社会矛盾、促进乡村和谐发挥了积极作用。要借鉴浙江等地经验，培育富有地方特色和时代精神的新乡贤文化，发挥其在乡村治理中的积极作用。总之，以法治"定分止争"、以德治"春风化雨"、以自治"消化矛盾"，以党的领导统揽全局，加快形成自治为基、法治为本、德治为先的"三治"相结合的治理格局，是乡村走向善治的必由之路。

不断提升农民的获得感、幸福感、安全感

乡村振兴，农民是主体。必须充分尊重农民意愿，切实发挥农民在乡村振兴中的主体作用，把维护农民群众根本利益、促进农民共同富裕作为出发点和落脚点，促进农民持续增收，持续缩小城乡居民生活水平差距，让农民成为有吸引力的职业，把乡村建设成幸福美丽的新家园。

看农民钱袋子鼓不鼓是检验农民是否有获得感的重要标志之一。党的十八大以来，农民收入增速连年快于城镇居民，2017年农民人均可支配收入首次突破1.3万元，比2012年增长60.1%。城乡居民收入相对差距持续缩小，由2012年的2.88∶1缩小到2017年的2.71∶1（但城乡居民收入绝对差距从2013年的17037元扩大为2017年的22964元）。农村居民恩格尔系数从2012年的37.5%下降到2017年的29.3%。但是受多重因素影响，当前农民增收形势严峻，继续保持较高速增长后劲不足。从农民收入增速看，农民增收已进入"减速带"。从农民收入结构看，由于农业生产成本提升，国际大宗农产品价格低迷，国内稻谷、小麦、玉米最低收购价政策调整，家庭经营性净收入增长乏力。同时，由于国内经济换挡降速，劳动密集型产业转型升级，去产能、去库存、调结构涉及多个行业，农民转移就业空间收窄，工资性收入同步降挡减力。财产性收入在农民可支配收入中的比重不到3%，短期内难以成为农民增收的重要来源。对此需要高度重视，要坚持富民为本、富民为先，结合实施乡村振兴战略，进一步研究优化政策环境，深入推进农业供给侧结构性改革，充分挖掘乡村价值，大力发展新产业、新业态、新模

式,推进农村一、二、三产业深度融合,千方百计拓展农民增收渠道,确保城乡居民收入差距缩小的态势不逆转。

近年来,农村基础设施和公共服务虽有明显改善,农民群众的民生保障水平明显提高,但现阶段城乡差距大最直观的依然是基础设施差距大,城乡发展不平衡最突出的依然是公共服务不平衡,在社会保障方面短板问题较为突出。下一步,要统筹公共资源在城乡间的均衡配置,建立全民覆盖、普惠共享、城乡一体、均等服务的基本公共服务体系。对于农村基础设施,不但要加大建设投入力度,还要研究如何完善管护机制,让农村基础设施建得好、护得好、用得久。对于农村基本公共服务,要研究怎样提挡升级,改善服务质量,真正实现从有到好的转变,促进城乡基本公共服务从形式上的普惠上升到实质上的公平。继续加大投入力度,推进新增教育、医疗卫生等社会事业经费向农村倾斜。以增强公平性和适应流动性为重点,推动社会保障制度城乡统筹并轨,统筹城乡社会救助体系,完善最低生活保障制度,完善养老体系。要加快农业转移人口市民化进程,落实好户籍制度改革措施,更好解决随迁子女上学、社保、医疗、住房保障等实际问题,使更多的随迁家庭融入城市生活。要加大对返乡创业农民工的政策扶持,使更多留守人群能够家庭团聚,得到亲人关爱。同时,建立健全留守人员关爱服务体系,在基本生活保障、教育、就业、卫生健康、心理情感等方面及时为他们提供有效服务。

健全城乡融合发展体制机制,强化乡村振兴制度性供给

长期以来,资金、土地、人才等各种要素单向由农村流入城市、

造成农村严重"失血"。当前，城乡之间要素合理流动机制还存在缺陷，无论是进城还是下乡，渠道都没有完全打通，要素还存在不平等交换。实施乡村振兴战略，必须围绕强化"钱、地、人"等要素的供给，抓住关键环节，坚决破除一切不合时宜的体制机制障碍，推动城乡要素自由流动、平等交换，促进公共资源城乡均衡配置，建立健全城乡融合发展体制机制和政策体系，加快形成工农互促、城乡互补、全面融合、共同繁荣的新型工农城乡关系。

第一，解决"地"的问题，关键是深化农村土地制度改革，建立健全土地要素城乡平等交换机制，加快释放农村土地制度改革的红利。要巩固和完善农村基本经营制度，落实农村土地承包关系稳定并长久不变政策，衔接落实好第二轮土地承包到期后再延长三十年的政策，让农民吃上长效"定心丸"。完善农村承包地"三权分置"制度，在依法保护集体土地所有权和农户承包权前提下，平等保护土地经营权，发展多种形式的适度规模经营。系统总结农村土地征收、集体经营性建设用地入市、宅基地制度改革试点经验，尽快把立得住、可复制、能推广的经验变为普遍实行的政策。要按照落实宅基地集体所有权，保障宅基地农户资格权和农民房屋财产权，适度放活宅基地和农民房屋使用权的要求，探索宅基地所有权、资格权、使用权"三权分置"，完善农民闲置宅基地和闲置农房政策。适度放活宅基地和农民房屋使用权，不是让城里人到农村买房置地，而是吸引资金、技术、人才等要素流向农村，使农民闲置住房成为发展乡村旅游、养老、文化、教育等产业的有效载体。要严格实行土地用途管制，不得违规违法买卖宅基地，严格禁止下乡利用农村宅基地建设别墅大院和私人会馆。实施乡村振兴战略，必须加快破解"农村建设用地自己用不了、用不好"的困局。要更好地盘活存量土地,通过村庄整治、农村空闲、零散建设用地整理等方式节约出来的建设用地,重点支持乡村振兴。要用好增量,调整优化用地规划和布局,将年度新增建设用地计划指标确定一定比例,用于支持农村新产业、新业态发展。

第二,解决"钱"的问题,关键是健全投入保障制度,创新投融资机制,加快形成财政优先保障、金融重点倾斜、社会积极参与的多元投入格局。要建立健全实施乡村振兴战略财政投入保障制度,公共财政更大力度向"三农"倾斜,确保财政投入与乡村振兴目标任务相适应。乡村振兴,单靠各级财政投入远远不够。为此,要支持地方政府发行一般债券,鼓励地方政府试点发行项目融资和收益自平衡的专项债券。下一步,要抓紧制定金融服务乡村振兴的指导意见,制定金融机构服务乡村振兴考核评估办法。工商资本是推动乡村振兴的重要力量,要落实和完善融资贷款、配套设施建设补助、税费减免、用地等扶持政策,明确政策边界,保护好农民利益,发挥好工商资本的作用。

长期以来,土地出让收益主要是取之于乡、用之于城,直接用于农村建设的比重很低。为此,需要创新政策机制,把土地增值收益这块"蛋糕"切出更大一块来用于支持脱贫攻坚和乡村振兴。2018年中央一号文件提出,改进耕地占补平衡管理办法,建立高标准农田建设等新增耕地指标和城乡建设用地增减挂钩节余指标跨省域调剂机制,将所得收益通过支出预算全部用于巩固脱贫攻坚成果和支持实施乡村振兴战略。这是一项很大的政策,用好这项政策,不仅能对乡村振兴提供强有力的资金支持,而且可以起到"一石多鸟"的作用。

一是通过开展高标准农田建设补充的耕地，数量是看得见摸得着的，质量是实实在在的优质耕地。这项政策还可以进一步拓宽高标准农田建设的资金来源，有利于加快高标准农田建设步伐。这几年，推进高标准农田建设，提高了耕地质量，也增加了耕地数量。据测算，"十二五"全国高标准农田建设新增耕地率接近4%，"十三五"新增耕地率略有下降，但一些地方新增补充耕地还有一定潜力。比如，四川在满足本省耕地占补平衡前提下，"十三五"期间大概可拿出70万亩指标用于跨省调剂。二是可以有效缓解一些地区耕地占补平衡的压力。目前，一些省份耕地后备资源普遍匮乏，补充耕地质量不高，省域内耕地占补平衡难度很大，迫切要求拓宽补充耕地来源。比如，浙江省全省可用于占补平衡的耕地后备资源仅40多万亩。江苏省全省可用于占补平衡的耕地后备资源仅90多万亩。三是有利于生态保护。过去把大量开垦未利用地作为补充耕地重要来源，这种方式已难以适应生态建设和保护的要求。

综合多方因素慎重考虑，中央决定在经济发达省份逐步停止未利用地开垦，改进耕地占补平衡管理办法，把这方面的政策机制先建立起来。这样做既可以缓解一些省份耕地占补平衡的压力，又可以拓宽乡村振兴筹资渠道，但要加强监管，切实保障通过高标准农田建设新增的耕地，数量是真实的，质量是可靠的，真正做到"占优补优"。

第三，解决"人"的问题，关键是畅通智力、技术、管理下乡通道。乡村振兴要靠人才、靠资源。要着力在"引"字上做文章，抓好招才引智，促进各路人才"上山下乡"投身乡村振兴。据原农业部统计，目前全国返乡下乡"双创"人员已有700多万人，其中80%以上搞的是新产业、新业态、新模式。如果把城市的人才资源吸引到农村、留在农村，将对乡村振兴产生很大作用。要努力创造条件让农村的产业留住人，让农村的环境留住人。要打破城乡人才资源双向流动的制度樊篱，建立有效激励机制，把有志于农业农村发展的各类人才"引回来"，让城里想为振兴乡村出钱出力的人在农村有为有位、成就事业，让那些想为家乡做贡献的各界人士能够找到参与乡村建设的渠道和平台，在振兴乡村中大展身手。造就更多服务乡村振兴的人才，要在"育"字上下功夫。进一步整合资金资源，完善培训机制和内容，大力培育新型职业农民，全面建立职业农民制度，培养一大批乡村本土人才。要在"用"字上出实招，注重从高校毕业生、返乡农民工、退伍军人中选拔充实乡村干部队伍。

坚持和完善党对"三农"工作的领导，真正把农业农村优先发展落到实处

习近平总书记在中央农村工作会议上强调，办好农村的事情，实现乡村振兴，关键在党。必须切实提高党把方向、谋大局、定政策、促改革的能力和定力，确保党始终总揽全局、协调各方，提高新时代党领导农村工作的能力和水平。各级党委和政府要提高对实施乡村振兴战略重大意义的认识，真正把实施乡村振兴战略摆在优先位置，把实现乡村振兴作为全党的共同意志、共同行动，做到认识统一、步调一致，把农业农村优先发展原则体现到各个方面，在干部配备上优先考虑，在要素配置上优先满足，在资金投入上优先保障，

在公共服务上优先安排,确保党在农村工作中始终总揽全局、协调各方,把党管农村工作的要求落到实处,为乡村振兴提供坚强有力的政治保障。

完善党的农村工作领导体制机制。建立实施乡村振兴战略领导责任制,实行中央统筹、省负总责、市县抓落实的工作机制。县委书记要下大力气抓好"三农"工作,当好乡村振兴的"一线总指挥"。要加强各级党委农村工作部门建设,充分发挥其在乡村振兴中决策参谋、调查研究、政策指导、推动落实、督导检查等方面的作用。各省(自治区、直辖市)党委和政府每年要向党中央、国务院报告推进实施乡村振兴战略进展情况。建立市、县党政领导班子和领导干部推进乡村振兴战略的实绩考核制度,将考核结果作为选拔任用领导干部的重要依据。

加强"三农"工作队伍建设。扎实推进抓党建促乡村振兴,建立健全选派第一书记工作长效机制,全面向贫困村、软弱涣散村和集体经济薄弱村党组织派出第一书记。把到农村一线工作锻炼作为培养干部的重要途径,注重提拔使用实绩优秀的干部,形成人才向农村基层一线流动的用人导向。

强化乡村振兴规划引领和法治保障。要科学把握乡村的差异性和发展走势分化特征,要做到规划先行,对于哪些村保留、哪些村整治、哪些村缩减、哪些村做大,都要经过科学论证,做到分类指导、因村制宜、精准施策,彰显地方特色和乡村特点。要防止违背农民意愿,把城市建设的做法照搬照抄到农村,大搞合村并组、撤村并居、"集中上楼",打乱传统村庄边界,使村民共同生产、共同生活、共同组织的基础逐渐丧失,造成基层政权、基层组织离农民越来越远,侵蚀村民自治基础。要完善规划体制,通盘考虑城乡发展规划编制,一体设计,多规合一,切实解决规划上城乡脱节的问题。强化乡村振兴法治保障,把行之有效的乡村振兴政策法定化,充分发挥立法在乡村振兴中的保障和推动作用。

韩文秀简历

中央财办副主任。1984年毕业于北京大学经济系，获经济学学士学位；1989年毕业于北京大学经济学院，获经济学硕士学位；2010年毕业于中国人民大学财政金融学院（在职学习），获金融学博士学位。1992—1993年在英国牛津大学沃弗森（Wolfson）学院学习。1984—1986年，在北京大学学报编辑部任编辑。1989—1997年在国家计委经济研究中心（现国家发展改革委宏观经济研究院）工作，历任助理研究员、副研究员、副处长、处长。1997—2005年在国家计委（现国家发展改革委）财政金融司、综合司工作，历任调研员、处长、副司长。2005—2011年，任中央财经领导小组办公室宏观组组长（局长）。其中，2010—2011年，挂职任中共广东省委副秘书长。2011—2018年，任国务院研究室副主任。2018年3月起任中央财办副主任。曾出版合著与专著：《中国GNP的分配和使用》《积极财政政策的潜力和可持续性》《人民币迈向国际货币》《回头看：经济分析的前瞻性和可靠性》等。

中国经济何时赶超美国的最早预测

韩文秀

介绍一段20年前的往事,其中会讲到中国经济50人论坛的4位成员,特别是讲到中美经济总量关系的昨天、今天、明天。

法国克莱蒙费朗:他乡偶遇故知

1996年11月,我应邀去法国做为期四个月的访问学者,地点是法国中南部城市克莱蒙费朗,单位是CERDI(奥弗涅大学国际发展研究中心)。同行的还有中国人民大学于教授和上海市社会科学院沈研究员。飞到巴黎后,转乘火车,大约两个半小时到达克莱蒙费朗,然后乘车到达CERDI。CERDI办公楼不高,但有电梯。在我们拉着行李箱准备上楼,电梯门一开时,发生了令人意想不到的一幕:一个中国人拉着行李箱走出来,我定睛一看,哦!是樊纲。我和他打了个招呼,原来他是应邀来这里参加一个国际研讨会。在异国他乡的法国中南部城市,我们几个中国人在同一幢建筑同一个电梯旁偶遇,真是机缘巧合。就这样,樊纲回国了,我们来了。

克莱蒙费朗是原奥弗涅大区的首府和多姆山省的省会,在法国是大城市,而在我们中国人眼里则是一个小城,因为这里人口只有十多万人。这个城市很漂亮,红瓦白墙的建筑错落有致,看得见山,望得见水,天际线很美,街道干净整洁,也很安静,相当宜居。网上有海量图片可以查证。城郊有著名的火山,是旅游休闲的好去处。我来之前未曾想到,恐怕许多人也难以猜到的是,克莱蒙费朗是世界著名轮胎企业米其林的总部所在地。回想起来,我能有机会在这样的城市静下心来做四个月的经济问题研究,殊为难得,别有情趣。

来法国做访问研究是郭树清同志介绍的,他是我在国家计委经济研究中心的领导。我们曾在同一个办公室工作三年多,那是一段难忘的岁月,这里按下不表。

在法国研究的副产品:中国经济总量何时赶超美国

在法国的四个月中,我的"规定动作"是研究中国货币政策的中介目标,成果是一篇约一万字的英文研究报告,访问结束时在CERDI的研讨会上专门做了交流介绍。这里我重点想说的是"自选动作",即分析预测中国经济总量何时赶超美国。在二十年前的法国,试图研究中国经济总量何时赶超美国,似乎有点儿匪夷所思,但这并非异想天开,而是在学有余力的情况下,在安静的异国他乡,产生的"第六感":这可能是迟早要发生的"大事"。

这项研究是在较低起点或基数上进行的。在1996年底、1997年初做分析预测时,主要用的是1995年的数据。1995年,中国经济总量为57733亿元人民币(按照1996年初发布的统计公报数),折合6913亿美元,仅相当于美国(7.66万亿美元)的9%。后来统计数据做了调整，现在统计年鉴上1995年中国经济总量为61339.9亿元人民币，折合7345亿美元，相当于美国的9.6%。在中国经济总量仅为美国1/10的情况下，研究中国经济何时赶超美国，自然不是一个热门题目，甚至当你提出这一问题时，别人可能会客气地"一笑了之"，或认为这是一种"奇思妙想""天方夜谭"。回头来看，当时在法国很认真地从事这项研究，还是很有前瞻性和预见性的。这可能是关于中国经济何时赶超美国的最早预测。

这项预测考虑了三个关键因素。

一是经济增长速度。中国经济要赶超美国，必须在相当长时期内保持高于美国的经济增长。但国际经验一再证明，任何一国经济增长都不是一条直线，而是会有波动的，而且随着基数增大和发展环境条件的变化，经济不可能一直保持高速增长，而是呈逐步减慢趋势。当时在做分析预测时，设想过至少六种情景和方案，未来经济增长速度将在较长的时间序列中呈现阶梯式回落态势，在对各年经济增长做出预测基础上进行汇总平均时，预计在1995年之后的30年，中国经济年均增长速度大致为6%。回过头来看，这一预测较为中肯，充分考虑了中国经济由高速增长转向中高速增长，进而转入中速增长的趋势性变化。目前中国经济增速仍在6.5%左右的水平上波动，可以说验证了当时的分析判断："中国的居民消费结构正处于转型升级阶段，城乡市场有巨大的增长潜力；城市化、工业化、现代化将继续为经济增长提供持久而强劲的动力；中国的服务业与发达国家和中等收入国家相比仍然存在很大差距，有着广阔的发展前景；中国的经济体制、基础设施和其他方面的投资环境正在不断得到完善；劳动力成本低、储蓄率高等优势继续存在；政府宏观调控的经验更加丰富，能力进一步提高。这些都使人相信，在今后相当长时期内中国经济有可能继续保持较快的增长。"①

二是价格因素。价格因素的重要性在于，它影响到名义经济总量的大小，而国与国之间的经济总量对比，都是名义经济总量。当价格涨幅大时，经济总量就会快速扩张，如1994年中国的GDP缩减指数涨幅曾达到20.6%，这成为当年我国经济总量扩大的最重要因素。改革开放后，我国既经历过通货膨胀，也经历过通货紧缩，但在1996年之前，大多是通货膨胀，甚至还曾出现两位数的恶性通货膨胀。1996年在做价格走势预测时，考虑了以往的历史经验，有通胀很难根治的担忧，这对价格预测结果产生了影响，但当时的判断保持了必要的清醒："从长期看，由于总供求关系已经发生重大变化，过去那种价格猛涨的态势很难再现，但与经济增长相对应，价格总水平仍会有一定的上涨，而且涨幅将高于美国。"从实践看，1997—2017年我国GDP缩减指数平均为3%，美国为1.9%。

三是汇率变化。经济总量的国际比较需要折合成同一货币，当人民币对美元汇率升值时，以美元计价的中国经济总量就会扩大，当人民币对美元汇率贬值时，以美元计价的中国经济总量就会收缩。而用本币计价则是同一量值，没有任何变化。因此，汇率变化往往产生奇特的效应，我曾在一篇文章中专门分析"汇率幻觉和汇率真实"②。当时对人民币汇率趋势的判断是："长远看，由于中国的国际竞争力不断提高，经济实力和综合国力相对于美国不断增强，国际

---

① 引自本文作者，"中国经济何时赶超美国"，《经济与信息》杂志1999年第2期。
② 参见《回头看：经济分析的前瞻性和可靠性》，韩文秀著，经济科学出版社，2013年。

收支保持基本平衡具有坚实的基础,因此可以预期,人民币兑美元汇率变化的长期趋势应当是在基本稳定的前提下逐步有所升值。"回过头来看,1997—2017 年,人民币兑美元平均汇率由 8.2898 元升值到 6.7518 元,累计升值 18.6%。这表明,当时我对汇率变化基本趋势的判断是正确的。

综合以上因素,我在当时列出了关于中美之间经济增长、价格、汇率之变化趋势的十多种组合,最后得出的预测结论是:中国经济将在 2025—2030 年赶上并超过美国。当时研究报告的题目是:"The Prospect and Challenge of China Becoming the Largest Economy"(中国成为第一经济大国的前景和挑战,现在在 CERDI 网站上还可以找到)。

1997 年 3 月,我完成四个月的法国访问研究后就回国了。不久后工作发生变化,从国家计委经济研究中心(现为国家发改委宏观经济研究院)调至财政金融司,接着又投入应对 1998 年亚洲金融危机的相关工作中。原来在法国完成的两份研究报告(均为英文)也被束之高阁。后来在整理资料过程中,发现关于中国经济何时赶超美国的研究报告,尽管篇幅不长,但很有意思,于是翻译成中文,结合当时应对亚洲金融危机的情况,做了适当更新,把基准数据由 1995 年延伸到 1997 年或 1998 年,但所讲道理和基本结论一如原文。此时恰有编辑约稿,便递给了国家信息中心主办的杂志《经济与信息》,在该刊 1999 年第 2 期发表。当时,刘鹤同志担任国家信息中心常务副主任,他是中国经济 50 人论坛的创始人之一,也是这个杂志的上级领导。

30 年的实践检验：仍在路上

实践是检验真理的唯一标准。对经济预测的检验同样要看实践。

经济预测是相当困难的，主要是因为不确定因素太多。在长期预测方面，有时会听到有人声称成功预测到了多少年后的某次金融危机，但随后许多人提出异议，因为原始文献可能会提到某个国家或地区经济金融领域存在风险隐患，但对是否爆发危机，危机情形如何，往往是一种模糊的推断，而不是精确的结论。在短期预测方面，目前许多研究机构包括投行都在做短期经济形势分析，在报告中按季度对半年、一年的经济指标做出预测，这些预测由于时间短，可以做到八九不离十，但精准预测也很难。

关于中国经济何时赶超美国的预测，时间跨度长达 30 年（1996 年底做预测，到 2025—2030 年出结果），因此在报告完成并发表后的相当一段时间内，很难对这项预测的准确性和价值做出评估。权当一种预测练习和一家之言吧！但后来发生的一些事情，使这一预测报告没有被埋没在故纸堆中，而是进入了新世纪。

这一预测报告发表（1999 年初）后不久，我从国家计委财政金融司调到国民经济综合司，任预测监测处处长。这有一定的巧合，并不是领导看到了我的上述预测分析报告而做出这样的安排。实际上，在此之前我就做了几年的经济形势分析工作，在此之后，以至于今天，我都没有完全脱离经济形势分析这个行当。

2009 年，我在黄达教授指导下撰写博士论文，题目是"人民币迈向国际货币"。考虑到国家的经济实力和综合国力是一国货币成为国际货币的重要基础，我又开始研究中美经济总量对比关系及中国占世界经济比重的长期趋势问题。这时翻阅到十多年前的那篇预测报告，发现仍有道理和启发，它不是越来越古旧过时，而是越来越具有增强现实感。我观察到，从那时至今，研究这一问题的人越来越多，同我的预测结果相似或相同的研究也越来越多。毕竟，1995—2017 年，中国经济和美国的比例已由 9.6% 上升到 63%，做赶超预测的必要性、可能性、重要性都明显上升了。

——2010 年，英国《经济学人》(The Economist) 杂志称，中国会在未来十年赶超美国。2014 年，该刊综合各方面因素又预测中国将在 2021 年重新成为世界最大的经济体。

——2011 年，创造了"金砖四国"(BRICs) 一词的高盛前经济学家吉姆·奥尼尔(Jim O'Neill) 在《增长地图：金砖四国以至其他地方的经济机遇》(The Growth Map: Economic Opportunity in the BRICs and Beyond)一书中预计，中国的经济规模到 2027 年便可以和美国平起平坐，甚至可能更早。

——2012 年，美国国家情报委员会 (NIC) 在《全球趋势 2030：变换的世界》(Global Trends 2030: Alternative Worlds) 报告中称，中国可能会在 2030 年之前就成为第一大经济体。

——2014 年 9 月，美国信息服务社 (IHS) 发布报告表示，2024 年，中国国内生产总值 (GDP) 将达到 28.25 万亿美元，超过美国的 27.31 万亿美元，成为世界第一。

——2015 年 3 月，兰德公司 (Rand Corporation) 高级经济顾问查尔斯·沃尔夫 (Charles Wolf) 在《中国 GDP 何时赶超美国》(The U.S.-China Crossover) 中预测，根据中国此前三十年年均 9%~10% 的高增长率推断，中国的 GDP 将在 2020 年超过美国。2012—2014 年，中国经济增速放缓，年平均增长率降为7%~8%，预测赶超时间将推迟到2024—2025年。

——2016年7月，兰德公司在《与中国开战，想不敢想之事》（*War with China—Thinking Through the Unthinkable*）报告中预测，到2025年，中国可能超过美国成为最大经济体。

——2017年2月，美国普华永道公司在《长远前景：2050年全球经济排名将会如何演变？》（*The Long View：How Will the Global Economic Order Change by 2050?*）研究报告中指出，若以PPP（购买力平价）法计算，中国的GDP已经超越美国，成为全球最大经济体；若以市场汇率计算，中国将在2030年前成为全球最大经济体。

对此，不妨戏谑地说：英雄所见略同。希望英雄辈出。

在做出预测二十多年后的今天，我们可用新的数据再做一下预测。当前中国经济已由高速增长转为中高速增长，进入新常态。2012—2017年，中国经济总量由8.56万亿美元增加到12.25万亿美元，累计名义增长43.1%，年均增长7.4%。同期，美国经济总量由16.16万亿美元增加到19.39万亿美元，累计名义增长20%，年均增长3.7%。如果今后一个时期中美经济增速仍是这样一种对比关系，那么大约在2030年，中国经济总量将赶上美国，届时均为31万亿美元左右。从进入21世纪以来的时间跨度来看，按美元计价，中国经济年均增长14.5%，美国年均增长3.8%，照此推算，中国经济总量将在2022年赶上美国，届时均为24万亿美元左右，但这种可能性较小，合理的推断是适当延后几年。换言之，用现在的数据来预测，其结论与二十年前仍是吻合的。

当然，实践仍然在路上，预测仍然待检验。我在1997年初的英文原稿标题下有一句题记，代表了当时的真实想法和情怀，希望昭告世人："无论你是否喜欢，中国崛起不可避免。"

今天，新课题和新挑战也与时俱来。作为当今世界最重要的双边关系，今后一个时期，中美关系的复杂性、困难性将会持续上升。从中国来讲，展望未来，没有高质量发展就没有可持续增长，我们要跨越中等收入阶段，迈进高收入国家行列，必须转向高质量发展。对美国来讲，一个不愿看到但回避不了的现实是，要适应中国经济总量的逼近和超越。从延续了一百多年的第一大经济体转为第二大经济体，"适应"这种换位是一种"煎熬"，这可能比日本长期拥有的世界第二大经济体地位在 2010 年后被中国替代还要"难受"。但这种角色转换难以逆转，必将在我们这一代人身上发生。中美两国应当以更加开放、更加包容的心态，以和平、合作的方式，去度过这一段艰难的"适应"期，这将是中美两国人民之福，也是世界各国人民之愿。在这段"适应"期结束之后，中国还得发展，不能停步，因为中国人多，人均发展水平仍不算高，远没有达到"财富自由"的地步。

这里想整段引用一下当时报告的原文，显示二十多年前的研究既体现了长远战略眼光，也体现了冷静谦逊的态度。报告说："中国经济规模赶上美国无疑将对世界经济格局产生重大影响，但对中国人来说，其实并没有足够的理由太过自豪和骄傲，更没有理由忘乎所以，因为中国人口规模巨大，即使在三十年后经济总量真的赶上美国，人均 GDP 也将只有美国的大约 1/5 或 1/4，明显低于发达国家，甚至不及世界平均水平。从长远的眼光看，中国经济追赶发达国家将经历两个阶段：一是经济总量赶上美国，成为世界第一经济大国；二是人均 GDP 水平赶超发达国家平均水平。只有超越第二阶段，中国经济赶超发达国家才能画上一个句号，而这将是一个漫长的过程。因此，中国经济即使在总量上赶上美国以后，仍然需要，也有可能获得更大的发展，否则中国人民的收入水平就难以得到更大的提高。此外，中国居民生活质量的提高与经济规模的扩大之间也可能并不那么吻合，而是相互错位。这主要是受两个因素影响。一是在GDP扩张过程中，GDP统计未能包括进去的生活质量因素可能得不到应有的改善，甚至反而恶化。例如，人均绿地面积可能减少，污染可能加重，安逸清静的社区生活环境可能更加稀缺。二是持续的物价上涨固然会促进名义GDP扩张，但对生活质量而言实际上是一种水分或泡沫。如果我国经济总量赶超美国在较大程度上是靠价格上涨推动的，那么最终结果很可能如日本那样，人均GDP名义上很高，但物价水平也很高，居民得不到相应的实惠，高收入徒有其名。因此，中国赶超发达国家既要努力保持较快的经济增长速度，也要注意保持较高的经济增长质量。"

二十年前的个人思考能与当今的现实高度契合，作为经济学者，不亦乐乎！

贺力平简历

现任北京师范大学经济与工商管理学院金融系教授，国际金融研究所所长。1987年硕士毕业于中国社会科学院研究生院世界经济与政治系。1996年获伦敦大学亚非学院经济学博士学位。1998—2000年为中国金融学院国际金融系副教授，经济研究所副所长。2001年起任北京师范大学经济学院教授，金融系主任（2001—2010年）。主要学术兼职有：中国社会科学院世界经济与政治研究所学术委员会委员，中国社会科学院美国研究所学术委员会委员，中国国际金融学会学术委员会委员，中国城市金融学会学术委员会委员，等等。

企业部门债务率的变化趋势及风险因素

贺力平

中国经济50人论坛一向以开放的视角探讨中国经济中的重要现实问题。我有幸从中获益，并调整了自己的一些研究思路。记得在1998年参加了50人论坛举办的"发展中小企业"专题研讨会，为此写了一篇短文——《克服不对称信息障碍：谈金融机构与中小企业的发展》，并被收录在中国经济50人论坛第二次研讨会（1998年12月23日）的资料中。该文略做扩充后，《改革》杂志以《克服金融机构与中小企业之间的不对称信息障碍》为题在1999年第2期发表。此文后来成了我诸多文章中被引用和下载次数最多者之一（据"中国知网"）。从20世纪90年代末到21世纪第二个十年快要结束的这段时间内，中国经济一路快速增长，很大程度上得益于不断发展壮大的金融机构和金融市场向各类企业提供融资服务。对许多企业而言，"融资难"和"融资贵"的问题事实上得到了极大程度的缓解。不仅如此，不少企业，尤其是国有企业，甚至出现了过度融资的新问题。正因为如此，数年前提出的推进供给侧结构性改革才将"去杠杆"当作当前经济调整的重要任务之一。

为配合推进供给侧结构性改革，中国经济50人论坛近年来也举行了专题研讨会，我从中受到许多启发。这里希望将自己在这个题目上的一些新思考综合地归纳一下，结合较近的数据来探讨中国企业部门"去杠杆"的几个相关问题。

以下第一部分概述中美两国企业部门债务率近年来的变化情况，并提出一个问题：企业部门债务率是否存在长期增长的趋势？第二部分试图借助一个简短的分析框架来解释企业部门债务率长期升高趋势的原因。第三部分从微观角度说明企业债务率的短期波动会受到利率、资产价格和产出效率等因素的影响，而且正是这些因素构成了高负债企业的风险。第四部分结合近年来中国工业企业的数据对国有企业和私营企业的不同表现进行评述。最后是结论和政策建议。

企业部门债务率的长期上升趋势

按照常用的一个杠杆率度量指标，即非金融企业债务与名义GDP的比率，近年来，中国企业部门的杠杆率出现了显著的增长趋势。如图2.1所示，中国非金融企业债务与名义GDP比率在1996年为83.7%，2017年为156.9%，22年间增加了73.2个百分点，平均每年增加约3.3个百分点。如果使用简单的线性回归来表述中国非金融企业债务率在1996—2017年的增长趋势，有如下结果。

中国1996—2017年：

$$D_t/\text{GDP}_t = 79.3 + 2.57T \quad 拟合值（R^2）= 0.6119 \quad （1）$$

公式中 T 为时间趋势变量，取值从1到 N。这个结果的直观含义是，在1996—2017年，给定初始值79.3%，中国非金融企业债务率与名义GDP比率每年升高2.57个百分点；在这种线性关系可解释所观察时期中，中国非金融企业债务与名义 GDP 比率全部变化的约 61%。

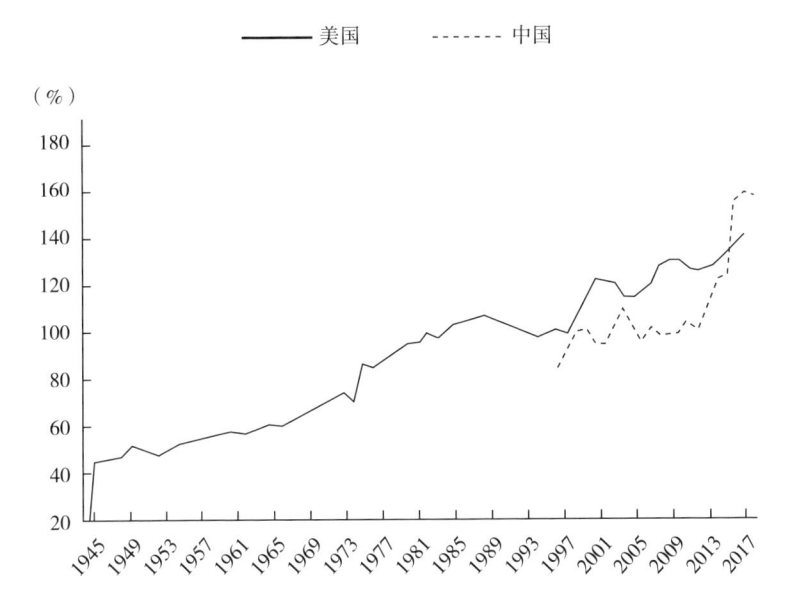

图 2.1　中国（1996—2017 年）与美国（1945—2017 年）非金融企业债务 /GDP

数据来源：1996—2015 年中国非金融企业债务数来自李扬等（2015）；2016 年和 2017 年数据来自张晓晶等（2018）；中国名义 GDP 来自中国国家统计局网站；美国非金融企业债务数来自万得（Wind）数据库；美国名义 GDP 来自经济分析署（BEA）网站。

值得一提的是，尽管中国非金融企业债务与名义 GDP 比率在 2017 年较 2016 年有所下降（这多少体现了包括"去杠杆"在内的供给侧结构性改革的阶段性成果），但这个指标的总体升高趋势依然明显。我们可通过对比图 2.1 中的美国数据来确认此点。

2015 年是这个债务率指标上中国水平超过美国的一年：当年，中国指标为 154%，美国为 136.5%。在这之前，美国水平一直高于中国。

不仅如此，从上升趋势的速率来看，也是中国水平高于美国。1945—2017年，美国非金融企业债务与名义GDP比率从37.4%升高到139.8%，73年间增加了102.4个百分点，平均每年约1.4个百分点，低于前述中国的3.3个百分点。对美国1945—2017年数据的简单回归结果如下。

美国1945—2017年：

$$D_t/\text{GDP}_t = 34.2 + 1.43T \quad 拟合值（R^2）= 0.9503 \quad （2）$$

2008年国际金融危机爆发后，许多人都认为企业部门债务率过高是导致金融危机的根本原因之一。因此，如何看待近年来中国企业部门债务率不断升高的趋势以及其中可能蕴含的风险是一个值得关注的问题。有研究者认为，中国企业部门债务率在国际上属于高水平［参见奇瓦科和林卫基（2015）］。

但是，从图2.1所示的美国数据来看，人们不难发现，即使是2008年的大规模金融危机也没能阻止美国企业部门债务率后来的继续上升。这也提出一个问题：企业部门债务率是否存在一个长期上升趋势？

快速检查图2.1所示的美国数据，人们还可以发现，在1945—2017年可以进一步划分前后两个时期，后一个时期的债务率上升速度显著快于前一个时期。

美国1945—1968年：

$$D_t/\text{GDP}_t = 41.9 + 0.85T \quad 拟合值（R^2）= 0.9296 \quad （3）$$

美国1969—2017年：

$$D_t/\text{GDP}_t = 70.9 + 1.35T \quad 拟合值（R^2）= 0.9152 \quad （4）$$

至此，我们可以给自己提出两个问题。第一，究竟是否存在企业部门债务率长期上升的"自然"趋势？第二，中国企业部门债务率近年来的快速上升是否蕴含显著风险？

对企业部门债务率上升趋势的一个简要解释

在回答"究竟是否存在企业部门债务率的长期上升趋势"这个问题之前，首先有必要区分一下债务率的两种定义。前面说的债务率是债务与名义GDP比率，也可以称之为"产出债务率"或"收入债务率"。另一个债务率是债务与资产的比率，即常说的资产债务率。前一个指标常用于宏观分析中，后一个则常用于微观分析中。两个比率也都可以称为"杠杆率"。

事实上，这两个债务率或杠杆率之间存在对应关系，可以表示如下：

$$\frac{D_t}{\text{GDP}_t} = \frac{D_t}{A_t} \times \frac{A_t}{\text{GDP}_t} \tag{5}$$

如果把 D_t/GDP_t 称为"产出债务率"，D_t/A_t 为"资产债务率"，以及 A_t/GDP_t 为"资产产出比率"，那么，上述公式用文字来表示，则为：

$$\text{产出债务率}_t = \text{资产债务率}_t \times \text{资产产出比率}_t \tag{6}$$

一般情况下，资产债务率是一个相对稳定的变量，因为金融机构和金融市场通过信贷或债券形式向企业提供融资时都要求企业必须拥有足够的资产。也就是说，资产债务率是一个主要由金融部门来控制的指标，具有一定的稳定性（当然，在实践中也有例外，参见后文叙述）。

"资产产出比率"则是一个相对不常用的指标，其含义是在一定时期中企业的产出水平需要多大规模的资产。现代经济或许有这么一种趋势，即随着技术进步和市场环境变化，资产产出比率不断趋于上升。这也可以从另一个角度来理解，即"重资产行业"——那些需要大量资产才能形成净产出的部门——在社会经济中占有越来越大的比重，从而推动社会经济的资产产出比率不断升高。

概括地说，上述公式（5）和（6）的基本含义是，在给定资产债务率的条件下，企业部门产出债务率随资产产出比率的变动而变动；如果社会经济中的资产产出比率具有不断上升的趋势，则产出债务率也将具有不断上升的趋势。

对公式（5）和（6）做进一步的拓展，引入资本（K_t）变量，我们可以有如下的表达式：

$$\frac{D_t}{\text{GDP}_t} = \frac{D_t}{A_t} \times \frac{A_t}{K_t} \times \frac{K_t}{\text{GDP}_t} \qquad (7)$$

或者：

$$\frac{D_t}{\text{GDP}_t} = \frac{D_t}{K_t} \times \frac{K_t}{\text{GDP}_t} \qquad (8)$$

在这两个公式中，A_t/K_t 是"资产-资本比率"，D_t/K_t 是"债务-资本比率"；"资产债务率"（D_t/A_t）与"资产-资本比率"（A_t/K_t）之积就是"债务-资本比率"（D_t/K_t）；同时，K_t/GDP_t 可视为"资本产出比率"。

显而易见，与"资产债务率"（D_t/A_t）一样，"债务-资本比率"（D_t/K_t）也是一个原则上由金融部门控制的变量，它关系到金融机构或金融市场向企业提供融资时的风险防范。同时，"资本产出比率"（K_t/GDP_t）则是一个主要由社会经济条件决定的变量，而且具有与"资产产出比率"（A_t/GDP_t）一样的随时间而不断上升的趋势。因此，公式（8）的基本含义可解读为：在给定"债务–资本比率"的条件下，企业部门产出债务率随"资本产出比率"的变动而变动；如果社会经济中的"资本产出比率"具有不断上升的趋势，则产出债务率也将具有不断上升的趋势。

在金融市场已高度发达的背景下，我们还可以设想企业部门的资本金（K_t）主要来自股票市场。因此，可以认为企业部门资本金（K_t）与其股票融资额（E_t）多少是相等的。这样，公式（8）可改写为：

$$\frac{D_t}{\text{GDP}_t} = \frac{D_t}{E_t} \times \frac{E_t}{\text{GDP}_t} \quad (9)$$

这个公式的基本含义是，给定债务与股权资本的比率，企业债务与产出的比率（债务率或杠杆率）主要由企业股权资本与产出的比率决定；如果企业股权资本与产出的比率随时间而升高，那么一般而言，企业债务率也随时间而升高。

公式（9）的含义似乎多少有些令人意外。人们通常认为，股权市场的发展可带来 E_t 的增长，企业因此可以获得更多的资本，从而降低债务率或杠杆率。实际情况却很可能是，当企业通过金融市场的发展获得了更多的股权资本时，它们借以去进行信贷和债券融资的能力也因此得到了提高，从而也使它们的产出债务率出现上升。从这个角度来看，我们不能简单地认为股权市场的发展有利于降低企业部门杠杆率。就两者的长期关系来说，前面提到的图 2.1 中美国企业部门债务率长期上升趋势（尤其在 1969 年以后）就发生在当地包括股票在内的金融市场蓬勃发展的背景下。

以上简略的抽象讨论力图说明，常规的杠杆率——企业部门债务与名义 GDP 比率——的上升的确可能是趋势性的，也很有可能具有合理性，并且与包括股票在内的金融市场的发展紧密相关。但是，以上讨论尚不足以说明债务率的上升究竟可能在多大程度上蕴含着风险，也没能说明近年来中国经济中出现的企业部门债务率快速上升的原因。对这些问题的回答，需要对现有思路稍加扩展。

企业部门债务率短期波动的决定因素

如果说上一节的讨论主要针对企业部门债务率长期变动的趋势，那么还应该探讨一下债务率短期波动的决定因素。如图 2.1 所示，中美两国非金融企业的债务率在各自展现的时期内不仅具有明显的趋势性，也有显著的短期波动性，即在相邻的几个年份中有上下起伏的情形。

考察债务率的短期波动，我们可以首先将公式（5）中的几个因素拆开来进行讨论。第一，可以将 D_t 定义为 $D_t = D_0 \times (1+i)^t$，任何一个时点上的债务余额皆为企业初始时点上债务水平按各时期平均利率 i 的复合增长结果。这个定义背后有一个假定，即企业债务一旦发生便不会被偿还，因为债务是形成资产的主要来源，而资产是企业获得产出的必要条件。只要企业有持续的产出和收益，并能对过去的债务不断支付利息，企业便没有必要通过减少资产来减少债务。另外，有必要指出，利率水平 i 不是一成不变的，而应当将之视为时间的一个函数，即可以表达为 i_t。

第二，公式（5）中的资产总额 A_t 可以视为两个变量之积，即资产平均价格（m_t）和资产数量（n_t）之乘积。也就是说，任何一个时点上的资产总额不仅取决于资产数量（例如，土地面积和设备规模等），也取决于这些资产的价格水平。在其他事物不变的条件下，资产价格的上升会促使债务率下降，而资产价格的下降会促使债务率升高。而且，相对于资产数量来说，资产价格是一个在短期内波动性较大的变量。

第三，将公式（5）中"资产产出比率"（A_t/GDP_t）定义为a_t，并认为这个变量在短期内主要受到市场需求和经营效率等因素的影响（参见下面的论述）。

概括以上分析，我们可以将债务率的短期变动视为三个变量的结果，即利率、资产价格和资产产出比率。这个简要的讨论至少说明了债务率短期变动的主要风险来自利率水平、资产价格和产品市场需求的变动。

为了进一步说明上述几个变量的关系，我们可以借助瑞典学者克努特·威克塞尔（Knut Wicksell）很久以前发明的概念："自然利率。"他关于资本的自然利率的看法是，在社会经济中，存在一种利率水平，在这种利率水平下，社会总需求与社会总供给相等，一般价格水平在此均衡条件下将不会发生任何变动（威克塞尔，1982：83）。同时，威克塞尔认为，在任何一个时刻，社会资金的贷款利率不一定与自然利率相等：当前者小于后者时，企业家有动力去扩大借债和经营规模；而在前者大于后者时，企业家不得不减缩经营规模并减少借贷。威克塞尔的这个思想后来被吸收进许多属于奥地利学派的经济学家的论述中。但因为他说的"自然利率"是众多市场贷款利率之中的一个，似乎很难被清楚地加以形式化的表述。

有研究者认为，威克塞尔说的"自然利率"实际上就是资本的投资回报率，或者一般所说的资产的回报率（参见 Aubrey，2012；《经济学人》，2013）。如果这样，按照微观经济学教科书的做法，我们可以将两个利率概念关联起来，即设定，

$$R = r \times A - i \times D \tag{10}$$

这里，R 是企业的利润，r 是企业所拥有的资产总额（A）的平均回报率，i 是企业为所有债务（D）支付的混合平均利息率。出于简化讨论的目的，这里所有的变量都没有时间下标 t。

对非金融企业来说，资产本身并不带来收益，应当视其为产出（Q）的必要条件。同时，考虑到产出成为收益必须有一个价格因子，上述公式（10）就可以较为准确地表达为：

$$R = p \times Q\left[A(D)\right] - i \times D \tag{11}$$

这个公式可以视为一个企业或整个企业部门的利润函数，并认为其中的价格水平（p）和债务利率（i）都由市场决定，单个企业只是这些变量的接受者。这个公式省略了其他生产要素（如劳动、土地等），但加入这些要素也不影响最后的结论。

按照企业决策的"黄金法则"，最佳情形出现在边际收益等于边际成本的时候，即对公式（11）求导数并使之等于零，

$$0 = p \times \frac{\partial Q}{\partial A} \times \frac{\partial A}{\partial D} - i = p \times a - i \tag{12}$$

这里，$\partial Q / \partial A = a$（资产的边际产出率，其含义接近于前面所说的 a_t）；$\partial A / \partial D = 1$（债务的边际资产率），可被认为等于 1。至此，我们可得到：

$$i^* = p \times a \tag{13}$$

即均衡的债务利率（i^*）等于资产的边际产出率（a）乘以产出的平均价格（p）。

在均衡条件下，这个均衡债务利率（i^*）也应当等于资产的回报率，即在公式（10）中的 r。这也算是从一个角度来解释威克塞尔说的"自然利率"。

至此，我们可以更加清楚地认识到，企业债务率即使在长期中具有不断升高的趋势，但在一定时点或时期中，高的债务率也可能会给企业活动带来风险，即企业债务的利息支付无法由其收益来弥补（市场利率的升高或企业收益的减少皆可带来此种后果），或者企业的债务–资产比率由于资产价格的下降而出现了快速上升并进而使企业的后续债务融资成为不可能。

这里，我们还可以得到两点推论。一是企业债务率是高是低的判定标准除了要看常规的资产负债比率（或者说"债务–资产比率"）外，主要还应该看其利息支付与收益的比率。这个比率越接近1或百分之百，企业经营状况的脆弱性就越高。二是在考察常规的资产负债比率时，特别需要关注资产价格的波动性或可能的波动性及其未来影响。在一个资产价格易波动的市场环境中，金融机构显然应该提高对常规资产负债率的硬性要求，政府机关也不应该对这个风险控制指标进行"逆周期"的调节。

中国工业企业债务率的近期走势

图 2.1 显示了中国非金融企业部门债务与名义 GDP 比率自 1996 年以来持续升高的情形。许多研究者已经看到，这种债务率的升高

在中国企业的各个行业或不同类别中的分布是不均匀的。这里，我们简略对比考察一下中国工业中国有企业和私营企业的债务率及几个相关指标的表现。

国家统计局网站发布的"年度数据·工业"载有按行业和类别划分的规模以上工业企业的多个经济指标，其中一些指标的统计口径在2011年进行了调整。以下使用的数据的时间为2012—2016年，统计口径应具有一致性。但需要注意的是，那里发布的"负债"指标与常用的"债务"指标有差别，前者覆盖的内容除了有来自金融机构的借款和向金融市场发行的债券外，还有企业对其他主体的欠款等。

在负债率方面，如图2.2（a）和图2.2（b）所示，国有工业企业的负债/主营业收入比率在2012—2016年持续升高，同期内私营工业企业的这个指标基本未变；国有工业企业的负债/资产比率在2013年有过一定上升后转为些微下降，而私营工业企业的这个指标在这五年中持续下降。在两个负债率指标上，国有工业企业的水平都显著高于私营工业企业。可以认为，如果在中国工业经济中存在杠杆率偏高的情况，那么这主要是国有工业企业的问题。

在利润率方面，如图2.3（a）和图2.3（b）所示，国有工业企业和私营工业企业的两个利润率指标在2012—2016年都呈下降趋势，下降的幅度大致接近。这或多或少反映了市场环境近些年来的一般性不利变化。同时，国有工业企业的利润率显著低于私营工业企业。尤其值得注意的是，国有工业企业的资产利润率在2016年已下降到3%，为近年来的新低点；同年，私营工业企业的资产利润率高达10.6%，3倍多于国有工业企业。理解资产利润率的高低及其意义，应该联系图2.4所示的负债利息比率。

2.2（a）负债/主营业收入　　2.2（b）负债/资产

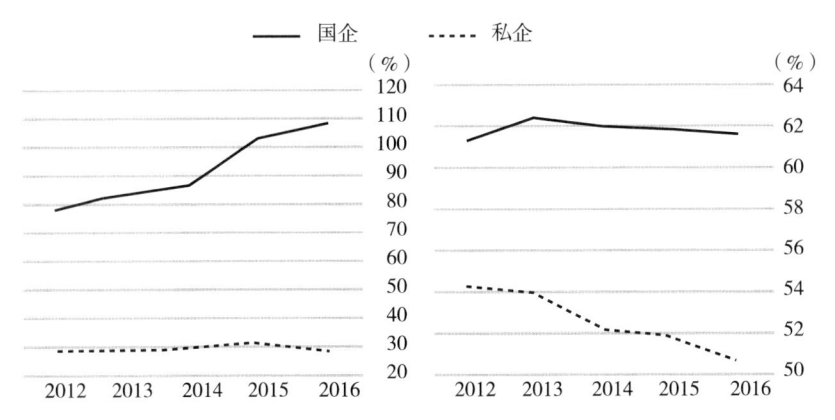

图 2.2　负债率：规模以上工业企业，国企与私企，2012—2016 年

数据来源：国家统计局网站，"年度数据·工业"；2018 年 3 月获取数据；以下各图相同。

2.3（a）利润/主营业收入　　2.3（b）利润/资产

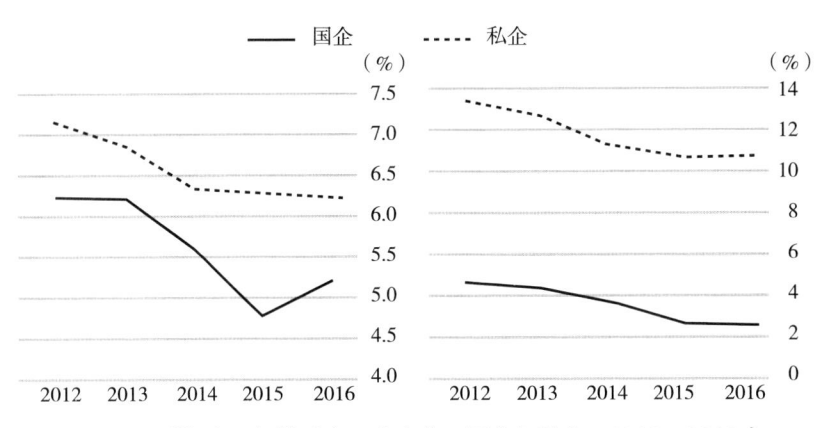

图 2.3　利润率：规模以上工业企业，国企与私企，2012—2016 年

图 2.4（a）和图 2.4（b）所示的利息支出与主营业收入和负债总额的比率中，两个指标都不等同于常说的利息率。利息支出与主营业

收入比率较多地反映了利息作为经营成本之一相对于其他成本支出的重要性。在这个指标上，国有工业企业在 2013—2016 年是上升的，即它们主营业收入的较大部分用于利息支付。可以认为这反映出这些企业的债务负担带来了增大的利息支出压力。同时，私营工业企业的利息支出与主营业收入比率在 2012—2016 年是下降的，表明这些企业的债务负担并未带来利息支付压力的增加，而且事实上这种压力还有所减轻。

在利息支出/负债总额比率指标上，国有工业企业和私营工业企业在 2012—2016 年都呈现下降趋势。私营工业企业在这个指标上几乎是持续下降，而国有工业企业的下降主要发生在 2014—2016 年。如前所述，因为这个比率的分母不等于债务，故不能武断地说这个指标等于市场贷款利率或企业债券发行利率。考虑到其中的复杂情况，我们也许可以认为这个指标接近于信贷和债券市场上的"混合平均利率"，即不同类型的债务以及债务以外的负债发生时，企业为它们所需要支付的平均利息水平。至少可以这样认为，工业企业利息支出/负债总额比率很大程度上反映了国内金融市场向这些企业提供债务融资时所要求的利率回报水平及其变动。

也就是说，我们可以认为，图 2.4（b）所显示的工业企业利息支出/负债总额比率在 2012—2016 年的下降反映了国内金融市场上利率行情的一般走势，而这应当理解为是"来之不易"的事情。回想图 2.1 展示的中国非金融企业债务与 GDP 比率在这个期间的快速升高情形，即从 100% 到 158.2%，似乎有理由相信国内金融市场上的利率走势在这样的背景下本应是走高而不是走低，因为债务率的快速升高意味着对债务融资需求的快速膨胀，而这应推动金融市场上利率的上升。因此，一定程度上应将图2.4（b）显示的情形归功于这个时期国内金融市场的发展以及一些正确的政策引导及其积极效应。

2.4（a）利息支出/主营业收入　　2.4（b）利息支出/负债总额

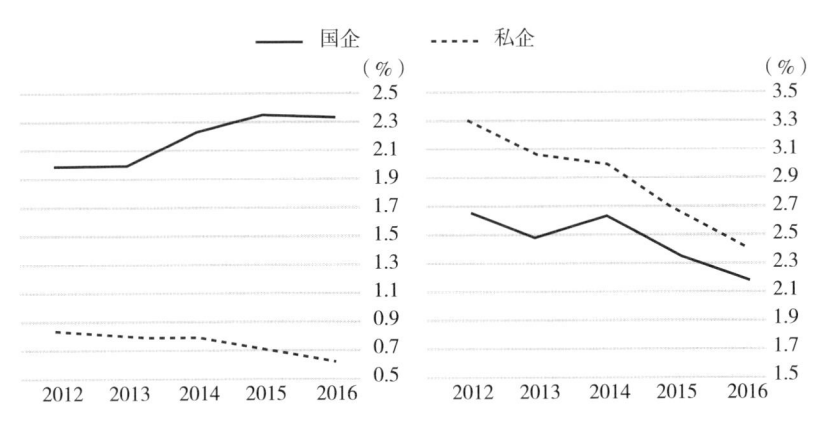

图2.4　利息支出比率：规模以上工业企业，国企与私企，2012—2016年

还应该看到，图2.4（b）中两条曲线差距的收窄也是有意义的。2011年，国有工业企业的利息支出/负债总额比率比私营工业企业低0.56个百分点，但到2016年仅低0.18个百分点。这意味着，国内金融市场对待这两类企业的债务融资需求在利率上的差别待遇客观上显著缩小了。如果是这样，不能不说是国内金融市场的一个进步。

当然，也必须看到，在国有工业企业的收入债务率和资产债务率都显著高于私营工业企业的背景下（回想图2.2），前者为其负债总额所支付的利息水平却低于后者，这种对比或许也在提示国内金融市场仍然存在一定的歧视非国有企业的结构性因素和问题。如果国有企业能够继续以较低的利率获得债务融资，那么在其他事物相同的条件下，国有企业去杠杆的内在动力显然会弱化，甚至还会有足够的内在动力去扩大债务融资，去"加杠杆"而不是"减杠杆"。

更重要的是，我们可以同时联系图2.2（b）、图2.3（b）和图2.4（b）来综合分析国有工业企业作为一个整体所面临的债务风险问题。从上面的讨论中，我们可以得出这样一个关系式，即给定债务资产比率时，债务利息率如果升高到足够大的程度，将会吞噬掉企业的所有盈余，使之等于零：

$$\bar{i}_t = \frac{ROA_t}{D_t/A_t} \qquad (14)$$

这里，$\bar{i}_t$ 是临界点债务利息率 [相当于图2.4（b）显示指标]，ROA_t 为资产回报率 [相当于图2.3（b）所用指标]，D_t/A_t 为债务资产比率 [图2.2（b）所用指标]。对国有工业企业在2016年来说，已知 $ROA_t=3.0\%$，$D_t/A_t = 61.6\%$，这样，当年的临界点债务利息率就等于4.87%。也就是说，如果当年国内金融市场上债务融资的平均利率上升4.87个百分点，国有工业企业作为一个整体便无任何盈余可言。倘若真有这种情形出现，那就意味着全局性的债务危机。这个纯粹抽象的分析并没有多少现实性，却准确地揭示了债务风险的三大因素及其作用：如果资产回报率（ROA_t）继续下降，如果债务资产比率（D_t/A_t）由于资产价格下跌而突然上升，或者如果国内金融市场利率行情出现重大波动，那么，企业部门债务危机就有可能迫在眉睫了。

结论与展望

以上的讨论得到了几个观点。第一，从长期数据来看，企业部门的收入债务率有不断升高的趋势。第二，企业部门收入债务率的升高趋势在一定程度上反映了金融市场的发展以及由此给企业带来的股权融资、资产增值和债务融资便利等多种效应。第三，虽然并不存在判定收入债务率高低的绝对标准，但有几大因素影响到企业债务风险，它们分别是债务融资的成本（利率）、资产价格的波动性和投资回报率。这些因素的显著变动都会影响企业债务融资的可持续性。

引起中国企业部门债务率快速上升的因素，既有包括国内金融市场发展在内的多个"自然"因素，也有客观上导致债务资本比率发生变化的政策性因素。国有工业企业的收入债务率和资产债务率在2012—2016年都有不同程度的上升，一方面得益于其债务融资利息成本的下降，另一方面也包含政策性制度因素的效应。国有工业企业资产利润率的下降趋势以及所达到的近年来的低水平也提示着显著的债务风险。

展望未来，在关注企业部门债务风险时还特别需要重视金融市场利率行情的稳定性以及资产价格的走势。对那些资产债务率已经很高和资产回报率已经很低的企业来说，市场利率的一定上升或资产价格的一定下降都有可能带来重大影响。经济政策的调整不仅要考虑其近期效果，也应兼顾其长远的潜在效应。

[参考文献]

- 李扬，张晓晶，常欣，等.中国国家资产负债表2015——杠杆调整与风险管理[M].北京：中国社会科学出版社，2015。
- 马利·奇瓦科，林卫基.中国企业部门究竟能承担多少债务？金融市场研究[J].2015（5）：125—135。
- 克努特·维克塞尔.利息与价格[M].蔡受百，程伯撝，译.北京：商务印书馆，1982。
- 张晓晶，常欣.中国去杠杆：数据、风险和对策.中国经济学人（英文版）[J].2017（1）：2—37。
- Thomas Aubrey, *Profiting from Monetary Policy：Investing through the Business Cycle*, London：Palgrave Macmillan, 2012。
- *The Economist*, "Buttonwood：Credit watch", March 16th, 2013, p.73。

黄益平简历

北京大学国家发展研究院教授。兼任澳大利亚国立大学克劳福特公共政策学院 Rio Tinto 中国经济讲座教授，英文学术期刊 *China Economic Journal* 主编和 *Asian Economic Policy Review* 副主编。主要研究领域为宏观经济与国际金融。曾经担任国务院农村发展研究中心发展研究所助理研究员、澳大利亚国立大学中国经济项目主任、哥伦比亚大学商学院 General Mills 经济与金融国际访问教授、花旗集团董事总经理/亚太区首席经济学家、Serica 投资基金董事、财新传媒首席经济学家及巴克莱董事总经理/亚洲新兴市场经济首席经济学家。获得澳大利亚国立大学经济学博士和中国人民大学经济学硕士。

二十年金融风险大轮回

黄益平

1998年中国经济50人论坛成立的时候，我正在大西洋彼岸纽约的哥伦比亚大学访问。我原本学的专业是农业经济学，但东亚金融危机不仅让全球瞩目的"东亚经济奇迹"戛然而止，也令百姓的财富遭受重大损失。这引起了我对金融问题的兴趣。因此，在纽约的一年期间，除了讲授《国际贸易》和《中国经济》两门课程，我尝试学习、分析中国的企业与银行改革问题，完成了研究课题《过河的最后几步：中国的企业与银行改革》[①]。

现在二十年过去了，我国的企业与银行改革却还在河中，这最后几步还没有走完。当然，改革面临的问题已经发生了很大的变化。二十年前的主要挑战是国企全行业亏损、银行不良贷款率超高。现在一些国企的效益还不错，银行的不良贷款率也不是很高，但今天中国面临发生系统性金融危机的风险。从银行大量的不良资产到系统性的金融风险，中国的金融体系在过去二十年间几乎经历了一个大轮回。

二十年前发生了东亚危机，十年前发生了次债危机，今天中国

---

① Yiping Huang, 2001, *Last Steps Crossing the River：Enterprise and Banking Reforms in China*, Canberra：Asia Pacific Press.

能不能躲过这一劫？关键还要看我们如何应对，今天的金融风险看起来跟二十年前很不相同，但二十年前导致银行不良资产的根源今天还在。二十年前东亚国家没能处理好对外开放与对内改革之间的关系，十年前美国放任货币政策宽松，同时监管跟不上市场创新的步伐。这些问题都是我们的前车之鉴，也都能在今天的中国经济中找到影子，也是我们要面对的最大挑战。

东亚危机：开放与风险之间的关系

东亚金融危机是一个统称，但实际上各国危机的触发因素并不相同。泰国的主要问题是资本流入过多，货币被严重高估，国内房地产市场泡沫严重，一旦资金流入"突然停顿"甚至"突然逆转"，货币危机也就在所难免。而韩国的主要问题是银行把大量的资金借给大型企业集团，由于这些企业集团的盈利状况不断恶化，最终催生了银行危机。不过，虽然始发因素不同，但最后这些国家都酿成了系统性的金融危机，也算是殊途同归。泰国的资本外逃迅速摧毁了国内的银行部门和资产市场，而韩国的银行坏账则很快迫使韩元大幅贬值。

一个经济增长的明星地区突然陷入金融危机，这确实是一个出乎意料的变化。仅仅在几年前，世界银行刚刚发布了报告《东亚奇迹》，总结东亚地区在经济增长方面的成功经验。之前有一些学者指出过东亚经济发展中的一些问题，比如克鲁格曼（Krugman）指出东亚经济增长中生产率进步的贡献很小，实际只是一种粗放式的增长，因此是难以持续的。郜若素（Ross Garnaut）发现许多东亚国家的经常项目从顺差转向逆差，预示着国际收支的风险。但并没有任何一位学者明确警告东亚可能会发生金融危机。

如果要说东亚金融危机的形成存在一个共同的作用机制，那应该就是没有处理好开放与风险之间的关系。传统的理念是选择一个宏观经济稳定、外部账户健康的时机开放金融体系，东亚国家也大都遵循了这样一个原则。但这意味着，资本项目的开放往往会伴随大量的资本流入，从而推动货币升值、资产价格上涨、经济活动加速，实际上却埋下了金融危机的种子。很快就会出现出口竞争力下降、大量资本流向资产市场、经常项目平衡逆转等现象。印尼在开放资本项目之后不久就发生了金融危机。

另一个比较普遍的作用机制是银行与企业捆绑在一起，银行向企业发放的贷款越多，就越无法做真正的风险定价和按市场机制配置资金。这个问题在受到危机冲击的四个国家都存在，但在韩国和印尼更加突出。经济繁荣的时候，这些问题不容易看出来，没有违约、没有破产，甚至没有失业，即便有问题，也很容易被掩盖住。但一旦经济形势逆转，不良资产就会忽然爆发，造成银行与企业的系统性崩溃。

东亚危机发生之后，国际货币基金组织决定提供资金支持，帮助恢复金融和经济的稳定。但国际货币基金组织提出了一系列的条件，要求危机国家收紧宏观经济政策、加强市场纪律。要求实行这些条件的目的是防范道德风险，避免因为救助坏机构鼓励形成新的风险。但实际上，这些政策都是紧缩性的，对一个已经在经历金融危机的国家来说，相当于火上浇油，把本来已经在快速下行的经济推下悬崖。因此，一些东亚国家与国际货币基金组织发生了严重的理念冲突。

在危机之后的几年里，东亚国家进行了集体反思，并采取了一系列的应对策略，包括以下三个方面。

第一，采取更加灵活的汇率体系。在布雷顿森林体系解体之后，世界各国逐步走向了浮动汇率体系，但东亚国家仍然保持了盯住美元的汇率体系，被称为"布雷顿森林2.0版本"。一个可能的解释是东亚国家多是出口导向型经济，稳定的汇率尤其是适度低估的货币有助于出口与经济增长。但东亚金融危机的经历也告诉我们，一旦随着外部账户逆转，货币从被低估转向被高估，保卫固定汇率的难度陡然加大，还不如增加汇率的灵活性。

第二，减少外债特别是短期外债。外资流入有助于本国经济活动的活跃，但短期资本流动随时可能回流，影响金融稳定。这实际也是对过去资本项目开放实践的一个反思，从一开始就适度限制海外举债，也许反而有助于增强金融体系的稳健性。不过在资本项目政策方面，印尼和马来西亚在危机发生之后采取了截然相反的政策，印尼保持了资本项目的开放，而马来西亚则全面关闭了资本项目。当时，马来西亚政府的做法受到了普遍的批评。但事后看，两个国家经济复苏的步伐并没有明显的差异。

第三，积累外汇储备。一个成熟的金融体系可以经受得住资本的大进大出与汇率的大起大落，但大多数新兴市场经济没有这样的能力。如果关键时刻像国际货币基金组织那样的国际组织靠不住，那就只能要么实行资本项目管制，要么动用外汇储备。当泰国遭遇国际投资者攻击的时候，政府很快就耗尽了大约1000亿美元的外汇储备，却仍然未能保住汇率的稳定。因此，东亚危机之后许多国家开始努力积累更多的外汇储备。它们还尝试了一系列的地区经济合作机制，包括联合外汇储备等，但大多数倡议都没有能够真正发挥作用。

现在回顾东亚金融危机的发展过程，我们发现它发生得很快，但恢复得也特别快。危机在1997年中爆发，但大多数经济到1999年已经走在显著复苏的道路上了，并且在随后的八年中继续了过去快速增长的轨迹。韩国在遭受重大打击之后，顽强复苏，现在已经是发达经济体之一，并且在全球汽车、钢铁、电子等产业占据重要的一席之地。"东亚经济奇迹"没有被金融危机彻底毁于一旦，实在是一件值得庆幸的事情。

次债危机：创新与风险之间的关系

1999年，我结束在纽约的访问，回到澳大利亚国立大学任教。不过这次在澳大利亚待的时间不太长，2000年5月就到香港地区加入花旗集团负责大中华区的经济分析工作，四年后转任亚太区首席经济学家。从商本来不在我的职业规划之中，记得我跟后来在花旗的老板说我不懂金融，对方说懂经济学就行，金融可以来了再学。直接到核心金融机构去学习金融知识，这个诱惑没法拒绝。本来打算到花旗干一年，体验一下，结果待了九年，一直到2009年加入北京大学重拾教鞭。

从我入职花旗到次债危机爆发的那几年，正是全球经济与金融市场"欣欣向荣、蒸蒸日上"的黄金时期。宏观经济出现了罕见的"大缓和"现象：经济增长率和通货膨胀率的波动性越来越低，稳定性越来越高。当时的解释是人类的宏观经济政策调控进入炉火纯青的时代，任何经济波动都能很快被政策烫平。当时美国的货币政策十分宽松，经济增长非常强劲，但通货膨胀率相当平稳，可以说是奇迹般的宏观经济现象。也正因为此，当时的美联储主席格林斯潘（Greenspan）的声誉达到了登峰造极的地步。

但后来我们知道，那仅仅是一个错觉而已。虽然从表面看，格林斯潘确实没有做错什么事情，美联储的责任就是维持价格水平的稳定，同时支持经济增长与就业。要是用这把尺子来量美联储的货币政策决策，结果堪称完美：流动性很充裕，利率水平很低，同时通胀率也很温和。但实际上，美国的低通胀是全球化的结果，因为从中国等发展中国家进口了许多廉价产品，压低了消费品价格。大量的流动性吹起了资产市场特别是房地产市场的泡沫，泡沫起来了，什么时候破，只是时间问题。也就是说，格林斯潘的极其宽松的货币政策实际上埋下了2008年次债危机的种子。

但次债危机的直接导火线则是金融衍生品"次债"。衍生品市场是从1973年开始快速发展起来的，其本意是帮助投资者管理、规避金融风险。1971年，尼克松总统将美元与黄金脱钩，各国逐步走向浮动汇率体制。之后利率和汇率的波动性大幅度增加，给企业造成了一定的困难。诸如远期合约、期权、期货、掉期等的金融衍生品可以帮助对冲市场风险，降低市场波动造成的影响，其实是一种有重要积极意义的金融工具。但以"次贷"作为底层资产发行的资产证券化产品"次债"后来演变成一个反面的例子。

小布什担任美国总统期间，实施了一个重要的政策，即鼓励美国家庭拥有住房。为了支持这个政策，商业银行开始大量地发放次级贷款，即向达不到贷款标准的客户发放按揭贷款。银行之所以愿意向这些被称为NINJA（无收入、无职业、无资产）的客户发放贷款，是因为可以很快地通过发行次债将次贷从自己的资产负债表上分离出去。既能获得巨额收费，又可以及时将风险甩出去，何乐而不为？因此，次债市场迅猛发展，几年时间，次债市场市值就扩张到6000亿美元。

既然是如此糟糕的金融产品，为什么还有人会买？关键在于信息不对称。相当一部分次债产品被销往海外，这是金融全球化以后的常态，而海外的投资者很可能并不了解次债的具体情况。曾经有人这样描述：加州某地的一位业主早晨锁上门，将钥匙丢入信箱，开着车消失了，之后这笔不良抵押贷款则出现在新加坡或者伦敦某家金融机构的资产负债表上。以次贷作为底层资产的次债被切割成不同层级的产品进行资产证券化，如果产品出现问题，就按从下往上的顺序对次债产品进行冲销。按照这个逻辑，最底层的类似于股权级产品，越往上信用等级就越高，这样就出现了AAA级次债产品的奇特现象。

这个时候，与格林斯潘的货币政策紧密相关的全球经济"大缓和"就登场了。因为利率水平低，无风险、低风险资产的回报率就很低，投资者不满足于低回报，只能将投资的风险边界往外推，投资产品的选择从无风险国债到蓝筹股，从纳斯达克到次债。但因为当时经济、金融环境非常稳定，尤其是房地产价格不断上涨，随着投资风险边界外移，投资回报不断上升，但并未发生实质性的风险事件，这就鼓励投资者进一步提高资产风险的接受能力。所以，很快次债就成了风靡全球的金融投资品。

但这个表面看起来红红火火的次债市场，实际非常脆弱。2007年初美国房地产价格回调3%，击鼓传花的过程就结束了。先是部分贷款人出现负资产现象，金融机构开始催收债务。借款人为修补资产负债表，只好被迫抛售房产，从而推动房价的进一步下跌。这样就在房价下跌、资产负债表恶化和被迫抛售资产之间形成了一个恶性循环。尤其令人意想不到的是，次债危机的溢出效应。2007年新任美联储主席伯南克（Bernanke）到国会听证时说，次债问题不会引发系统性的问题，因为次债市值只相当于上市银行资本金的0.5%。

回顾次债危机形成、发展的过程，我们可以发现至少两个方面的教训。一是货币政策不考虑金融稳定，最后造成无穷的后患。次债危机之后，各国在这方面做了很多探索，但如何将金融稳定因素纳入货币政策决策框架，尚未形成成熟的做法。当前更多的还是将金融稳定的责任交给宏观审慎监管政策。二是决策者没有平衡好创新与风险之间的关系。衍生品市场的发展在克林顿总统时期已经引发了一些担忧，可惜没有及时采取措施，后来在次债市场的发展过程中，监管基本上是缺位的，最终酿成了大祸。

中国挑战：改革与风险之间的关系

自2009年到北大工作特别是2014年加入中国经济50人论坛之后，我一直在密切关注中国的金融稳定问题，几次在50人论坛年会上发言的主题也都与此相关。如果我们把过去二十年分成两个阶段，会发现一个非常有意思的现象。在2008年之前的十年，中国的金融体系相对稳定，有人曾说中国是唯一尚未发生系统性金融危机的主要新兴市场经济体。但在2008年之后的十年，金融风险频繁地在股票、债券、理财、互联网金融、房地产和外汇等市场游走，防范系统性金融风险也成了近年政府的三大经济政策攻坚战之一。

但2008年之前金融体系相对稳定，并非意味着当时没有金融风险。事实上我在哥伦比亚大学访问期间与博宁教授一起做的研究就发现，当时中国商业银行平均不良率可能高达30%~40%。[①] 出现这么高的坏账率，主要还是政策性因素所致。过去长期实行国企、民企双轨制改革的策略，既保护国企，又允许民企快速成长。但国企的效率比较低，政府又没有财政资源进行补贴，只能动员国有商业银行代行财政的责任，所以出现了诸如"安定团结贷款"这样的特殊产品。东亚金融危机之前，国企已经全行业亏损，银行的不良率居高不下也是情理之中的事情。银企捆绑、治理结构落后和市场纪律缺乏，这些问题与韩国金融危机前的情况十分相似。

中国没有发生大的金融危机，主要得益于两个方面的因素。一是持续的高速增长。高增长的好处是可以帮助消化甚至掩盖金融体系中出现的一些问题，"在发展中解决问题"，只要分母在快速地扩大，任何分子的问题都比较容易被化解。二是政府的隐性担保。政府兜底可以避免发生恐慌，东亚金融危机期间国内商业银行的不良率这么高，没有发生银行挤兑，归根结底还是因为公众相信政府的兜底能力。而这就给政府留出了足够的时间，可以从容地处置坏账、

---

① Bonin, John and Huang, Yiping, 2001, "Dealing with the bad loans of the Chinese banks", *Journal of Asian Economics*, 12：197-214.

注入新的资本金、改造治理结构、引入国际战略投资者并最终到国内外资本市场上市。

不过最近十年来，金融稳定局面发生了逆转，系统性金融风险已成为主要的政策性挑战。原因很多，其中包括：（1）经济增长持续减速，微观层面的资产负债表不断恶化；（2）杠杆率奇高，投资资金十分富裕，但可投资的资产稀少；（3）经过"四万亿"的刺激政策之后，政府在财政与货币政策方面的空间显著收缩；（4）刚性兑付打不破，尤其在国有企业和地方政府平台，金融风险持续积累；（5）分业监管的框架与混业经营的现实不匹配，制造了许多潜在的风险；（6）改革政策不配套，特别是国内改革与对外开放不配套、汇率改革与人民币国际化措施不配套，形成了许多新的风险。

上面的大多数问题在东亚危机和次债危机中都发生过，可惜我们没有很好地吸取教训。最近十年，我们一直批评格林斯潘过于宽松的货币政策以及伯南克的量化宽松政策，但其实我国央行资产负债表扩张的速度一点儿不落人后，2008年之前主要是因为外汇储备的快速积累，后来是因为"四万亿"的刺激政策。其实我国的货币供应量存在一个内生的加速机制，经济好的时候需要增加货币供给，支持经济活动的扩张；经济不好的时候也需要增加货币供给，稳定经济，稳定市场。大量的货币供给使我国的总体杠杆率处于全球高位，已经成为当前最大的金融风险因素。

政府一直坚守分业监管的框架，跟不上市场的发展。一方面，普遍的抑制性金融政策催生了许多新的金融业态，包括影子银行和互联网金融。另一方面，基于"谁发牌照谁监管"的原则，这些新型业态始终处于监管空白地带，目前已经成为主要风险点。造成这个问题的一个原因是我国是机构监管而不是功能监管方式,监管部门对一些新的业态不想沾手,怕麻烦。以个体网络平台(P2P)为例,2007年第一家平台上线,但这个行业长期处于野蛮生长状态,直到2016年年中监管部门才出台暂行管理办法,之后备案截止期不断推迟,最终实施方案的不确定性非常大,给行业整治造成很大的困扰。

2008年以后,政府积极推动人民币国际化。2009年,央行首先推出了跨境贸易与投资人民币结算的举措,之后积极扩大境外离岸人民币市场,同时让人民币加入国际货币基金组织"特别提款权"。可惜的是,人民币汇率的灵活性一直没有真正增加。2015年央行改革人民币中间价定价机制,意外触发了一波强烈的贬值预期,导致大量的资本外流,引发了新的风险。为了稳定汇率,央行不得不采取一系列的政策举措,包括加强对跨境资本流动的管理。而这些举措实际上令人民币国际化走了回头路。

这样看来,过去二十年中国的金融风险正好走过了从隐性的高金融风险到显性的高金融风险的完整周期。二十年前,政府成功地利用自身的力量保住了金融稳定,同时还很快地化解了风险因素。但现在金融风险已经成为一个系统性的问题,政府也不再可能利用自己的力量罩住所有的问题,因此对金融风险的处置也不可能再走二十年前的老路。但东亚危机和次债危机提供的教训可以帮助我们形成化解系统性金融风险的一些重要思路:东亚危机告诉我们强化市场纪律和重视改革次序的重要性,而次债危机则告诉我们过度宽松的货币政策和跟不上市场创新的监管可能会带来灾难性的后果。

由此可见,化解中国的系统性金融风险,需要处理好开放与风险的关系、创新与风险的关系以及改革与风险的关系,核心是坚定地推进改革，但同时控制风险。具体而言，政府可以考虑同时采取几个方面的政策举措：强化市场纪律、释放风险点，该违约的违约，该破产的破产；执行稳健的货币政策，同时发展多层次的资本市场，逐步稳住并降低杠杆率；重视金融改革政策先后次序，国内改革与对外开放尤其要互相配合；从机构监管转向功能监管，实现监管全覆盖，并加强监管政策的协调。

过去二十年间，中国经济50人论坛在推动金融改革、控制金融风险方面发挥了十分关键的作用，论坛的一些资深成员一直身处第一线，直接参与制定、实施金融改革政策，相信论坛在防范系统性金融风险的攻坚战中正在发挥更加重要的重用。作为一名普通的学者，我能够成为50人论坛的一员，有机会参与一些关于中国金融改革的政策讨论，近距离观察中国金融体系的重大转型，真的是一件十分荣幸的事情。

李晓西简历

1949年生，重庆江津人，经济学教授。国务院政府特殊津贴专家。中国经济市场化改革的倡导者之一，宏观经济学中国化的推动者之一，地区间绿色发展指数测度比较的学术带头人之一。1989年在中国社会科学院获博士学位。曾任国务院研究室宏观经济研究司司长和中国社会科学院研究生院博士生导师，第五届中国环境与发展国际合作委员会中方委员，第十四届北京市人大代表。兼任教育部社会科学委员会经济学部召集人，中国市场学会副会长，联合国工业发展组织－联合国环境规划署绿色产业平台中国办公室名誉主任，中国政策专家库专家委员会委员，国家可持续发展议程创新示范区咨询委员会委员，北京师范大学经济与资源管理研究院名誉院长，西南财经大学发展研究院名誉院长；兼中国经济50人论坛和中国区域经济50人论坛成员和国内20多个学会的常务理事；兼任国家行政学院、北京大学、中国人民大学、山西大学、澳门理工学院等十余所高校特约教授或学术顾问；先后被北京、成都、山西、青海、陕西等十余个省市聘请为经济顾问或咨询专家。

四十年来，受邀访问考察近四十个国家和地区，1988年曾作为高级访问学者在英国伦敦经济学院访问一年，2014年受库珀教授和曼昆教授邀请赴哈佛大学访问与交流半年。

发表论文三百多篇，著作四十多部。1987年11月《世界经济导报》上《市场化改革思路的主要特征与内容——深化改革的战略选择》一文被2005年中国社会科学院经济所选编的《中国经济学百年经典》收录，《经济研究》1994年第三期的《转轨过程中的结构性通货膨胀》获第一届薛暮桥价格研究奖，1998《宏观经济学：转轨的中国经济》一书荣获北京市优秀图书一等奖和第十三届中国图书奖,《2003中国市场经济发展报告》荣获第十一届孙冶方经济科学奖和北京市第八届哲学社会科学优秀成果一等奖,2004年载《中国社会保障研究》杂志第3期的《中国社会保障监督体系框架设计》一文获中国社会保险学会2005年度社会保险优秀论文一等奖,2007年《中国货币与财政政策效果评析》荣获新闻出版总署第二届"三个一百"原创图书出版工程,2008年主编《国际金融危机对中国经济增长和就业影响及对策》荣获自然科学基金应急课题A级优秀成果,《2010中国绿色发展指数年度报告》荣获第二届(2011)中国软科学一等奖,《2011年绿色发展指数报告——区域比较》入选国家新闻出版总署"经典中国国际出版工程"项目,2012年《中国市场化进程》荣获第六届吴玉章人文社会科学一等奖。另有,《2003中国市场经济发展报告》《宏观经济学中国版第二版》《中国绿色发展指数报告(2004)》《人类绿色发展报告(2014)》等著作出版了英文版。

2009年入选由中国社会科学院《经济研究》等单位主编的《影响新中国60年经济建设的100位经济学家》;2010年入选国家级重大出版工程《二十世纪中国知名科学家学术成就概览》科学家名单,其传记收录于全书的经济学卷的第三册。

社会主义市场经济应该是什么样子
——以广东省顺德市为例

李晓西

社会主义市场经济下的政府体制应是什么样子

近年来,越来越多的地方政府在反思:作为一级政府,到底职能是什么,要干些什么?争论比较集中的是,政府对经济建设怎么抓。这是关系到政府职能是否明确的大问题。如果政府全面抓全市的经济建设,那么作为经济建设的主体的企业,就将成为政府抓的主要对象。在这样的指导思路下,就会派生出抓企业的各类部门,就会使企业感到:自己可以做的,政府总在上边或旁边不放手;而自己干不了的,政府也没有精力去做。我跑了不少地方,发现有些地方政府领导头脑中装了很多项目,谈起这些项目将产生的价值和效益,非常激动,并决心抓出个名堂来。这到底是不是好现象?我很怀疑这些地方领导有精力和时间把若干个项目一抓到底,抓几年热情不减,各种问题都能有充裕的时间和精力去找到最优的决策方案。且不说这些项目的意义和可行性与推荐者的真知灼见有很大关系,据我观察,真正能干成这种大项目的能人不会轻易去推荐什么,因为对其中的难度是有经历的、有实践经验的。依我之见,政府对经济建设这一大摊事，应以支持、协调、引导为主，不要直接去抓、去干。多年来，地方政府形成了一种认识：政府主要是抓经济的，进一步讲，要抓项目、抓企业、抓市场的安排。这种看法是否正确？顺德市政府的回答很干脆："不正确！"我很赞赏他们的看法，确实是深刻的，非常人之所见。政府就是要从经济建设的重负下解放出来，让企业按照市场导引去搞经济建设，政府为企业搞好各种服务就行了。如果总是对企业能否管好自己不放心，老在为企业发展操心，政府与企业的关系就难以真正做到政企分开。这应该是对政府干什么的最重要的一个界限。

如果我们确定了这样一种对政府职能的界定，那么对政府的行政管理体制就会有完全不同于目前占传统地位的新举措。当前，在中国的各级政府中，其职能划分和机构设置上存在的最主要问题就是把应由企业这类市场经济主体干的事揽到自己身上，体现为政企不分，把国家组织全社会经济发展的职能，错误地理解为政府直接办企业、搞经济。具体讲，有这样几种表现形式。一是党政两套班子同时在管社会行政事务，造成机构重叠，办事推诿扯皮，行政效率不高。顺德市在机构改革之前，仅重叠机构就达一百多个：市委设农委，政府设农办；市委有组织部，政府有人事局；市委设纪委办，政府再设个监察局；等等。二是政府本身的管理机构分工过细，机构多了，职责反而不清了。如管理工业的有四个局（工业局、农林局、二轻局、乡镇企业局)，管理农业的有五个局（农林局、水产畜牧局、绿化委办公室、糖业办公室、饲料办公室）等。三是政府管理机构本身也存在政企不分问题，如商业局和供销社，既有行政管理职能，又从事商业经营活动。四是行政机构中的立法与执法关系不清，行政管理部门自立法规，习惯于用各式命令来管理社会事务。五是直接抓经济活动，方便了政府机构直接从企业取得利益，助长了"小金库"问题，也助长了乱收费、乱罚款现象。

1993年初，趁市委、市政府换届之际，顺德市党政领导经请示省委批准，进行了机构改革，主要内容是"上合下并，政企分开"。改革目标是：建设一个既体现党的领导又调动各方面积极性的行政领导框架；建设一个层次少、人员精干、职责分明、富有效率的行政管理机构；建设一个依法行政、公开透明行政的行政机构。同时，健全和完善监督机构。"上合"就是建立"一个决策中心、五位一体"的市领导架构。市人大常委会主任、党员正副市长、政协主席、纪委书记，均为党委会成员，党委会成为几套班子的联席会议。为解决党政领导分工的重复交叉，对全市的各项工作，只分工一名常委会成员主管，以明确权责。"下并"就是委、办、局该并就并，不并就精兵简政，不再设归口管理机构，撤销全部委、办，各局直接由市委、市政府领导。对原有机构，实行同类合并，如市委办与市政府办合署办公，纪委与监察局合署办公，计委与统计局合并为计划局，文化局与体委合并为文体局。有的并旧改新，如撤销经委和乡镇企业局，成立工业局，负责全市工业的行政管理；撤销农委、农办、农林局、水产畜牧局、绿委办、糖办、饲料办和农业基地公司，成立农业发展局，负责全市农业的行政管理；撤销外经贸委、财办、口岸办、商业局，成立贸易发展局，统管全市的内外贸。财政局、公安局、教育局、环保局、计划生育局等保留、强化。"政企分开"就是把存在政企不分的行政机构进行分离，把行政职能归主管机构，原部门转为企业或事业单位，如商业局改革为商业总公司，其行政职能归到贸发局；广播电视局改为广播电视总公司，其行政职能归口宣传部；人才交流中心从原人事局中划分出去，变成纯事业单位。更为重要的一项政企分开表现在投资方面。现在政府确立了新的投资观念和参与投资的程序，基础建设和社会福利项目的投资，以政府为主，并以政策引导，鼓励民间资本和外资参与；凡是外资和民间资本可以办、有能力办的项目，民间自己去办，民间办不到又非办不可的项目，如高新技术项目，政府进行导向性投资；政府投资由过去直接投向企业转为投资基础设施和社会公益事业；形成规模化的社会筹集、企业融资、个人注资、外商投资的多元化投资体系，初步形成混合型经济的格局。

为了能真正高效地实现政府职能，顺德市提出了"行政"六标准："依法行政，规范行政，透明行政，高效行政，服务行政，廉洁行政。"就中国情况看，这六标准中各级政府最需要熟悉的是"依法"和"透明"。地方行政管理，执行的是全国人大通过的各项法律和中央、国务院的各项政策、法规。为更好地执行，地方可以颁布一些具体的规划和办法。但这些地方法规是局部性的、时效较短的，只具有"准法律"效力。顺德先后出台了《中心城区总体规划》等14个地方性法规，涉及市场管理、社会保障、城乡规划建设、环境保护、安全生产、劳资关系等，使各项工作有具体法规可依。所有出台的政策规定，都在《顺德报》上公布，这就透明了。再如，群众关心的土地问题，顺德市规划国土局近两年来加强内部管理，实行项目联审、发证双签，并每月发布一次《顺德规划国土通讯》，公开审批项目，接受监督。行政事业性收费公开，干部招聘公开，公共工程招标公开，规定凡政府投资100万元人民币以上的公共事业建设工程和 50 万元人民币以上的装修工程，一律实行公开招标。公路沿线的加油站，统一规划设点、招标建站和限期经营。行政事业单位财政管理实行收支两条线制度。透明了，老百姓就知道该如何办了。

由于经济的发展，市财政力量增强了，在社会治安等关键性公共服务方面，顺德市也搞得颇有成效，它们投放巨资建设了全市社会服务指挥中心、信息服务中心和党政军警培训中心，大大强化社会管理和服务。

市场经济中的政府与企业关系应如何摆

政府定位不是政府"自己"的事，而是体现在与其他关系的界定上，就转轨国家而言，一个最重要的关系是解决好政府与企业尤其是国有企业的关系。这个问题解决得好，政府职能才算真正"定"了"位"。这是一个相当难的题目，尽管我们改革开放近二十年了，但从全国情况来看，这个问题并没有解决。如果做一个判断，只能说，现在处于这个问题解决的前夕。为什么这些年都没能解决呢？因为改革直到 1992 年党的十四大，才确定了建立社会主义市场经济体制，在此之前，市场化的进展并没有真正触动政府机构的市场化方向的改革，仅从精兵简政角度进行。十四大以后，强调了以政府职能转变为中心的机构改革，这才使行政体制走上了与社会主义市场经济适应的方向的改革。而这只有五年。市场化改革是由政府领导进行的，政府机构一方面充当改革的领导者，另一方面又充当改革的对象，这个关系是很难摆好的。为什么说现在面临解决之前夕呢？因为现在地方政府已普遍认识到政府与国有企业关系与以前相比应有根本性改变，尤其是东南沿海一带，这种认识已成为共识，每一位市长都能说出一番自己的体会。在中西部地区这种认识相对弱一点，理论上也许认识到了，但很多地方政府还不得不依赖国有企业为其出财、出力、出车，还没有真正体会到仅靠税收和正当收费运转政府的甜头，但也有变化，他们正在努力向东南沿海地方政府学习和仿效。南风已劲吹，不久北方也会绿草竞发的。

顺德在这方面的改革在全国是有超前性的。前几年，顺德人搞静悄悄的产权改革，取得了很大成功。现在他们已不再满足于"静悄悄"了，愿意让人们看看他们的实践效果，愿意与大家共同分享改革的经验。改革开放以来，顺德以大办乡镇企业为主要形式，开始了工业化的进程。经过十几年的努力，基本完成了农村工业化。到1992年，全市工农业总产值175亿元人民币（按1990年不变价），工农业产值比例已从1978年的49∶51转变为92∶8。在农村工业化进程中，形成了"三个为主"：公有经济为主，工业企业为主，骨干企业为主。据1993年调查统计，工业企业注册资本，公有经济占74%，外资占25%。1992年，市政府抓的企业超1000家，立项上马、贷款筹资、任命干部、生产营销、分配计划等都要管。地方政府成了"集团公司"的"大老板"。政府越管越多，越管越粗，决策失误也越来越多；企业成了政府附属物，失去了自主权，越来越没有活力。正是在这样的背景下，顺德市开始了政府与企业关系的彻底改革，在实行政企分开、政资分离、转变政府职能方面下了大功夫。

首先，开展了以产权制度改革为核心的企业制度改革，按照"抓住一批、放开一批、转让一批"的方针，全面清产核资，进行资产评估，产权界定，明确归属，对公有制企业进行公司化、股份制改造。在此过程中，摸清了公有资产家底，盘活了公有资产存量，优化了公有资产配置。政府部门不经产权代表同意，不能调动国有资产，公司制企业人事任免由董事会决定，政府不得干预。审计逐步由社会中介公开、公正地进行。

其次，在政企分开的基础上，进一步促使政资分离。建立公有资产新的管理体制和运营机制。由过去政府直接管理企业变为通过公有资产管理委员会——公有资产投资管理公司——公有全资、控股、参股企业三层架构，对公有资产实行管理。把原来由财政部门直接对公有资产的管理，转变为由公有资产管理机构来间接管理。政府不直接参与企业生产经营活动，而是通过加强对投资管理公司和公有资产的保值增值考核，确保对公有资产的有效管理。过去主管经济的行政部门真正与主管的企业脱了钩，从直接干预企业经营转为政策引导、协调和监督。政府部门不再有直属企业，不再从企业直接取得非正常利益。企业再也不能从主管或直属部门取得特殊优惠。企业作为市场的主体，具有真正按市场需求组织产销的权力，具有内部管理的全部权力。这意味着市场将主要由企业来安排，而不是由政府来安排，在这种环境中，必然会产生真正的企业。

因此，如果让我们就政府、市场二者关系来给企业定位的话，我想讲的有三句话：安排市场是企业的天职；安排市场是企业生存、发展的基础；安排市场是众多企业对千百万消费者各种需求提供多样化供给的过程。只有在企业没法安排，或按市场调节程序难以安排的市场上，才需要政府来组织安排，必要时组织供给的全过程。

社会保障体系——社会主义市场经济的基本条件

政府与企业各自定位后,解决的主要问题是"二者不能过度联系",但进一步的问题是,不能没有联系。政府干预企业经营属于过度联系;但政府对失业问题不能不管,对不能只靠企业解决的职工养老、看病、工伤等问题也不能不问。过度联系,企业没活力;失去联系,社会不安定。这是问题不可分割的两方面。我认为,社会保障体系就是政府与企业建立正常的联系网络,对企业职工而言,这是安全网;对政府而言,这是与群众的联心网。现在凡是为政府行政定位者,凡是为国有企业改革深化而探索者,都不约而同地发现,这个网络实在太重要了,不能没有。有人认为什么地方率先建立社会主义市场经济体制初步框架,这一条应是判断的重要内容。

改革之初,顺德已初步建设了若干方面的社会保障。近两年来,政府加大力度,深化和完善这项改革,逐步建立起社会共济和自我保障有机结合的社会化保障体系,主要内容如下。

一是建立社会保障机构,健全各项保险制度,加大保险覆盖面。首先是成立了顺德市社会保险事业局,具体负责社会保障制度的执行和业务的开展,各项保险基金的征集、管理与运作,保险基金的安全、增值以及各项保险金的给付。全市全面推行了养老保险、医疗保险和工伤保险。养老保险由社会共济和个人储蓄相结合。企业每月按工资总额的10%为每个在职职工投保,职工本人以工资的5%作为投保储蓄;企业转制前已离退休的人员按每人每年工龄600元的标准投保。医疗保险方面,实行了门诊包干制度和住院医疗保险制度。门诊包干制度按照工龄分三个档次发;住院医疗保险则取消了原有赔付额度为1万元的档次，规定除个别亏损企业经主管部门审核同意可为员工投保赔付额度2万元（年投保金额180元）的保险档次外，其余企业要为职工投保无限额（年投保金额280元）的住院医疗保险；同时，在农村推行住院医疗保险。还设立了工伤保险。工伤保险基金根据不同行业危险程度和工伤事故发生频率划分为年缴保费72元、84元和96元三个档次，全部由用人单位支付，补偿分为致残补偿和死亡补偿。目前，全市有24.3万人参加了养老保险，54.2万人参加了住院医疗保险，22.4万人参加了工伤保险。1996年，退休人员的养老金发放标准是市属平均每人每月340元，镇属每人月均300元。今后还将按价格上涨的幅度进行调整。

二是实行划分贫困线制度，做好困难救济工作。对农村月人均收入不足150元、城镇月人均收入不足200元的贫困户，每人每月补足至150元和200元，这些贫困户的子女入学读书，免收学杂费。对无经济来源、无工作能力的"三无户"，由市政府拨专款给予定期救济，每人每月补贴180元。对"五保户"则每人每年补贴2500元。同时，做好伤残军人优抚工作。对全市伤残军人，由市统一向德安保险公司投保无限额档次的住院医疗，并对没享受公费医疗的在职、在乡伤残军人，统一发放门诊医疗证，实行公费医疗。还设立职工解困基金，帮助一些有实际困难的职工。

顺德市社会保障的建立，较好地扔掉了企业的冗员包袱，解决了企业之间的社会负担不平均、不合理现象，为企业创造了平等竞争的环境，也为企业职工和困难人员解决了后顾之忧，为改革的顺利实施创造了稳定的社会环境。当然，社会保障体系是相当复杂的，如何处理好社会保障与商业保险的关系，还有待进一步的探索。

市场经济中精神文明定位初探

如果以为建设社会主义市场经济体制没有道德这类属于精神文明的部分，社会主义市场经济建设本身也会发生困难。从某种意义上讲，"社会主义"这几个字中就蕴含着中外多少代先哲对高尚文明境界的追求，也是对"市场经济"效率背后公平性理想的强调。

这些年，顺德人在建设物质文明的同时，没有忽视精神文明建设。顺德全市11个镇，文明镇就达到9个，占全市的82％，而文明户比重高达85.5％，这是非常大的成果。以"兴教育才、人人参与"为主题的筹集教育基金活动，吸引了全市1500个集体和50多万名个人的捐款，共筹得人民币8005万元、港币1330万元。市、镇教育基金已达1.6亿元。一批高水平的幼儿园、中小学、医院、派出所等相继建成。全市现有大中小学317所，其中完全中学14所、职业中学16所、成人大中专学校5所，全面普及了九年制义务教育，高中普及率达82％。全面实施初级卫生保健，全市现有医疗卫生机构17个、农村卫生站（室、所）153间，市属医院和镇级医院分别达到国家二级甲等、二级乙等医院标准。文体事业蓬勃发展，全市有各类体育场馆1040个，影剧院、文化馆（室）、图书馆、歌舞厅等遍布全市城乡。企业文化和群众性活动十分活跃，有各类文化协会、社团130多个。1996年，举办各种较大规模文体活动300多次，全年共获各类体育竞赛冠军70个，市男女龙舟队和均安镇农民女子篮球队多次参加国际、国内比赛，屡获冠军。此外，还拥有面向全省发行的《顺德报》、广播电台、无线电视和有线电视台。近年来，在精神文明建设方面，有46个单位、79名个人荣获省委、省政府和国家部级以上的表彰或奖励。短短五年中,顺德获得了"全国双拥模范市""全国少儿教育先进市""全国卫生医疗先进市""广东省小康达标市"等多个称号,反映了其精神文明建设的成就。

上述精神文明的成果使我产生几点感想。一是顺德精神文明搞得好,与物质文明发展快是相关的,只有以后者为基础,前者才能有大的物质投入。二是精神文明在一定意义上是人类更高的追求,是生活得更美好的目的。当人们的物质生活满足后,更多的需求将是在精神文明方面。三是精神文明是一个很广的概念,包含多方面的内容,有些内容本身就是生活的质量问题,因此,离开物质文明发展精神文明是不可想象的。

如果要对道德在市场经济中做定位分析的话,我想说,市场经济绝不是笼统地反道德,市场经济有初级阶段和现代之分;道德有传统和现代、社会公德、职业道德、传统美德等多种类型,道德有可继承的、全人类公认的,也有打上时代或阶级烙印的。因此,市场经济自发力量破坏了有些道德可能是有利于社会进步的,而另一些破坏则可能是反社会、反文明的,这需要具体情况具体分析。但可以肯定一点,由市场经济必然产生的"金钱至上"观念将会因种种恶果而被越来越多的非金钱观所限制,非金钱观是社会稳定和具有凝聚力所必需的,这一点将随着时间的推移而看得更加清楚。

自评《社会主义市场经济应该是什么样子》

本文是在顺德调查后的体会。本来有很多感想,但没时间写出来,准备不写了。后《国际经济评论》邵滨鸿、王宇女士不断催稿,就只得赶写，这篇文章算是对调查有个交代，对杂志有个交代了。本文发表在《国际经济评论》1997年第12期上，是我论文集收入的最后一篇文章。文章写得比较粗，但基本内容还是有新意的，当然不是写作人的水平，是顺德人干出的新意。文章中不少内容是由顺德有关部门提供的，尤其是市委宣传部，因此，比较真实、具体。不久前，香港一家杂志把有关我的几篇文章编成一个传记体的介绍，其中一部分就是从本文中撷取的，可见本文还是有引人关注的地方的。

文章前面有杂志编辑部加的一段编者按，引用在此："21世纪在我国建立社会主义市场经济的初步框架是一项艰巨的任务，就全国范围而言，有可能是东南沿海省市在这方面先行一步，然后在全国扩展，这是本文的一个主要观点。不久前，国务院研究室李晓西博士应邀去广东省顺德市进行了一次很有价值的调查，他以顺德为例论证了上述观点，并从四个方面具体说明了社会主义市场经济的初步框架应该是什么样子。"

去顺德的有很多人，老一辈经济学家如刘国光、童大林、张卓元等，年轻一些的有丁宁宁、李扬等。大家参观了若干家全国有名的家电企业，听取了政府的介绍，确实有不少感受。

文章题目比较活泼，是比较活跃的邵滨鸿和王宇两位女士拟定的。邵滨鸿小姐是中央电视台《东方之子》的主持人之一，和我有多次交往，比较熟悉。她俩为文章拟定的这个题目，好像是对我研究的一个"警告"，在告诉我，你的一切研究不算什么，你才刚刚介入"社会主义市场经济应该是什么样子"这个题目，一切从零开始，继续努力吧！

又 注

在 2018 年提交《50 人的二十年》书稿时,我的想法是,二十年进步很大,新时代也有新特征与新发展。我个人的进步与成熟,感谢社会各方,感谢这个思想解放、理论联系实际的论坛!

让我借此文回顾我二十年的思想起点,看看当初那些不成熟或探索的思路,或放在今天,也颇有纪念意义!

衷心祝愿中国经济 50 人论坛在已有成绩基础上更上一层楼!

李扬简历

中国社会科学院学部委员，国际欧亚科学院院士。国家金融与发展实验室理事长。中国社会科学院经济学部主任。中国金融学会副会长，中国国际金融学会副会长，中国城市金融学会副会长，中国海洋研究会副理事长，亚洲金融合作协会顾问委员会高级顾问。曾任中国社会科学院副院长，第三任中国人民银行货币政策委员会委员，中国财政学会副会长。已出版专著、译著32部，主编30余部。发表论文500余篇，撰写各类研究报告300余篇。主编《中国大百科全书》（财政、金融、物价卷）、《中华金融词库》《金融学大辞典》等大型金融工具书7部。主持国际合作、国家及部委以上研究项目200余项。五次获孙冶方经济科学奖。2015年获中国软科学奖。同年获首届孙冶方金融创新奖。2016年获张培刚发展经济学奖。1992年获国家级有突出贡献中青年专家称号，同年享受国务院政府特殊津贴。1997年获选国家首批百千万工程第一、二层次人选。2002年获全国杰出专业技术人才称号。专业领域：金融、宏观经济、财政。

改革是中国的唯一出路

李 扬

我是中国经济50人论坛最早的成员之一，也参加了论坛组织的大部分活动。记得鹤兄等发起50人论坛的起因，是要建立类似德国经济"五贤人"的智库机构，为国家改革和发展决策提供智力服务。二十年来，论坛的智库功能得以完美发挥，自不待言，更已成为培养中国经济学家和公共服务者的重要摇篮，以及与全球经济学界交往的重要平台，也是沟通学、政、商、媒各界的重要平台。值此50人论坛二十华诞，与老友们彼此相望萧萧华发，抚今追昔，怎不感慨系之。

50人论坛当然也是我的学者生涯中最重要的活动平台之一。在这里，我不仅得到思想的启迪，收获君子的友谊，而且获得了学术的滋养。仅从2008年算起，十年来，我在50人论坛的平台上，先后系统展开过对全球金融危机、金融服务实体经济、宏观审慎理论与政策、国家资产负债表、中国经济新常态、去杠杆的理论与方法、作为全球化新引擎的"一带一路"倡议、习近平经济思想等近十个项目的研究。这些项目，或由论坛直接部署，或是在论坛的学术研讨会上受教，或是在"长安讲坛"上接受来自各方研究者的批评。

论坛二十华诞，当然需要写点东西，以志纪念。然而，翻阅二十年来的旧稿，回忆一桩桩尘封的往事，颇有"一部二十四史，不知从何说起"的纠结，因而一时难以下笔。催稿声中，突然有了灵感——旧稿之大部分均已正式发表，但确有一些文稿或因"保密"等，或因未能及时定稿，而如恩格斯当年针对若干未发表之手稿所戏称的，一直在"接受老鼠的批判"，这些稿子中或有可重见天日者。沿着这一思路，翻阅那些旧稿，特别是那些当时主要因"保密"等而未能发表者，果然就有了柳暗花明。我将选择一两篇迄未发表，但如今读起来仍有现实意义的文稿，奉献给50人论坛的二十华诞。于是就有了这篇"改革是中国的唯一出路"的文章。此文由两篇旧稿拼成。一篇写于2013年上半年，是应论坛学术委员会之约，为中央准备十八届三中全会《决定》而提供的参考建议，原题为"关于全面深化改革的建议"，此次发表，除了改了标题，未做其他修改。另一篇是在2017年论坛年会上的发言，原题为"政府救市的比较财务分析，以及与之关联的国有资本运营"。这后一篇之所以不肯割爱，且不顾其不伦不类，而以"政府救市应讲求效率"之名放在这里，主要是感觉其中所说的问题十分重要，尤其是在当下及未来一段时期，更为重要。

改革的目标与内容

小平同志在1992年的"南方谈话"中指出："恐怕再有三十年的时间，我们才会在各方面形成一整套更加成熟、更加定型的制度。在这个制度下的方针、政策，也将更加定型化。"大致算来，小平同志预计的中国特色社会主义制度趋于成熟和定型的时间，是在

2020年。

党的十八大提出了"在中国共产党成立100周年时全面建成小康社会"的奋斗目标。这一目标,不仅在时间上呼应了小平同志关于我国社会主义制度经历三十年后"更加成熟、更加定型"的预见,而且为这一制度确定了"小康社会"这一社会经济内涵。

因此我们认为,"建设成熟的中国特色社会主义"可以成为我国今后5~10年的改革目标。

新时期的改革将以服务人民的利益为根本出发点,以调整政府职能为突破口,以市场化改革为基本方向,致力于建立政府与市场协调、增长与分享兼顾、经济与社会平衡、人与自然和谐的包容性体制。

这里所说的包容性,有三层含义。一是开放性,即兼收并蓄,吸纳人类社会一切先进、优秀的文明成果。二是参与性,即政治经济社会活动及其成果的分享,都要有广大人民群众充分和广泛的参与性。三是协调性,无论是政府与市场,人与自然,效率与公平,增长与分享,都应当相互包容,相与促进,协调发展。

改革是利益的再调整。为保证改革的公正性和有利于达成改革共识,改革在机制设计上应考虑更加广泛的参与性以及改革本身的程序公正,这也构成"包容性"体制的一项重要内容。

改革的外部环境:全球经济危机持续以及"新国际规则"的挑战

从2007年开始的全球经济危机已逾五年,我们认为,在未来

5~10年还难以真正恢复。美国财政及债务危机、欧洲债务和经济危机，以及日本的经济和政府债务危机等都将长期持续。面对百年不遇的危机，发达经济体普遍陷入了两难困境：要想真正走出危机，它们必须在实体经济、金融和财政等多层面上动大手术，而治理债务问题的任何举措，都将严重拖累其经济恢复的进程。这便使危机的恢复过程具有长期性。总之，经济增长在低水平上波动、全球流动性过剩、大宗产品价格和资产价格变动不居、贸易保护主义升温、地缘政治紧张，都将成为相当长时期中全球经济的新常态。

全球经济低迷和保护主义盛行，使我国未来发展将长期面临紧缩的国际环境，由于出口难以较快增长，净出口对经济增长的贡献率将长期维持在较低水平上。这种状况，连同其他国内因素一起，导致我国未来经济增长进入结构性减速轨道。

特别值得关注的是，面对新的国际形势，发达经济体正在利用目前仍由它们把持的全球治理的主导权重塑全球化新模式和新规则。由美欧主导的"跨太平洋伙伴关系协定"（TPP）、"跨大西洋贸易与投资协定"（TTIP）、"多边服务业协议"（PSA）以及"日欧经济伙伴关系协定"等，都再清楚不过地表明，发达经济体作为一个集体，已经不满于目前的全球化模式及其运行规则。为了夺回全球治理的主导权，发达经济体正另辟蹊径，甚至试图建立新的WTO。

新规则的倾向是提高各国正常交往的门槛。其中最重要的门槛限制，就是所谓的"市场经济国家地位"与所谓的"竞争中立"。这些"新规"，在很大程度上指向中国。这对我国的未来发展形成严峻的外部压力。对此，我们必须认真对待。

总之，在经济全球化的背景下，如果说发达经济体的经济恢复还需很长时间，那么，包括我国在内的新兴经济体的转型和改革同样也不可能一蹴而就。在这个意义上，能否抓住战略机遇期，根本上取决于我们能否比发达经济体下更大的决心，以更快的速度和更高的质量，实现国内经济的转型。显然，未来 5~10 年，我们的机遇与挑战并存。

经济体制改革：重点领域与主要内容

以政府改革和政府职能调整为突破口，以市场化改革为主要方向，建立政府与市场相协调的社会主义市场经济体制，是未来 5~10 年我国经济改革的主要目标。

经济改革的重点领域和主要内容如下。

宏观经济政策目标改革：从重需求管理转向供给管理和需求管理并重

如果说需求管理一向是各国宏观经济调控政策的主要倾向，那么，此次危机以来，需求管理则被用到了极限。然而，需求管理或能发挥扩张需求总量的作用，但显然无助于结构转型与结构优化。另外，需求管理政策长期被过度使用，其效率已然递减，其副作用则由微而著，甚至转向负面。从全球范围看，各国均实施需求扩张政策，极易引发国家和地区间的贸易战、货币战等以邻为壑的恶性竞争。

如果我们认定转变经济发展方式、调整经济结构、提升创新能力、发展实体经济构成我国未来十年甚至更长时期发展的真正基础，那么我们的宏观政策就要及早转型，需求管理应当缓行、慎行，而供给面的体制机制调整则应尽快进行，否则，我们就可能错过战略性调整的良机，而且很难在新一轮的全球经济竞赛中胜出。

供给管理的基本要义是激发企业和市场的活力，不等于普通的产业政策。一方面，它旨在通过降低市场准入门槛、降低税负、降低融资成本等一系列体制、机制改革，激发企业主体的活力，让它们承担起变革的责任；另一方面，它致力于通过解除各种僵硬的体制机制约束，提高要素市场（劳动力、资本、土地等）效率，借以全面提升经济体系的竞争力。

完善宏观调控体制机制：财政政策和货币政策协调

财政政策和货币政策的调控领域都是宏观经济运行，调控的对象都是货币资金，这就决定了两大调控体系必须协调配合，政策效应必须"内洽"。遗憾的是，迄今为止，我国还没有形成有效的财政政策和货币政策协调配合的机制和体制，在很多情况下，两大政策之间尚有掣肘。面对日趋复杂和严峻的国内外形势，建立有效的财政政策和货币政策的协调配合机制问题，必须尽快提上议事日程。

财政政策和货币政策的协调配合，涉及相当广泛的领域，其中最重要者包括：两大政策体系的松紧搭配态势；国债政策；工业化和城镇化进程中长期投融资机制（尤其是政策性金融体制）的建设；国家外汇储备的管理体制调整；宏观经济政策的国际协调机制。

金融改革：基本形成市场价格基准、完善多层次资本市场、建立长期资本的投融资体系

经过三十余年连续不断的改革，我国已基本形成了结构比较完备的金融组织体系、市场体系、调控体系和监管体系，并有效地发展了同国际组织和各国货币当局的合作。在未来 5~10 年，金融改革主要应致力于形成市场价格基准、完善多层次资本市场、建立长期资本的投融资体系。

第一，基本完成利率和汇率的市场化，形成市场化的金融价格基准，为金融组织和金融市场的运作提供良好的价格信号，引导金融资源有效配置，为央行的宏观调控提供准确的信息和有效手段。

第二，发展多层次资本市场，完善金融体系结构，满足多元化的投融资需求，更好地为实体经济特别是小微企业服务。在今后五年内，尤其应致力于建立以证券公司网络系统为平台、经纪人为核心的场外交易市场，从根本上解决小微企业权益性资本供给不足的问题。

第三，建立高效率的长期资金投融资体制。虽然中国自 20 世纪 90 年代中期以来便已不是一个资金短缺国家，但是，长期资本匮乏问题以及相应的金融资源的期限错配问题始终困扰着我们。鉴于今后十年甚至更长时期内城镇化和新一轮工业化将继续成为我国经济增长的主要引擎，而工业化和城镇化均高度依赖长期资本支撑，我国长期资本匮乏的状况将更为严重。鉴于此，建立有效的长期资金的投融资体制，便成为中国金融改革最重要的内容。我们注意到，最近于俄罗斯结束的 G20（20 国集团）财长和央行行长会议，也首次将长期资本短缺列为制约全球性经济恢复的头号问题。可见，

建立长期资本投融资机制已经成为一个世界性课题。

完善长期投资融资机制，就机构而言，就是要继续发展政策性金融机构、鼓励发展以保险公司为代表的各类契约型（尤其是长期契约）金融机构；就市场而言，就是要建立发达的股票市场、固定收益债券市场，以及市政债券市场。另外，鼓励民营资本进入中长期信用市场，也是建立长期资本投融资机制的不可或缺的重要内容。

财政改革：优化收支结构、建立全口径预算制度、重塑政府间财政关系

一国的财政体制，即财政的收入结构、支出结构以及各级政府间财政关系，构成国家最重要、最基本的经济制度。我国现行的财政体制是在20世纪90年代中期确立的，它有力地支撑了自那时以来长达二十年的高速经济增长。然而，随着我国经济发展迈上了新的台阶，面临新的国内外环境，它的不适应性逐渐突出，改革财政体制也就成为深化改革的重要且紧迫的任务之一。

第一，财政支出：优化政府支出结构，加快建设现代国库管理制度，提高财政资金效率，增强公共财政的保障能力。

第二，财政收入：以全面推行"营改增"为起点，加快税制改革，优化税制结构，再造政府收入体系。

第三，预算管理：以公开性和完整性为标准，并按照市场经济一般规范，重启预算法修订工作；加强全口径预算管理，逐步形成以公共财政预算为主导的政府预算体系；构建并完善包括政府资产负债表、现金表等在内的政府财务报告体系，以全面反映政府财务状况。

第四，财政管理体制：按照支出责任与财权相匹配的原则，重新构造我国分级财政体制；并在此基础上，建立规范透明的政府间转移支付制度。

紧跟"第三次工业革命"的步调，积极应对发达经济体"再工业化"的挑战

为迎接"第三次工业革命"和发达工业国家加快推进"再工业化"战略的挑战，我国传统的工业发展思路、配套的体制机制，以及相应的产业政策均亟须调整。

具体到发展思路上，我们应着力实现如下四个转变：制造业总体发展战略，从"降低成本"到"构建新的竞争优势"转变；产业结构调整的思路，从"制造业和服务业此消彼长"向"制造业和服务业协调融合发展"转变；产业政策导向，从"培育大企业"向"促进小企业和高技术创业"转变；政府的扶植功能，从"直接扶持"和"动员投资"向"完善服务体系"和"改善经营和创新环境"转变。

同时，加快先进制造技术和先进制造发展的系统性战略部署，明确我国先进制造技术突破的重点和路线；加快建立我国的高效能运算中心和国家级工程数据库建设，并在一流综合性大学设置专门的"技术工程学院"等，也是我们应对新技术革命挑战的具体战略。

调整人口政策：延缓人口负增长趋势

我国已成为低生育率国家。随着人口快速老龄化和劳动年龄人

口增长放缓，人口结构成为人口问题的主要矛盾。"一代人政策"的独生子女政策，需要与时俱进地调整。可以实行分步放开二胎的政策调整：第一步，在城市和严格执行一孩政策的农村即刻放开二胎；第二步，在2~3年后在实行"一孩半"政策的地区放开二胎，随即实现全国全面放开二胎的目标。通过这样的政策调整，努力把人口负增长的开始时间从2022年延缓到2045年；使15~59岁劳动年龄人口在十几年之后有所回升，减缓老龄化速度。

服务业：以二产发展为基础，与二产发展相协调

服务业是未来我国经济发展的重点。但是，生产性服务业不发达、消费性服务业低水平重复、高端服务业严重滞后，是我国服务业发展的主要弊端。在体制上，当前服务业发展的最大障碍是政府干预与垄断。我国服务业改革发展有以下几个重点。

第一，认真研究服务业发展的规律，分析先进国家发展服务业的经验和教训，认真总结三大产业各自发展以及递进转移的客观规律，致力于探寻一条既不断提高服务业占GDP的比重，又不断提高全社会劳动生产率的现实路径；探讨在制造业高度发达的基础上，通过促进分工和交换来发展现代服务业的可行道路。

第二，为了激励民间资本的积极性，强化市场的配置作用，政府一般不对服务业直接进行投资，而是全面运用准入、税收、金融等手段，为高端服务业的发展创造有利的环境，重在引导社会力量进行投资。

第三，打破服务业的垄断，积极促进服务业公平竞争。除个别涉及国家安全和必须由国家垄断经营的领域外，都应进一步放宽准入,引进竞争机制。政府努力发挥建立规则的功能,并依法建立公平、公正、透明的监管体制。

城镇化:以城乡一体化为目标、公共服务均等化为内容、产业发展为引导

城镇化自身不是目标,将之视为创造需求的手段不免陷入偏颇,将之简化为"造城"运动更可能误入歧途。我们需要的是建立在城乡一体化总战略高度上的城镇化。

中国的城乡差别,不仅一般地表现在城乡经济发展水平的差异上,而且特殊地表现在与生俱来的城市居民和农村居民的身份差异上。

第一,从经济上说,城镇化的实质是将生产要素与产业在空间上进行优化配置,因此,城乡一体化是城镇化的本质要求。我国城乡差别不仅体现在经济发展水平上,更体现在城乡居民的身份差别上,后者在国际上是少有的。身份差别作为计划经济时代的烙印,严重妨害了社会公平,更是城乡一体化的障碍。因此,取消身份差别将是走向城乡一体化的重要举措。

第二,从供给面关注城镇化的效率。关于城镇化,过去从需求角度强调较多,这实际上是片面的。考虑到中国经济减速的压力,以及党的十八大提出要把增长的质量与效益放在中心位置,从供给角度,特别是以效率原则来推进城镇化,显得更为重要。当前城镇化在产业创新、就业创造、规模与集聚效应、土地集约等方面的效率缺失,主要是因为生产要素流动的障碍。

第三,城镇化要由产业发展带动,遵循"产业发展—人口集中—城市发展……"的道路,避免发生"造城运动",避免产生现代城市病。

第四,城镇化应由市场驱动,政府的主导应逐渐淡化。这依然要求我们创造条件,促进劳动力、资本、土地等要素在城乡之间自由流动。换言之,土地制度改革、户籍制度改革和社会保障制度改革等,均为我国城镇化的题中应有之义。

政府救市应讲求效率

面对经济长期下行趋势,政府一般都会出手救助,各国皆然。然而,怎样救助很有讲究。做得好,政府的救市活动会赚钱;搞得不好,则可能赔钱,甚至导致财政危机。

此次金融危机开始时,美联储便开始实施救助。其主要路径,便是在市场上购买各类出问题机构的金融产品。可选择的资产有三类:一是无抵押无担保的信用证券;二是住房抵押债券(MBS),包括资产抵押证券(ABS);三是问题机构的权益。起初,为了平抑市场波动,联储较多直接在市场上购买出问题的债券(所谓"有毒资产"),随着危机的深入,此类债券不断违约,救市很快出现净损失。鉴于此,联储的购买对象便全面转移到抵押债和权益上。这种状况全面反映在联储资产结构的变化上:危机之初,美联储资产中93%是政府债券;2016年末,政府债券比重降至50%以下,住房抵押债和企业权益占比高达40%左右。这种救市格局使联储获得了丰厚的财务收益,因为其遵循了两个原则:一是资产保全,即购买的金融产品不会因危机而消失,换言之,联储只购买那些暂时出问题的企业的债务；二是遵循低价买、高价卖的原则。从 2016 年开始，美国经济缓慢复苏，联储开始"缩表"，也就是开始向市场出售它在危机深重那几年从市场上购买的私人机构的权益和资产，在这个过程中，它收获了丰厚的收益。

其实，政府因救市而获得丰厚收入的例证，在历史上俯拾皆是。20 世纪 80 年代，英国的撒切尔政府对其国有部门进行了大规模私有化操作。短短几年，英国政府便获得了丰厚的收入，使 1987/1988 财年盈余 35 亿英镑，1988/1989 财年盈余 140 亿英镑，1989/1990 财年受世界经济衰退影响，盈余有所减少，但也达到 70 亿英镑之巨。

另一个例证是 20 世纪末亚洲金融危机时期的香港地区，正是摆脱了"积极不干预政策"的束缚，香港政府在危机最紧急时期果断入市，购买若干关键股票，不仅击退了国际游资对联系汇率的冲击，而且"顺便"大大改善了政府的财政状况，更有以"盈富基金"为名的巨大财富积累。

对比而言，我们救市显然缺乏章法，从而造成大部分救市资金不知所终：日益增多的企业不良资产，或由商业银行承担，变成后者资产损失；或由央行发贷款抵补，转变为央行不良资产；或通过证券金融公司去买，成为至今仍处在亏损状态的资产。显然，我们这种救助方法是赔钱的，是很难持续的。遗憾的是，多数人还以为理所当然。

由此涉及一个密切关联的重要问题，即国有资产运营模式。发达国家上述危机救助模式，恰恰对应了一个国有化（危机时买入）—私有化（复苏时售出）的产权运作过程。而且，政府在危机时进入，在复苏时退出，非常好地体现了宏观调控的逆周期特征。反观我们的情况：在市场状况较好时，大量国有资本进入经济（国有化，甚至国进民退）；在市场状况不好时，则大力吸收民营资本，以期改造国有企业。在这个过程中，国有资本不免蒙受损失。而且，在市场下行时引进民间资本，由于折价势所必然，我们事实上根本避免不了"国有资产流失"的魔咒。而且，这样运作的宏观效果呈现出了典型的顺周期特征。

通过以上比较不难发现，党的十八届三中全会决定将国有资本管理体制由管企业为主逐步发展为管资产为主，是非常英明的战略决策。如果我们遵循市场低迷时入市、市场高涨时退出的模式来运营国有资本，不拘泥于保有特定的企业，专注于国有资本的价值变化，那么，国有资本保值增值就不会成为问题，我们的宏观调控有效性也会大大提高。

刘世锦简历

中国发展研究基金会副理事长,全国政协经济委员会副主任,中国国际环境与发展委员会中方首席顾问,国务院发展研究中心原副主任、研究员,博士生导师。长期致力于经济理论和政策问题研究,主要涉及宏观经济、产业发展、经济体制改革等领域,先后在国内外重要刊物上发表学术论文及其他文章二百余篇,独著、合著、主编学术著作二十余部。是近年来一系列产生重要影响的研究成果的直接领导者和主笔者,包括与世界银行联合进行的《2030年的中国:建设现代、和谐、有创造力的社会》和《中国:推进高效、包容、可持续的城镇化》等研究报告,提出中国经济增长速度将会放缓、进入增长阶段转换等判断的著作《陷阱与高墙:中国经济面临的真实挑战与选择》,较早引入中国经济新常态重要观点的著作《在改革中形成增长新常态》等。参加中共十八届三中、五中全会和十九大报告的起草工作,是中国国家"十三五"规划专家委员会委员、国家应对气候变化专家委员会委员、中国保监会专家咨询委员会委员等,兼任若干大学教授和博士生导师、若干省市和城市顾问。曾多次获得全国性有较大影响力的学术奖励,包括获得孙冶方经济科学奖两次、中国发展研究特等奖等。

如何理解经济增长阶段转换

刘世锦

在经历了三十多年的高速增长后,从 2010 年第一季度开始,中国经济逐步回落,迄今已有八年时间,是不是已经稳住了、触底了,仍众说纷纭。这个时期的经济态势和起因,是 50 人论坛历届年会和其他会议、有关研究成果的重要议题。这里我想就这个问题的理解和研究过程做一个回顾和讨论。

终端产品的概念及其分析原理

从总需求或支出法的角度看,GDP 由消费、投资和净出口组成。为了度量一定时期内全社会的新增价值,GDP 通常按季、年等时间长度核算。然而,如果我们把视野放宽,就会发现真正与消费者直接发生关系,被"消费"的,只是 GDP 的一部分产品;另一部分产品,如机器设备、厂房等,则重新返回了生产过程。所以,统计时间内的最终产品与"自然过程"中的最终产品是有区别的。

另一个问题是,构成投资项下的产品都是相同的属性和用途吗?显然,列在投资项下的住宅、基础设施等与机器设备不同。

住宅被列为投资的主要理由是,住宅具有资本属性,可以通过出租、售卖等行为获取资本收益。但住宅的首要或基本属性，是满足人们居住需要的耐用消费品，与汽车、冰箱等耐用消费品并无实质性区别。一个人买房作为投资，最终必须以他人居住为条件，否则他的投资收益将无从实现。也就是说，住宅的投资属性是以消费品属性为基础或前提的。"房子是用来住的，不是用来炒的"说的就是这个意思。另外，随着金融深化，住房之外的其他消费品也被赋予某种金融属性，例如汽车、冰箱能以分期信贷付款的方式购买，这些消费品被纳入了金融产品获益的流程，也有了投资收益的特性，但并未改变其作为消费品的本来属性。

基础设施的属性也存在类似困惑。公园、剧院、图书馆、城市广场、高速公路等，与居民生活质量提高、消费结构升级，特别是服务性消费增长紧密相关。它们通常以公共产品的形态出现，提供了特定的消费功能。生活在繁华都市的居民，可以在公园游览，在广场上跳舞，在大剧院欣赏歌剧，通过高速公路出行或旅游。如果不具备这类基础设施，居民的消费水准必然会下降。城乡居民消费水平差距，很大程度上与是否拥有这类基础设施有关。虽然能源、交通、通信、水利等基础设施部分直接服务于生产过程，但随着发展水平的提高、第三产业比重的增大，其中直接服务于居民消费过程中非生产性部分的比重呈上升态势。在实际情景中，基础设施的生产性和非生产性功能经常混在一起，如一条公路既有货运，也有客运，将其清晰地区分开来在技术上是有难度的。

把住宅、基础设施列为投资，与其固有的消费属性形成矛盾，也与人们的日常经验相悖。更要紧的是，当人们将其视为与消费距离很远甚至无关时，容易引起对国民经济全局结构和运行态势不准确乃至错误的判断。

作为对上述缺陷的纠正，我们提出"终端产品"（gross final products，GFP）的概念，其定义是：GDP中不再直接进入下一个生产过程的产品。

按照这一定义，全部消费包括居民消费和政府消费，投资中的住宅、基础设施、其他服务业投资中直接与民生相关的部分（大体相当于以往"非生产性投资"涵盖的范围），可计入GFP；投资中的机器设备、厂房等，相当于以往"生产性投资"涵盖的范围，将分离出去。

显然，GFP体现了生产活动的目的，在全部经济生活中具有源头性质。在现行统计体系中，"生产性投资"也被划为"最终产品"，但其仍会进入下一个生产过程，本质上属于中间投入品，将在以后的生产过程中逐步被"折旧"到新产品中。现行统计体系中的"最终产品"，是为了计量一定时期内社会新创造的价值，并不意味着全部进入最终用途，两者之间存在重要差异。从这个意义上说，我们所定义的GFP才是"自然流程"中的最终产品。

GFP与消费者具有"亲近性"，其构成直接反映了消费结构及其升级进程。从统计角度看，GFP包括居民消费、政府消费和非生产性投资。其中，居民消费包括食品、衣着、家庭设备用品和服务、医疗保健、交通和通信、文化教育娱乐及服务、住房服务、金融媒介服务及保险服务、集体福利服务和其他商品和服务；政府消费包括安全和防务、法律和秩序维护、公共卫生、环境保护、研究与开发、教育、文化、体育和娱乐、卫生保健、社会保险和福利等；非生产性投资中包括住宅、非企业用其他建筑、非生产性基础设施等。

在整个国民经济流程中，GFP是出发点和原动力。GFP各个组成部分的变动，将会带动长短不一的投入产出链条的变动。想象一下纵横交错的投入产出架构，每一类产品的直接消耗和完全消耗都最终追溯到某一种终端产品。反观之，正是GFP驱动了庞大的投入产出网络，演绎出了日趋复杂的经济社会发展结构。

这样，我们将会看到GFP的一个非同寻常的属性，即它体现了通常所说的生产目的。通俗地说，GFP体现了经过复杂的经济活动后，"最终留下的那些东西"。这种分析，既适合于一个国家，也适合于一个省、市、县乃至更小的行政区划范围。一个经济体或经济体系，其增长实绩集中表现在终端产品的规模、质量和增长速度上。

在我们开展的GFP结构的国际比较研究中（如下图所示），发现尽管各国居民在历史、地理、种族、文化乃至制度上差异很大，但GFP能够直接反映不同国家之间居民终端需求结构及其演进的相似性，以及终端需求结构随着收入水平提升所呈现的显著趋同性，这一点是人们以往很少关注的。通过构造包括先发国家、后发成功追赶型国家、欧洲模式发达国家和资源禀赋丰裕型国家在内的不同发展水平的标准终端产品结构，并与中国相同发展阶段的终端产品结构相比较，可以看出历史、技术和制度等因素所导致的偏离和扭曲，同时也展现了在今后相当长一个时期，中国终端产品结构的演进路径和调整方向。在居民消费总规模不断扩大过程中，应顺应终端产品结构变迁规律，较大幅度降低基建、房地产投资比重，在提高质量的同时降低生存型消费支出比重，相应提高居民享受型、发展型消费比重。政府消费则应向教育和卫生、社保、福利等公共服务领域倾斜。

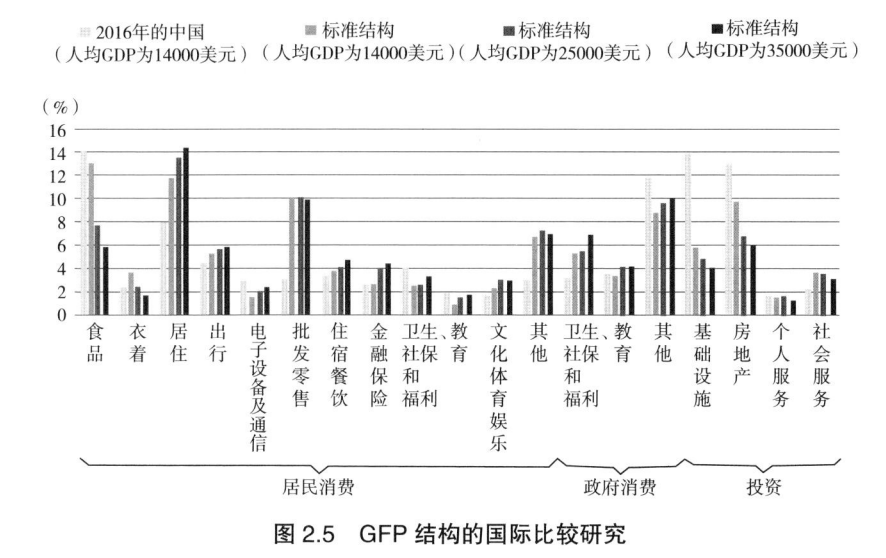

图 2.5 GFP 结构的国际比较研究

中国经济增速下台阶和增长阶段转换

GFP 概念和分析原理与对中国经济增长阶段转换的理解直接相关。中国经济由高速增长转向中速增长,首先是由于 GFP 结构的显著变化。

2009 年,由我担任负责人的国务院发展研究中心研究团队,开展了对"中等收入陷阱"问题的研究,其成果载于《陷阱与高墙:中国经济增长面临的真实挑战》一书中;这项研究形成的分析框架,贯穿于以后多年的宏观经济研究工作之中,相关研究成果收集于连续六年出版的《中国经济十年增长》和《从反危机到新常态》等专著。

在当时的研究中,引起我们关注的是这样一个现象:"二战"以后,日本、韩国、中国台湾和中国香港等成功追赶型经济体,在经历了长达二三十年的高速增长,当人均收入达到11000国际元(麦迪森PPP方法,1990国际元计算)时,无一例外地下了一个很大的台阶,由高速增长转入中速增长。这样一个转变,日本出现于20世纪70年代初期,韩国出现于90年代中后期,中国台湾出现于90年代初期。中国经济已经经历了三十年的高速增长,而中国的经济模式与东亚成功追赶型经济体比较接近,下一步中国经济增长前景如何,是不能不考虑的一个重大问题。

在2010年的研究成果中,借鉴不同类型工业化国家经济增长的历史经验和呈现出的规律,我们采用三种不尽相同但可相互印证的方法,对我国经济增长的历史进程和前景进行了分析,预计我国经济潜在增长率在2015年前后很有可能下一个台阶,时间窗口的分布是2013—2017年。如果我国的经济增长路径与成功追赶型经济体历史经验接近,那么我国潜在经济增长率将有很大可能性在"十二五"末期放缓,在"十三五"时期明显下一个台阶。基于此,我们提出了中国经济增长阶段转换的基本判断。

对这个阶段将要面临的挑战,我们认为,总的来说,我国现有发展方式在工业化高速增长时期看起来是有效的,在某些方面还有独特优势。增长速度下台阶所伴随的大幅度结构变动,表明三十多年来我国经济高速增长依托的基本面因素将发生重要调整和重新组合。如果继续维持这种发展方式,在经济增速"自然回落"时,我国经济将面临两方面的严峻挑战。第一,与高速增长相伴随的高流动性和规模经济收益,掩盖了为数不少的低效率问题。然而,一旦速度降低,与低效率相关的各种问题就会暴露,如企业盈利和财政收入下降、资产估值收缩、长期信贷回收困难等,甚至会出现某种形式的财政金融等危机。第二,随着我国发展水平的不断提升,现行发展方式下的市场开拓受限、供给激励不足、人力资本积累缓慢、劳动者参与现代化的渠道不畅等问题将日益突出,在低成本要素优势逐步减弱后,能否形成以创新驱动为基础的新竞争优势,存在一定的不确定性。这两方面的问题将可能使我国在翻越"高墙"时面临严重困难。

在接下来的一段时间内,我们又相继提出了一些判断和观点。

关于我国经济增长新常态。2012年第三季度经济形势分析报告提出,要顺应新常态,寻求新平衡,培育新动力。增长阶段转换实质是增长动力的转换,也是企业、政府和居民重新适应新常态的调整过程。2013年第三季度经济形势分析报告提出,努力促进经济运行向新常态平稳过渡。2014年初出版的《中国经济增长十年展望:通过深化改革转入增长新常态》一书中,提出力争在今后一两年实现增长阶段的转换,进入一个新的稳定增长轨道或者状态。对此可以给出一个概念,比如,"经济增长的新常态",或者"中高速稳定增长期"。这样一个经济增长的新常态,应具备若干特征,包括经济增长率从原来10%左右,逐步过渡并稳定在新的均衡点上,如7%左右;经济结构呈现转折性变化,增长将更多依托消费、服务业和内需的带动;产业升级和创新驱动加快,资源环境压力舒缓,增长的可持续性增强,劳动生产率提升能有效抵减要素成本上升的影响;经济增长能够提供相对充裕的工作岗位,产业调整与人力资本结构基本适应;财政、金融、产业等方面的风险得到有效控制并逐步化解;企业总体上能够实现稳定盈利,政府财政和居民收入保持稳定增长,中等收入群体稳步扩大,等等。

关于转型期的经济政策。2014 年第三季度经济形势分析报告提出，预见到潜在增长速度将常态性回落，宏观调控目标的设定应顺势而为，而不可强制性地试图继续保持高速增长期的增长目标，否则，增长目标超出潜力，将产生投资过度、产能过剩、资产泡沫、通货膨胀等问题。在这一方面，需要研究和汲取日本在 20 世纪 80 年代以后推行的扩张性宏观政策，力图恢复以往的高增长速度，结果催生资产泡沫，并使经济陷入长期萧条的历史教训。经济增长速度高一点还是低一点，本身并不重要，关键看经济运行的质量。从国际经验看，经历较长时期高速增长的国家，在转型期容易犯速度依赖症，不愿接受增速下降的事实，从而采取强力刺激，往往导致矛盾进一步积累和拖延，甚至最终引发危机。

关于改革导向的供给政策。2012 年第二季度经济形势分析报告提出，经济增长降中趋稳，供给政策大有可为。应当按照"稳中求进"的总基调，保持宏观需求政策的基本稳定，根据情况变化适时适度微调；同时更加重视改革导向的供给政策，加大结构调整力度。供给政策的一个目标，是加快产业结构和企业组织结构调整，提高政府、企业、市场和社会对新增长阶段的适应性，逐步做到在中速增长环境下"企业可盈利、财政可持续、风险可防范、民生可改善、就业可充分"。

关于新常态下增长质量导向的发展目标。2014 年第三季度经济形势分析报告提出，应更多关注经济运行的效益和风险指标，通过提升质量、降低成本、提高效率倒逼各项改革，最终可实现"速度下台阶、质量上台阶"。在转型过程中，利用相关调控手段，平抑经济波动、防止短期过快下滑是必要的，但应坚持速度服从质量的原则，只要守住企业可盈利、就业总体稳定、不发生系统性风险的底线，经济增速低一点并不会引发严重社会冲击，反而有利于借助市场力量推动资产重组、结构调整和培育新增长动力。

概括地说，2008年以来的基本判断是：经过三十多年的高速增长后，中国经济已经进入增长阶段转换期；以此为背景，中国经济开始进入经济增长的新常态；这一时期要防止通过过度需求刺激政策重返高增长轨道的倾向；重点实施改革导向的供给政策，形成新的增长动力和发展方式；确立质量导向的发展目标和激励机制等。

这些判断，迄今为止应该说还是站得住脚的。但也有在现在看来不大准确的判断，比如，在2010年前后，对通胀特别是成本推进型通胀压力强调较多。实际上，在进入增长转换期后，随着需求相对收缩，通缩压力增大了。又如，我们原来估计，美国在长期实施量化宽松货币政策后，美元的主导地位可能衰落。现在看来，对美国经济的自我修复能力和创新能力可能估计不足，对美元的国际地位还需要进一步观察。

以上是我们对增长阶段转换的判断，首先是基于国际经验，同时也构造了一个包含初始条件、制度、战略等在内的分析框架。近年来，国内外对"降落"问题的关注和研究增多。这方面的研究文献，较多的是从劳动年龄人口减少、老龄化、"刘易斯转折点"出现等角度展开分析，有一定的解释力。我们以为，重要工业产品长期需求峰值相继出现同样不能忽视。所谓历史需求峰值，是指在整个工业化、现代化历史进程中，某种产品需求量最大或增速最高的数值。增长阶段转换，在需求侧，是由于上面提到的GFP结构出现重要变化，其中的房地产、基础设施建设和部分重要消费品相继出现历史需求峰值。当足够多的构成 GFP 的产品需求达到历史需求峰值后，由高速增长转入中速增长就势在必行了。与短期的需求决定不同，长期需求峰值主要是由已有技术水平和人们的需求偏好决定，本质上是由技术或供给决定的。这些需求峰值的出现，给定了工业化高速增长期比重较大部分的需求空间。即使人口结构不发生变化，这种需求空间约束仍然会出现。这是来自长期需求，确切地说，是来自长期技术进步因素给出的约束。

经济"触底"并逐步转入中速增长平台

中国经济增速回落，直观地看，是由以往 10% 左右的高速增长转到中速增长，背后则是经济结构、增长动力和体制政策体系的系统转换，从大的增长过程看是增长阶段的转换，可称之为"转型再平衡"，也就是由高速增长的平衡转向中速增长的平衡。这一平衡的实现，要在需求和供给两方面进行观察分析。

从需求侧看，高投资要触底。以往的高增长主要依托高投资，消费总体上是稳定的，净出口对 GDP 增长的直接贡献则是一个较小且不稳定的量。在过去较长一个时期，高投资主要由基础设施、房地产和制造业投资构成，这三项可以解释 85% 左右的投资变动。而制造业投资又直接依赖于基础设施、房地产和出口。我有一个通俗说法，高投资触底主要取决于基础设施、房地产、出口三只"靴子"落地。基础设施投资占全部投资比重的高点出现在 2000 年左右。作为政府稳增长的主要抓手，这一指标波动较大，但总体上处在回落状态。出口已由以往 20% 以上的高增长转为前些年的负增长，

2017年出现恢复性增长,以后大致会稳定在5%,可以认为大体触底。房地产投资经历了较长时间的高速增长,2014年触及历史需求峰值后开始回落,2017年后几个月在剔除价格因素后已出现负增长。今后一段时期,房地产投资将会在零增长附近徘徊。这样,支撑高投资的三只"靴子"已初步触底。

在供给侧,则要求去产能到位。随着需求侧的高投资增速回落,供给侧开始相应调整,但部分行业,主要是重化工业调整较慢,于是出现了严重的产能过剩。尽管对过剩问题早有警觉,但幅度之大仍然超出预期。一个重要原因是重化工业内部的"加速原理"在起作用。在这些行业的上升期,由于"需要更多的钢就要新建钢厂,而建钢厂本身就要耗费钢",这种"自我循环"带动了重化工业异乎寻常地快速增长。而到回落期,"加速原理"在相反方向也起作用,使回落幅度超出预期。近年来去产能取得了重要进展,一方面是政府推动,另一方面是市场力量在起作用。工业品出厂价格在经历了54个月的负增长后,于2016年9月后恢复正增长,此后部分大宗商品价格出现大幅上涨。工业企业利润增速也在经历了一年多的负增长后转正,2017年实现了20%以上的增长。供给侧调整也基本到位。

从2016年开始,我们提出中国经济已经接近底部或开始触底,逐步转入中速增长平台。从2017年的情况看,这个判断得到确认,中速增长平台初步确立。说到"触底",有些人又有了新的期待,一个时期以来,多个经济增长新的上升周期的说法应运而生。实际上,"触底"的确切含义是"稳住了",不再明显地下滑了,并不意味着"V"形或"U"形的大幅反转,更不可能像有些人期待的那样重返高增长轨道。党的十九大以后，社会又出现了"大干快上"的期待。关键是干什么、上什么。中国经济的高速增长阶段已经过去了，不能认为只有把速度推高了才叫有所作为，才有成就感。党的十九大报告提出高质量发展，提出攻关期，提出三大攻坚战，这些事情比简单地提高速度难度更大，更需要有所作为，做成了也会有更大的成就感。当前最重要的是做实做优而非人为做高中国经济，具体来说，就是要降风险、挤泡沫、增动能、稳效益，提高增长稳定性和可持续性。

不要人为推高增长速度，把发展的基础做得实一些，无论对短期防范风险，还是中长期增强动能，都是必要而积极的。实现2020年两个翻番目标，今后三年每年增长6.3%就够了。此后，中速增长平台的重心可能调整到5%~6%，或者是5%左右。这个速度实际也是不低的。讲速度要有参照系，要和增长阶段挂钩。在以往的高速增长阶段，潜在增长率10%左右，7%就是低速度；到了中速增长阶段，潜在增长率5%左右，实际增长5%~6%，也可称之为高速度。当年日本在这个增长阶段，增速也就4%左右。汇率也是反映增长数量和质量关系的重要指标。如果人为推高增长速度，但增长质量不行，效率低、风险大，本币汇率就会下行，按现价美元计算的人均收入增速减缓，甚至负增长。相反，如果增长质量高，速度低一点，但汇率上升，按现价美元计算的人均收入增长反而要快一些。

从时间分布来说，中速增长期大体上处于高速增长期结束后与成熟增长期到来之前的区间。这里所说的成熟增长期，是指美、欧、日等发达经济体已经达到的增长阶段，已实现需求的更新支出，如住房、汽车的置换或维修等支出，构成需求的主要部分。这种更新需求在中国逐步增多,但中国远未达到成熟增长阶段。与成熟增长期相比,中国至少还多出了两方面的需求:一是工业化阶段尚未实现的需求,或者说中高收入阶层已经实现但中低收入阶段尚未实现的需求,如农民工进城后的住房需求、低收入者的首次购车需求等;二是消费结构升级,重点是服务性需求比重上升,中等收入群体是推动此类需求增长的主力军。这两种需求加上更新需求,构成了中速增长期的主导性需求。借鉴有关国际经验,如果我们能够平稳过渡到中速增长平台,这个平台有可能持续十年左右的时间,从而为实现已定的长远发展目标打下坚实基础。

近年来,在中国经济减速问题上的认知困难和争论,一定程度上反映了经济学理论的困境。已有经济理论,如发展经济学、经济增长理论,较多关注落后国家如何摆脱低水平循环陷阱,进入快速增长轨道,即经济"起飞"问题,而对"起飞"以后的可持续性和"降落"问题关注不够,未能形成较为成熟、具有广泛解释力的理论框架。而后两个问题,对应的正是后起经济体若干年来所遇到的"中等收入陷阱"现象和高速增长后的减速现象。

以上我们讨论的 GFP 框架下的经济增长、增长阶段的转换等,还有许多基础性问题有待深入探讨。比如,终端产品中的技术创新和扩展是如何实现的,后发经济体中有竞争力的产业是在何种要素和制度环境下生成和发展的,开放对后起经济体发展的意义何在,出口和投资特别是设备投资在增长中的作用,产业结构、消费结构如何换代升级,不同增长阶段如何衔接,经济中可移动要素与不可移动要素如何结合,政府和市场在不同时期如何有效结合,收入分配和地区发展差距如何影响增长,是否存在理论上的最优增长区间或路径，等等。东亚成功追赶型经济体的经验，尤其是中国独特的经验，加上诸多国家增长迟缓乃至落入"中等收入陷阱"的教训，为深入理解上述问题提供了丰富素材。在此基础上，有可能形成有意义的分析框架，对从"起飞"、持续推进再到"降落"的经济增长进程提出解释。

隆国强简历

现任国务院发展研究中心党组成员、副主任、研究员。1966年生，湖南邵阳人。

北京大学理学学士（1987年）、管理学硕士（1992年）、经济学博士（1998年）。参加中国人民大学中美合作现代经济学培训（福特班），国际货币基金组织金融规划研究班，参加清华大学/哈佛大学高级公共管理培训班，剑桥大学企业管理高级培训班。

1987—1993年，北京大学分校城市与区域科学系，历任助教、讲师、系主任助理。1993—2013年，历任国务院发展研究中心对外经济研究部研究室副主任、主任、研究部副部长、研究部部长。其中，1998—1999年，应邀赴美国布鲁金斯学会任访问研究员。2013—2015年，任国务院发展研究中心党组成员，兼任办公厅主任。党的十九大代表。

兼任对外经贸大学博士生导师，北京大学、北京理工大学、延安干部管理学院等多所大学教授/研究员。商务部经贸政策专家委员会主任、中国贸促会专家委员会主任、中国国际经济合作学会副会长、中国国际贸易学会、WTO研究会理事、世界经济论坛2009年全球贸易议程委员会副主席、世界经济论坛中国委员会副主席（2014—2016年）。

长期从事中国对外经济政策的研究，在对外贸易、跨国投资、经济合作、特殊经济区、区域经济合作等领域完成多项重大政策研究报告；研究领域还包括宏观经济、产业政策、粮食经济、汽车工业等。多次参加国务院和相关部委的经济形势分析与政策研讨会议，2007年为中共中央政治局集体学习讲解《扩大对外开放，维护国家经济安全》。

享受国务院政府特殊津贴。曾获北京市哲学社会科学优秀成果一等奖(集体)、"北京市优秀青年骨干教师"荣誉称号;多次荣获国务院发展研究中心年度优秀论文奖、中国发展研究奖、全国外经贸优秀成果奖等。

全球经济治理体系变革的历史逻辑与中国作用[①]

隆国强

2008年国际金融危机爆发后,世界经济格局加速调整,全球经济治理体系面临深刻变革。习近平总书记在世界经济论坛2017年年会开幕式上的主旨演讲中强调"坚持与时俱进,打造公正合理的治理模式",提出了完善全球经济治理体系的中国主张。"加强全球治理,共同应对挑战"也是即将在福建省厦门市举行的金砖国家领导人第九次会晤的重点内容。打造公正合理的全球经济治理模式,需要全面了解全球经济治理体系的演变和现状,科学把握全球经济治理体系变革的趋势和方向,在此基础上贡献中国方案,发挥中国作用。

当今全球经济治理体系的特点和基调

全球经济治理体系是针对国际贸易、国际投资、国际金融等跨境经济活动而形成的由价值观、国际规则和国际组织构成的治理系统。近几十年来,随着经济全球化的深入发展,全球经济治理体系

[①] 原文发表于《人民日报》2017年8月28日07理论版。

不断发展演变，逐渐形成如下特点。

以贸易投资自由化为主流价值观。亚当·斯密和大卫·李嘉图的自由贸易理论反映了生产要素在全球配置的内在要求，一经问世便迅速取代重商主义、贸易保护等理论，成为国际贸易的主流理论，也相应地成为全球经济治理的主流价值观。正是在这一价值观的引导下，第二次世界大战后七十多年来，全球经济治理体系沿着保障贸易投资自由化、便利化的方向不断演进，有力地促进了经济全球化和世界经济繁荣发展。

治理规则涵盖广泛。规则在全球经济治理体系中居于核心位置。与第二次世界大战前相比，当今全球经济治理体系具有明显的规则化特征，因而这轮经济全球化也被称为基于规则的经济全球化。全球经济治理体系在演进过程中，规则覆盖面越来越广，内容越来越细致完备。经济全球化参与主体的规则意识不断增强，对国际经贸规则的尊重程度也不断提升。

治理机制具有多层次性。全球经济治理体系并不是由单一的国际组织或治理机制构成的，而是由多层次治理机制构成的。世界银行、国际货币基金组织、世界贸易组织、国际清算银行等国际组织既各司其职又相互联系。2008年国际金融危机爆发后，20国集团在全球经济治理体系中的地位迅速上升，成为多方沟通协调宏观经济政策的重要平台。近年来，如金砖国家合作机制等区域合作机制快速发展，成为全球经济治理体系演进的一个重要特点。区域贸易安排也显著增多，从20世纪90年代初的20多个迅速增加到目前的450多个。

治理主体多元。全球经济治理主体具有多元性，政府和政府间国际组织一直居于主导地位，跨国公司、国际性非政府组织也发挥着不可忽视的作用。近年来，国际性非政府组织如雨后春笋般涌现出来，数量急剧增加，影响力迅速上升。

治理行为的强制性较弱。全球经济治理体系中不存在具有强制执行力的世界政府，而是以沟通、协调、磋商、谈判为运作方式，主要依靠各参与主体的合作来实现治理目标。世界贸易组织由于具有争端解决机制而被称为"有牙齿的老虎"，在一定程度上具有执行协定的强制性，但对违规成员最严厉的处罚也只是授权利益受损方采取贸易报复措施。大多数全球经济治理机制缺乏规则执行的强制性，一个国家违规的主要代价是国际声誉受损。

治理体系具有演进性。全球经济治理体系是不断演进的。首先，大多数全球经济治理机制秉持由易到难、逐渐深化的原则，具有不断发展和完善的内在逻辑。其次，随着技术的进步与经济的发展，不断有新的议题需要全球经济治理体系来处理，对全球经济治理体系变革提出新要求。最后，随着全球经贸格局的变化，不同国家的国际影响力出现相应变化。影响力上升的国家希望修订现有的国际经贸规则，推动全球经济治理体系的变革。

综观第二次世界大战后全球经济治理体系的演进历史可以发现，开放合作是当今全球经济治理体系的基调，贸易投资自由化、便利化是其基本价值取向，国际规则旨在推动、维护和规范跨境经贸活动的发展。这反映了当今时代生产力发展的内在要求，有利于全球资源配置效率的提高，促进了经济全球化深入发展，对世界的繁荣发展和持久和平发挥了积极作用。但是，当今全球经济治理体系也存在诸多不足。在2008年国际金融危机后的世界经济低迷期，这些不足表现得更加突出，因而变革全球经济治理体系的呼声日益高涨。

全球经济治理体系进入加速变革的关键期

2008年国际金融危机爆发后，在多种力量的共同作用下，全球经济治理体系进入加速变革的关键期。做出这一判断，主要是基于以下原因。

国际经济格局的深刻调整要求全球经济治理体系加速变革。近年来，新兴市场国家和一大批发展中国家快速发展，在国际贸易和投资中所占的比重大幅上升，在吸收外资中占比已经超过一半。特别是2008年国际金融危机爆发以来，发展中国家贡献了约80%的全球经济增量。但是，全球经济治理的投票权、话语权分配并未充分反映国际力量对比的这一革命性变化。增加发展中国家在全球经济治理体系中的投票权和话语权，推动全球经济治理体系更加民主化，切实反映国际经济格局的深刻变化，正在成为国际社会的共识。世界银行份额的调整、人民币加入SDR货币篮子等改革，拉开了全球经济治理体系民主化改革的序幕。

全球收入差距急剧扩大要求提高全球经济治理体系的包容性。由发达国家主导的国际经贸规则，本质上是有利于发达国家而不利于发展中国家的。这种不公正的国际经贸规则，导致国际收入差距进一步拉大。当前，全球收入的基尼系数高达0.7，收入不平等成为当今世界面临的巨大挑战。发展中国家强烈要求国际经贸规则向更加公正合理的方向调整。

一些发达国家转向贸易保护主义，使全球经济治理体系面临方向性选择。发达国家总体上是经济全球化的受益者，但也面临传统产业空心化的挑战。这本来是各国按照比较优势参与全球分工的结果，但由于一些发达国家内部收入分配调节机制存在缺陷，其国内收入差距扩大成为严重的社会问题。国际金融危机凸显了这一问题，加之互联网推动了极端民族主义、民粹主义思潮的传播，发达国家的一些群体错误地将本国的社会问题归咎于经济全球化，归咎于其他国家的"不公平竞争优势"。近年来，美国一改多年秉持的自由贸易主张，要求进行所谓的"公平贸易"，试图将国际经贸规则调整到对自身更加有利的方向。欧洲一些国家内部也出现了日益强烈的反经济全球化情绪。经济全球化走到了十字路口，全球经济治理体系面临方向性选择。

全球经济治理体系存在碎片化与低效率，已经难以有效应对国际经济面临的新问题。经过数十年的演进，全球经济治理体系中区域贸易安排纵横交错、叠床架屋，加剧了治理体系的碎片化，降低了治理体系的效率和各国经济政策的协调性。2008年的国际金融危机充分暴露了全球经济治理体系在防范金融风险、培育经济动能等方面的不足。同时，信息技术进步、网络安全、气候变化等新情况、新问题也对全球经济治理体系提出了新要求。

全球经济治理体系进入加速变革的关键期，呼唤推进改革的新智慧。变革全球经济治理体系已成为共识，但对于变革的目标和如何变革，发达国家与发展中国家存在不同甚至截然对立的观点。在全球经济治理体系变革中，片面坚持本国利益优先的观念和做法只会带来国与国之间更多的矛盾和冲突，合作共赢才是解决问题之道。

世界各国特别是主要大国应从大局出发，以对全人类高度负责的态度，寻求共同利益，推动达成共识，负责任地推进全球经济治理体系变革，不断提升全球经济治理体系的公平性、包容性和可持续性，不断提高全球经济治理的效率与水平，推动经济全球化的健康发展。

为完善全球经济治理体系贡献中国方案

全球经济治理体系处于加速变革的关键期，为中国参与全球经济治理提供了历史性机遇。为完善全球经济治理体系贡献中国方案，引导全球经济治理体系朝着更加开放包容、更加公平高效和更有利于可持续发展的方向演进，是中国作为一个负责任大国的责任，也是国际社会对中国的殷切期待。

坚持合作共赢，维护经济全球化的大局。经济全球化的时代潮流滚滚向前，不可逆转。但也要看到，一些发达国家的反全球化声浪与政策取向可能在短期内令经济全球化出现波折。对这种风险要高度警惕、做好预案。应当认识到，维护经济全球化大局符合世界各国的共同利益。因此，变革全球经济治理体系不是要"推倒重来、另起炉灶"，而是要不断完善现有治理体系。近年来，中国与国际社会加强合作，旗帜鲜明地反对各种形式的保护主义，坚定不移地维护贸易投资自由化、便利化。例如，维护多边贸易体制的权威地位，积极参与多边贸易体制下新协定的谈判，推动多哈回合谈判早日取得成果；推动20国集团成为全球宏观经济政策协调平台，并使之成为长效机制；推动金砖国家合作机制发挥作用，共同提高新兴市场国家和发展中国家在全球经济治理领域的发言权和代表性;从维护经济全球化的大局出发,积极推进区域经贸安排,坚持权利与责任平衡的原则,尽量照顾各方关切,加快区域贸易安排谈判进程;弘扬和平合作、开放包容、互学互鉴、互利共赢的丝路精神,扎实推进"一带一路"倡议,发起成立亚洲基础设施投资银行等,为世界提供越来越多的公共产品;等等。

以人类命运共同体理念引领全球经济治理体系变革。随着世界格局的深刻调整,全球经济治理体系的决策机制正在从美国一国主导演变为"集体领导"。美国承担国际责任的意愿下降,进一步加快了这一转变。中国作为世界第二大经济体,将更加积极地参与"集体领导",与各国携手共建人类命运共同体,推动全球经济治理体系变革。一是明确变革目标,即推动全球经济治理体系朝着更加公正合理有效的方向发展。二是贡献新的理念。习近平总书记指出,全球治理体制变革离不开理念的引领,全球治理规则体现更加公正合理的要求离不开对人类各种优秀文明成果的吸收。中国将坚持共同构建人类命运共同体等主张,弘扬共商共建共享的全球治理理念,推动各国在国际经济合作中权利平等、机会平等、规则平等,努力使全球经济治理体系更加平衡地反映大多数国家的意愿和利益。三是分享中国发展经验。中国四十年改革开放取得巨大成就,在经济体制改革、正确处理政府与市场关系、创新宏观调控、扶贫减贫、基础设施建设等方面积累了丰富经验,可以通过与国际社会共享经验,促进全球经济治理体系变革。四是贡献中国倡议。中国推进"一带一路"倡议、发起成立亚洲基础设施投资银行等得到了国际社会的热烈响应。要深入研究各国的共同利益,积极提出国际合作新议题、新倡议。

　　为完善全球经济治理体系贡献中国方案，应着力增强引领全球经济治理体系变革的能力。一是加强对全球经济治理理论的研究，增强提出新理念、新理论和新倡议的能力；二是落实开放发展理念，提高资本和技术密集型产业的国际竞争力，增强推进贸易投资自由化、便利化的能力；三是树立信息化条件下新的开放安全观，妥善处理开放与安全的关系，以开放促进技术升级、制度完善，有效保障国家安全；四是高度重视全球经济治理人才的培养，畅通人才流动渠道，鼓励和支持更多中国公民到国际组织工作。

楼继伟简历

1950年12月生,浙江义乌人,中国社会科学院数量与技术经济系毕业,经济学硕士。1988年至2013年3月历任上海市经济体制改革办公室副主任,国家体改委宏观调控体制司司长,贵州省副省长,财政部副部长、党组副书记,国务院副秘书长、机关党组成员兼国家外汇投资公司筹备组组长,中国投资有限责任公司党委书记、董事长兼首席执行官。2013年3月任财政部部长、党组书记。2016年11月任全国社会保障基金理事会理事长。中共第十七届中央委员会候补委员、第十八届中央委员会委员,中共第十六届中央纪律检查委员会委员。十三届全国政协常委、外事委员会主任。

中美经贸关系：伙伴、对手还是敌手①

楼继伟

开场发言

今天我们讨论的题目是"中美经贸关系：伙伴、对手还是敌手"，我先做一点观察，最后再做结论。我的观察是中美两国都面临着国内难题，应该主要靠结构性改革来解决。同时，由于所处的国际地位不同，中美对外部世界观察的角度会不同，采取的政策也会不同，但都应当承担起积极的外部责任。特朗普总统最近的几项声明表明，美国政府通过对外部世界的观察，认为有三个问题对美国是不公平的：一是巨额贸易赤字使美国失去大量的就业机会；二是现有的WTO规则对美国是不公平的；三是美国占据全球高科技领先地位，其他国家从美国的技术贸易获益是不公平的。而且，美国认为这三个不公平主要来自中国，或者中国在其中得益最多。

我想先讲对前两点的看法。第一，美国贸易逆差是必然的，中美贸易问题的根源是美国的政策选择。我认为，美国现任政府的立场或者说特朗普总统的立场是有问题的。我上周六参加发展高层论

---

① 由中国经济50人论坛主办的"2018中美圆桌研讨会"于2018年3月27日在北京召开。此文为作者在会议上的发言，有删节。

坛谈及中美贸易问题时，曾经提到了特里芬悖论，在座各位都是大牌学者和专家，对此不会陌生，但我还是要做一个说明。特里芬悖论是指全球主要储备货币国家面临的两难困境：要保持储备货币国家的地位，要求经济必须坚固稳定，但同时国家必须保持贸易赤字和财政赤字，用资本输入来平衡国际收支，否则它的货币就不可能成为主要的贸易结算货币、国际储备货币和金融避险货币。但是，这种地位反过来又会侵蚀经济的坚固性和稳定性，这就形成了悖论。

目前占据这样地位的国家是唯一的，这自然就带来一些优势，主要有两个方面。一是低的居民储蓄和高的贸易赤字，相当于美国人民通过透支美元的全球信用，享受了更高水平的生活。也就是说，美元作为全球公共产品，使美国人民得到了好处。二是适度的财政赤字是可以持续的，相当于美国政府通过透支美元的全球信用，可以安排更多的资源。

没有其他国家有美国这样的优势地位，但是天下没有免费的午餐，有优势就要承担责任。根据特里芬悖论，这种透支是有限度的，如果严重影响美国经济的坚固性和稳定性，将对美国自身和全球经济造成灾难。美国的居民储蓄率从20世纪90年代的约8%降到了2006年的1.75%，2007年上半年一度为负。美国联邦债务率从1994年的49%降到了2000年的34%，而到2006年上升到70%。过度透支美元的全球信用，再加上华尔街的高水平创新，最终导致了全球金融危机。

因此，美国政府应当认识到，美国的贸易逆差和财政赤字是必然的，是特权，其他国家没有这种优势，但是不能滥用这种特权。2017年美国的居民储蓄率又降到了3.6%，联邦债务率超过100%，在我看来又处于过度透支的状态，但是特朗普总统不这么看。他所称的8000亿美元的美国贸易赤字都是别国造成的吗？实际是由美国过低的居民储蓄率和过高的联邦债务率造成的。

第二，拥抱和推动全球化是美国的利益所在。只有更多的国家参与国际贸易体系，加强金融深化，美元的国际结算、支付、交易和储备的功能才能得到更充分的发挥，美国才可能更多地获得全球发钞国的优势。包括WTO在内的布雷顿森林体系，对美国是有利的。WTO规则被特朗普总统认为不公平，要认识到这个规则是国际广泛共识的结果，也是全球公共品，试图单方面强行修改，只会受到大多数成员的抵制，这是行不通的。

在现行体制下，美国已经优先了。比如，WTO规则中的知识产权条文，即TRIPS（与贸易有关的知识产权协定），实际是源自美国301条款，只不过是为照顾发展中国家利益，在共识基础上，WTO做一定修改后的版本。这实际反映美国已经占据了优先地位。如果还要寻求额外优先，想"赢者通吃"是不现实的。我还可以举个例子，提示美国的全球责任。刚才提到2000年美国联邦政府的债务率降到了34%，那是克林顿政府执政的后期，当时财政盈余达到2370亿美元，占GDP的2.5%。在这种情形下，美债的发行规模就不足以满足全球储备资产和风险对冲资产的需求。为此，美国在自身融资需求之外，额外发行了一笔1000亿美元的债务并支付利息。这就是美国作为储备货币国在履行全球责任。

我再讲讲中国方面怎么看。第一，在贸易和开放领域，中国加入世贸组织的承诺是高水平的，超过了发展中国家的一般水平，而且已经全面履行了承诺并超越承诺，扩大了开放。

首先是高水平的承诺。中国加入WTO时最高的约束税率是65%，远低于其他主要经济体。比如，美国的最高约束税率是300%，韩国是800%，日本是260%。加入WTO后，2002年中国第一次履行降税义务，平均关税水平从15.3%降为12%。中国加入世贸组织承诺农业补贴水平不超过本国农业产值的8.5%，而其他发展中国家平均为10%。中国承诺开放100个服务贸易部门，现在开放水平远远超过承诺，已接近发达国家，远高于发展中国家，达到120个。到2010年，关税减让义务履行完毕，关税总水平从15.3%降到了9.8%。在贸易体制方面，中国政府对3000多部法律法规和部门规章做了清理，地方政府则清理了9万多件，形成了更加透明规范和可预见的贸易体制。

此外，中国还有一个特殊的情况，即不征税的加工贸易占比大。从2017年进口结构来看，一般贸易进口占比59.1%，加工贸易占23.4%，其余为对低收入国家免税的进口以及免税设备进口等。进口征税主要针对一般贸易，如果按照关税收入对进口总额的比值计算，实际征税率为2.4%，已经接近或低于部分发达国家。中美贸易更为特别，加工贸易占比更大，2017年中美加工贸易顺差占总贸易顺差的比例达59%，这表明对美国的实际征税率更低。因此，在贸易和服务方面，中国并没有过度地保护。

第二，美国最近掀起的贸易战，当然我认为是打前哨的，是虚张声势还是真打也不清楚，反正现在已经开始了。

首先，理论上美国现政府是站不住脚的，而且会对自己的利益造成损害。巨额的逆差是由自己的政策造成的，居民储蓄率过低和财政赤字过大，在滥用发钞国的特权。同时，又借此将国内视线引向国际，是民粹主义炒作。

其次，美国应当拥抱全球化，包括合作应对气候变化等国际议程。全球化和技术进步当然也会造成结构性失业和收入分配不公，这需要通过结构性改革和政策解决。中国也面临同样的难题：比较优势的转移，大量的劳动密集型产业和制造业转移到海外，工作岗位流失，特别是农业转移人口失去了城市工作。我们正在通过一系列结构性改革和政策解决这个问题。目前中国经常账户顺差占GDP的比例不足1.5%，货物贸易顺差占比只有3%左右。这个比重在过去五年大致稳定，而同期消费贡献率已从54.9%上升到58.8%，服务业增加值的比重从45.3%上升到51.6%，这说明中国经济更多依靠内需，而且在依靠内需中减少了对投资的依赖。自己的问题自己解决，中国现在就在这么做。

最后，美国应当平等待人，有事情可以磋商、讲道理。如果动辄诉诸贸易战或使用大棒，对中国是无效的，也是无礼的。一方面要求中国更为市场化，另一方面又用计划经济下达指标的方式要求中国压减对美国1000亿美元顺差。中国已经越来越淡化增长数量指标，比如GDP的增长率过去是计划增长的，后来改成预期，并且预期的语气越来越弱，从要求增长预期7%以上，改为6.5%~7%，2018年政府工作报告又调整为预期6.5%左右，转而更强调失业率指标，降低失业率，扩大就业。要求中国发展市场经济，却又给我们下达计划指标，我们已经没有办法下达计划指标了。美国还用了一个所谓的"镜像关税"，这也不符合常识。举的例子是中国对汽车进口收了25%的税，而美国的税率非常低，应该如同镜子两面一模一样才对，这是完全不顾发展阶段的差距。中国是发展中国家，关税水平已经低于巴西等同等发展中国家，甚至低于韩国，韩国不是发展中国家。美国如果搞镜像税，可以同德国、日本去镜像，不要同中国去镜像。这个道理在座各位都清楚，我也不用多说，美国有些做法确实没有道理。中国人的看法是，对不懂孔夫子的人，不必"温良恭俭让"。应当"以其人之道还治其人之身"，这是孙子兵法的至理名言。如果美国逼迫中国违反加入 WTO 的承诺，那我们只能以牙还牙。

知识产权问题与特里芬悖论无关，对双方最重要，可以坐下来谈，以消除误解，达成共识。美国方面认为中国政府干预了美国企业在中国的运营，限制了美国企业谈判权利等。我理解美国方面的想法。对技术转移的问题，中国方面是这么认为的：美国通过巴黎统筹委员会，联合盟友封锁对中国的技术出口。一方面，美国包括西方在中国巨大的市场上获取利润；另一方面，它们不转移技术，甚至中美合资企业中的技术也要从美国的母公司购买，不断地付费，知识产权不断地付费是不公平的。美国财政部牵头的外资审查委员会的规则是高度不透明的，充满了不确定性。这方面例子太多了，我在中投就遇到很多，暂不提这些。中国的产品甚至含有中国股份的美国企业法人的产品，在美国受到了不平等的对待，我也就此做过很多的磋商。美国用国内法高于国际规则而直接干预别国是不公平的。这是中国的一方面看法。

另一方面看法是，保护知识产权是中国内在的需求，否则我们就无法建立信用社会并取得技术进步。这方面中国的进步是巨大的，美国人也观察得到，但为什么不说？据统计，外国公司在中国提起的专利侵权案的诉讼，胜诉率已经达到 80%。国家规定的赔偿额度从以前的 1 万~100 万元，提高到 10 万~500 万元，还成立了三家知识产权法院。这次国务院机构改革，又重新组建国家知识产权局，将与保护知识产权的相关职能整合在一起，有利于解决知识产权保护取证难、周期长、成本高、赔偿低的问题，而且要求在 2018 年前完成机构改革任务。

以上这些都是我们取得的明显进展，但也仍有一些难题没有解决。如知识产权法院专业性不足、有地方保护倾向等，美国的 301 调查报告也讲到这个问题。对此我是很清楚的，在美国、德国、日本等国家，知识产权案件由于有跨区域性合同，属于统一市场的事务，都是由联邦或中央管辖，在中国是双管。最高法院管规则，具体执行的知识产权法院作为中级法院，却属于地方管理，可能会有地方保护。这是一个国家治理体制上的问题。为什么搞成这样？也是因为我们没有经验，还在探索，我认为应该走得再快一点。我在财政部副部长任内曾经推动解决了一些问题，使中美双方在经济关系上都更为公平，特别是在中国方面还促进了改革开放的进程。我们可以共赢，但是要双方都有意愿。

回到我们的主题，"中美经贸关系：伙伴、对手还是敌手"使我想到，汪洋同志任副总理时，作为习近平总书记的中美战略经济对话特别代表，我作为财政部副部长协助他工作。他曾跟美方开玩笑："中美关系就像夫妻，经常吵吵闹闹但日子还得一起过。"我觉得这个比喻很恰当。中国还有一句老话："开门教子，闭门教妻。"如果夫妻敞开门来打架，是没有教养的表现。美国可能认为，中美可以不是夫妻，美国可以再找一个。但是我想提醒美国，"中美是命定的夫妻"，中美只能是对手和伙伴。

总结发言

我非常欣赏大家讲到了一般美国人的感受，即心理不平衡。我首先要补充一下美国高层战略家的感受。我也接触过一些人，总体来讲他们是失望的。他们设想将中国引向市场经济，中国就会自然走向西方的民主，但是发现落空了。中共十九大和近期的修宪，进一步确立中国共产党的领导是中国特色社会主义的最本质特征。这些人失望了，所以他们要找回面子，要进一步威胁中国。但这是我们必须做的。我刚才举的例子，中国加入WTO后做了很多工作，中央政府层面修改了3000多件法律法规，地方政府层面清理了9万多项，这在美国和其他发达国家是不可想象的。因为按照美国的宪法，有一个州际贸易条款，国际和州际之间的贸易是联邦的权力，不可能出现地方政府出台9万多项法规，需要清理的数量是中央政府的30倍的情形，所以刚才帕克（Park）先生也讲到了，中国有很多执行不到位的地方。也就是说，我们必须要实现国家治理体系和治理能力的现代化，这个过程中有多大的利益需要调整？没有坚强的中国共产党领导，特别是党中央的权威，这是不可能的。我们的路线已经确定为以经济建设为中心，不可能再回到以阶级斗争为纲；人民已经选择了市场经济，不可能回到计划经济；我们的人民是非常自由的，不可能再回到压抑。刚才我只是提到一个例子，这方面的问题还有很多，我们要加紧解决，这样才能真正实现中华民族的伟大复兴。这是我想讲的第一点。

第二，我作为经济学家，又曾是政府官员，与美国政府方面沟通很多，我认为中美还是应该通过协商解决问题。我们是非常尊重美国的，在制度等方面借鉴美国很多。但是我在同美国人打交道时，深深地感受到他们有优越感，但美国人的优点是，你只要给他把道理讲清楚了，你比他还明白，他就服你，他就接受。但是不能威胁，不能要求中国立刻消除1000亿美元顺差。美国曾经这样威胁日本，而且奏效了，但这对中国是无效的。我非常认同汪洋同志将中美关系作为"命中夫妻"的比喻。归根结底，还是要回到谈判上，这一点我们可以做到。

第三，其他国家怎么看？大家怎么看现在的中美关系？美国人民对特朗普总统从开始的不习惯到逐步习惯，但是不见得心里都很习惯。欧洲、日本一开始也不习惯，现在慢慢习惯了，但还是不见得心里习惯，不见得服气。这就会形成一种心态：希望中国和美国打一打，压一压美国的气焰。另一种心态是，中美打了以后，大家预期贸易会更公平，知识产权会更公平。这是对的，但我想提醒欧洲、日本，你们别想搭便车，搭公平的车不叫便车，想让中美打起来你得好处那是不行的。比如，欧洲人对平台经济是很有意见的，对亚马逊、脸书、推特、谷歌等加以处罚。如何打破新型垄断，还没有破解。这些平台很大一部分是美国的，现在中国也进来了。欧洲人希望打击它们，希望对它们有一定挤压。但是美国还专门说，平台经济扩展下去成本会越来越低，中国人想抢美国人饭碗，不是这么回事，这点大家都明白，应当大家一起寻求解决办法。

第四，我们自己很清楚在知识产权保护方面的问题。我可以举出很多的例子，比帕克先生讲的还要多。在中国企业之间的例子太多了，存在很多不公平，相当多的是体制方面的问题，而不是我们不重视。我刚才给大家举的例子，知识产权法院是中级法院，而且不是中央直管的法院，地方政府可以在国际贸易领域出台9万多项法规。这些都是我们需要解决的问题。而且，我们在谈判的时候应该互相理解，有些事情不是中国有意的。我们把这些问题解决了，对中国有好处，对美国也有好处，对全世界都有好处。

马建堂简历

经济学博士，研究员。现任国务院发展研究中心党组书记、副主任。毕业于中国社会科学院研究生院，主要研究方向为企业行为、产业结构、产业组织和宏观经济等，著有《周期波动与结构变动》《结构与行为——中国产业组织研究》《中国产业结构研究》《世纪之交的国有企业改革研究》等，1996年获我国经济学最高奖孙冶方经济科学奖，并被国务院授予有突出贡献专家称号。2012年其中国经济结构调整理论获中国经济理论创新奖。曾任国务院发展研究中心宏观调节部部长，国家经贸委副秘书长，国务院国资委副秘书长，青海省政府党组成员、副省长，国家统计局党组书记、局长，国家行政学院党委副书记、常务副院长。

我亲历的 2000 年有色金属工业管理体制改革[①]

马建堂

我国有色金属工业管理体制 2000 年发生了一次重大的调整和变革。撤销 1998 年成立并由中央管理的中国铜铅锌集团公司、中国铝业集团公司和中国稀有稀土集团公司，所属企事业单位下放地方管理，同时在中国铝业集团公司基础上，重组成立中国铝业公司。当时我任国家经济贸易委员会综合司司长，跟随原国家经贸委主任盛华仁同志，在时任国务院副总理吴邦国同志的直接领导下，参与了这一改革过程。时值我国改革开放四十周年，谨就这一过程做点儿回忆，以纪念深刻改变当代中国命运的改革开放大潮。

改革的背景

1983 年 3 月，国务院决定把有色金属工业企事业单位从冶金工业部划出来，成立中国有色金属工业总公司，统一管理和经营全国重点有色金属生产、流通企业和科研、设计、学校等事业单位，归口管理全国其他有色金属企事业单位。

[①] 原文写于 2018 年 4 月 25 日。

中国有色金属工业总公司的成立，对我国有色金属工业的统一和专业化管理做出了重要贡献。随着我国改革的不断深入，为进一步推进政企分开，1998年，国务院决定对国务院机构进行改革，撤销中国有色金属总公司，组建由国家经贸委管理的国家有色金属工业局，原总公司所属的企事业单位，按行业性质，分别组建中国铝业集团公司、中国铜铅锌集团公司和中国稀有稀土集团公司。

有色金属工业三大集团公司设立前后，适逢东亚金融危机的爆发和蔓延。1997年7月2日，金融风暴席卷泰国，泰铢大幅贬值。不久这场风暴席卷马来西亚、新加坡、韩国、日本、中国香港，我国经济也受到深刻影响：出口萎缩、需求不足、价格下降，经济下行压力增大。随着宏观经济形势的日趋严峻，我国国有企业一直存在的企业负债率高、富余人员多、历史负担重等突出矛盾浮出水面，进一步凸显，相当多的国有大中型企业陷入经营困境。国家经贸委和国家统计局监测的6599户国有大中型企业，1998年有4058户亏损，亏损面高达61.5%。这种困难状况在有色金属工业表现得也非常突出，中国铜铅锌集团公司所属的、地处辽宁葫芦岛市的杨家杖子矿务局是这种状况的典型代表。

杨家杖子矿务局是中国最早的钼矿产地。矿山开采始于清光绪年间，日本侵略东北时期，为掠夺我国铅锌资源，于1935年设立"满洲铅锌株式会社"。新中国成立后，杨家杖子矿务局是国家"一五"时期的156个重点项目之一，经过多年建设，成为我国重要的以生产钼精矿为主、兼产铅锌的大型有色金属工业企业。

由于多年开采后资源枯竭，再加上债务负担累累，人员富余，到20世纪90年代后期，杨家杖子矿务局经营日趋困难，企业亏损严重，工资不能按时发放，各项历史拖欠累累，职工情绪不稳，上访事件不断，2000年2月27日发生了当时震惊全国的杨家杖子矿务局"2·27"大规模群访闹事事件。党中央、国务院对此高度重视，江泽民总书记、朱镕基总理做出专门指示，吴邦国副总理多次召集会议研究杨家杖子矿务局的稳定、改革与发展。

"2·27"事件的发生，有偶发因素，也带有某种必然性，是国有企业诸多矛盾在当时严峻的国际经济环境和资源枯竭地区的集中体现。这一事件客观上不仅推动了国家支持资源枯竭地区转型升级政策的出台，还促使党中央、国务院开始考虑调整有色金属工业的管理体制。

西北与中南的调研

2000年全国"两会"刚闭幕，时任中共中央政治局委员、主管经贸工作的国务院副总理吴邦国为推动有色金属工业管理体制改革和中央所属有色金属企业的下放，带领国务院有关部门负责同志赴青海、甘肃、陕西、宁夏四省区调研。随行的部门领导有国家经贸委主任盛华仁、劳动和社会保障部部长张左己、国家有色金属工业局局长张吾乐、国务院分管工业的副秘书长石秀诗、中央企业工委副书记王瑞祥、财政部部长助理高强，我时任国家经贸委综合司司长，作为盛华仁主任的助手随行。离京时，北京玉兰含苞待放，柳枝渐绿，但三月中下旬的青海仍然寒气逼人。青海省领导同志是穿着军大衣到机场迎接我们的。青海当时有三家央属有色金属企业。一是青海铝厂，当时是我国最大的电解铝企业之一，主要是为消纳龙羊峡水电站的水电而配套建设的企业。二是锡铁山矿务局,后来改组为西部矿业公司。虽然叫锡铁山矿务局,但并不产锡,而是生产铅锌。三是民和镁业。在青海期间,吴副总理考察了青海铝厂,与青海省主要负责同志交换了有色金属工业改革和部分企业下放的意见,赵乐际省长等省里的同志表态坚决支持和服从党中央、国务院的改革决定。

我们在甘肃考察了金川公司和白银公司。当时镍价低迷,金川公司债务沉重,困难重重,提出希望国家解决资本金、债转股、出口退税等七个问题,吴副总理指示国家有关部门逐一研究解决,并要求金川公司勇于竞争,敢于和行业前三名争高低。在他的推动支持下,金川公司很快完成了债转股,通过改制实现了投资主体多元化,企业摆脱了困境,走上快速发展的轨道。十年后,吴邦国同志再来金川公司时,金川公司规模扩大了近30倍。白银公司已严重资不抵债,濒临破产。吴副总理看了铜冶炼厂、铅锌厂以后,深感忧虑,要求企业依托资源优势,依靠科技进步,搞好产品结构调整,迅速走出困境。此后,吴邦国同志还多次批示,给予企业多项政策支持,支持股权多元化,促使白银公司浴火重生。

我们在宁夏考察了石嘴山的宁夏有色金属冶炼厂和青铜峡铝厂。在考察青铜峡铝厂时,吴副总理建议,自治区应推动青铜峡电厂与青铜峡铝厂多种方式的联合,因为铝厂是耗电大户,每吨电解铝耗电1.5万度,电厂和铝厂又离得很近。后来,我国相当多的电解铝企业在铝电联营上进行了多种方式的探索。有的搞自备电厂,有的铝厂电厂联合,有的与电力公司搞电力直购。印象中青铜峡铝厂共三期,其中第三期是比较先进的预焙槽,环保水平较高,而第一期和第二期工程皆为自焙槽，车间空气污染较重。现在我想应该都改造为预焙槽了。

最后一站是陕西。当时的省委书记是李建国同志，省长是程安东同志。我们在陕西考察了华山附近的金堆城钼业公司。该公司始建于1958年，是亚洲最大的钼采矿、选矿、冶炼、加工企业。陕西是我国有色金属大省，不仅有生产企业，还有地质勘查和研究设计单位。这些事业单位下放地方后，涉及原有的财政拨款等政策的稳定。尽管继续拿中央原来的财政补助，省里也要增加负担。陕西省顾全大局，支持中央改革。下放后，陕西省将中央下放行业单位与陕西地方有色金属企业整合，成立了陕西有色金属控股集团公司，目前该企业已成为拥有35家下属单位、在职职工3万余人的大型集资产运营与有色金属资源开发加工为一体的大型企业集团。

从西北回来不到一个月，吴邦国副总理又带队到江西、湖南考察有色金属企业，与两省主要负责同志交换有色金属工业整合下放的意见。

江西铜矿资源丰富，铜矿储量占全国的1/3左右。江西铜业集团公司是国内最大的铜矿开采和冶炼企业，阴极铜产能达到20万吨，拥有我国最大的铜矿——德兴铜矿，以及当时最大的闪速炼铜厂——贵溪冶炼厂。

2000年4月12日，吴邦国副总理一行来到贵溪冶炼厂调研，视察了闪速炼铜二期工程，提出要把江铜"做大、做强、做好"，创建世界一流铜业公司。回到南昌后，和当时的省委书记舒惠国、省长舒圣佑同志交换了中央所属有色金属企业下放的意见。由于江铜是国内最大的铜企业，江铜等央属企业下放江西，江西省政府的同志是非常赞同的。江西铜业交给江西省管理后，企业发展迅速，铜冶炼产能由 2000 年的 20 万吨增长到现在的 120 万吨，营业收入从 47 亿元增加到 2023 亿元，在 2017 年中国企业 500 强中排名第 76 位，2017 年还进入了《财富》(Fortune)杂志的世界 500 强名单。

离开江西后，吴邦国副总理又风尘仆仆地赶赴湖南。湖南也是有色金属工业大省，境内探明的十种有色金属储量和产量都位居全国前列，特别是科技实力突出。中南大学是全国有色金属行业的"黄埔军校"，湖南稀土金属材料研究院是国内最早从事稀土材料应用研究与开发的机构之一。吴副总理在湖南调研期间专门到株洲冶炼厂进行调研。株洲冶炼厂是一个以生产锌、铅为主，并综合回收铜、金、银、铋、镉、铟等多种稀贵金属和硫酸等产品的有色金属综合冶炼企业，是我国主要的铅锌生产和出口基地。由于盛华仁主任指示我留在长沙起草吴副总理西北和中南有色金属工业管理体制改革调研的草稿，所以我没有跟随株洲的调研。遗憾的是，正在我写这篇回忆文章的时候，《株洲日报》2018 年 4 月 23 日报道：《别了！老株冶！》。一个曾经创造了 180 多项"共和国第一"的工业明珠，计划 2019 年底全面关停，退出冶炼生产。不过，这也是一场必须接受、勇于面对的痛苦转型和凤凰涅槃。

7 月初，吴邦国副总理又去了云南、贵州，与两省负责同志交换了意见。通过调研，国务院了解到大多数企业希望下放，地方也希望下放，都支持有色金属工业管理体制进行调整。这使我们对搞好有色金属行业改革发展更有信心。

讲话和文件的起草

赣湘两省调研结束后，有色金属工业管理体制的改革进入领导讲话起草、方案细化和文件的起草过程。我承担的第一个任务是起草吴邦国副总理在全国有色金属工业管理体制改革会议上的讲话。领受任务后，我根据随同调研中吴副总理的有关讲话，以及前期起草的西北、中南五省的调研材料，起草了初稿。初稿的第一部分是关于这次管理体制调整、央属有色金属企事业单位下放的意义。由于我对有色金属工业管理体制沿革不太清楚，文稿就事论事地从调整下放有利于结构优化、有利于有色金属工业改革等角度进行了阐述。草稿经盛主任呈送吴副总理。吴副总理审阅后指出：1998 年撤销中国有色金属工业总公司，分别成立中央所属的三大专业化企业集团。当时讲，这样是为了推动有色金属工业结构优化和调整，现在将大部分中央所属有色金属工业企事业单位下放地方管理，还是说有利于结构优化与调整，显然不太合适。应从总结杨家杖子矿务局群体事件的经验教训出发，指出现行的管理体制不利于有色金属矿山、企业关闭破产工作稳妥进行；不利于地方统一规划、调整结构、更好发展；不利于克服体制上的一些缺陷；不利于发挥地方党委和政府统筹推动企业发展与改革的积极性。吴副总理的指示确实站得高，对于如何写好这次调整的重要性和必要性，给了我很大启发。吴副总理还交代，由他的秘书陈全训同志、国务院研究室工交司司长郭振英和我一起，对讲话稿进行认真修改，印象中改了一天多。这是我第一次起草国务院领导同志的重要讲话，通过起草讲话，发现了自己的诸多不足，也学到了很多东西，为以后从事类似工作积累了经验。

我承担的第二项工作是起草2000年国务院第17号文件,即《国务院关于调整中央所属有色金属企事业单位管理体制有关问题的通知》。17号文件的起草工作比较顺利。起草中,根据国务院领导的意见,学习参考了此前中央下放46户中央统配煤矿的国务院文件,明确了有色金属工业企事业单位下放的范围、名单,下放后的财务关系,历史遗留问题的处理原则,以及国家相关部门和地方的责任,并对下放的企事业单位提出了要求。文件初稿起草后,经盛主任修改,而后呈报给了国务院办公厅,报国务院领导同志按程序审定。

在中央所属有色金属企业下放时,为促进中国铝行业的发展壮大,国务院决定在原中国铝业集团公司的基础上,改组设立中国铝业公司。对于组建新的中国铝业公司,国务院领导同志最初有两种设想。一是将山西铝厂、山东铝厂、中州铝厂等几家氧化铝企业留在手上,以加强对氧化铝资源的统一开发和配置,通过加强源头控制,防止电解铝能力的低水平扩张,这是"小号"的中国铝业公司设想。二是在中央保留上述氧化铝生产企业的基础上,再将青海铝厂、贵州铝厂和广西平果铝厂三家电解铝企业组合进来,建立氧化铝生产和电解铝冶炼一体化的中国铝业公司,这是"大号"的中国铝业公司设想。在最初的五省调研中,与地方政府交换意见时,是将这几家电解铝企业下放的。最后,国务院经过慎重研究,还是决定组建氧化铝生产和电解铝冶炼一体化的中国铝业公司。为此,国务院主要负责同志还向青海、贵州、广西的主要负责同志写了信。中国铝业公司经过一段时间的筹备,于2001年2月23日正式批准组建,第一任总经理是现任中共中央政治局委员、中央政法委书记郭声琨同志。2000年改革后组建的中国铝业公司当时的氧化铝产量为430万吨，占我国氧化铝消耗总量的75%，电解铝产量279万吨，铝材217万吨。经过十七年的改革发展，中铝公司现在已成为全球第二大氧化铝供应商、第三大电解铝生产商，总资产超过5200亿元，营业收入超过3000亿元的中央所属骨干企业，为我国有色金属工业的发展壮大做出了重要贡献。

由于这次改革中央决心大，相关企事业单位坚决服从，地方也大力支持，再加上吴副总理亲自深入多省调研，制定的方案比较科学可行，所以2000年有色金属工业管理体制改革进展顺利。除中铝公司外，其余有色金属工业企事业单位由地方管理的体制沿用至今，中央继续管理的中铝公司在改革中克服困难、不断发展，下放的企事业单位经过整合重组也大都成为地方有色金属工业骨干。

十八年前，在吴邦国副总理亲自领导下，在盛华仁主任具体指导下，我有幸参与了有色金属工业的这次改革，见证了中国改革开放四十年伟大征程中的一个具体案例，感受到了老一代领导人勇于改革、善于创新、勤于调研、周密谋划、夙夜在公的风范，这也成为自己的成长过程中一段难以忘怀、终身受用的经历！

中国有色金属工业协会会长、时任吴邦国副总理秘书陈全训同志对本文的写作提供了很多帮助，谨此致谢。

汤敏简历

国务院参事。1978年2月考入武汉大学数学系，1982年留校后在武大经管系任助教；1984年赴美国伊里诺伊大学经济系学习；1989年获经济学博士学位后被亚洲开发银行经济发展研究中心聘为经济学家；2000年任亚洲开发银行驻中国代表处首席经济学家；2007—2010年任国务院发展研究中心中国发展研究基金会副秘书长。自2010年起，被聘为国务院参事。2007—2011年为中国人民银行研究生部部务委员会副主席。汤敏是北京大学、武汉大学、暨南大学兼职教授，武大经济与管理学院专家咨询委员会主席，中国经济50人论坛成员，中国教育30人论坛成员，欧美同学会商会理事等。汤敏还长期参与扶贫公益活动，现任国务院扶贫办专家委员会副主任，乐平基金会理事长，友成基金会副理事长，着力推动扶贫与乡村教育。

主要研究领域：宏观经济分析，区域间经济合作、经济发展战略和国际金融业务。著有《亚洲成长三角区——区域间经济合作的一种新形式》(1994年，牛津出版社)、《印度尼西亚—马来西亚—泰国成长三角区——理论与实践》(1996年，亚洲开发银行出版社)、《现代经济学前沿专题》一、二、三集(1989年、1992年、1996年，商务出版社出版)、《千虑一得》(2001年，广东经济出版社)、《中国经济警惕黑天鹅》(2013年，电子出版社)、《慕课革命：互联网如何改变教育》(2015年，中信出版社)，以及亚洲、中国宏观经济、部门经济、金融改革及教育改革等方面的文章、论文百余篇。

扶贫助弱是中国经济 50 人论坛的永恒主题

汤 敏

中国经济 50 人论坛已经成立二十周年了。我很荣幸能成为 50 人论坛的一员,十多年来多次参加了论坛举办的各种研讨会,从经济学同人处学到了很多知识,自己也为论坛的成长做了一些事情。

致力扶贫,关注弱势群体,这不但是中国共产党建党的初心,也是解决新时代主要矛盾中的"不平衡不充分"的最具体体现。事实上,50 人论坛一直在关注扶贫问题。每次研讨会都或多或少地涉及扶贫助困的问题,同时,区域发展差距、收入分配、社会福利等都与扶贫助弱有紧密的联系。即使是研究宏观问题,大家也都关注这些宏观政策对贫困人群弱势群体的影响。

今天,中国经济已经进入一个新时代。形势在变,环境在变,我们未来的任务也在变。 但在众多的变化中,也有不变的,那就是扶贫助弱应该是 50 人论坛的永恒研究主题。

艰苦卓绝扶贫四十年

新中国成立以来,中国政府一直在推动发展生产、消除贫困的工作。但由于当时的经济基础极端薄弱,生产能力低下,经过曲折发展，到 1978 年，中国还是世界上贫困人口最多的发展中国家之一。按世界银行公布的数字，1981 年中国的贫困人口高达 4.9 亿人，贫困发生率为 43%。

现代意义上的扶贫，是在改革开放以后大规模实施的。在过去的四十年里，扶贫标准根据经济社会的发展不断调整，扶贫政策也在不断变化：从"救济式扶贫"到"开发式扶贫"；从"区域性扶贫"到瞄准贫困县、"整村推进"，再到"扶贫入户"，以及现在的"精准扶贫"。回顾历史，中国的扶贫开发大致经过了五个阶段。

第一阶段为体制改革推动扶贫阶段（1978—1985 年）。自 1978 年开始的改革，首先是以家庭联产承包责任制取代人民公社"一大二公"的集体经营制度。这种土地制度的变革极大地激发了农民的劳动热情。通过农产品价格提升、产业结构调整以及非农领域就业的渠道，将利益传递到贫困人口。同时，中央开始推动类似扶贫开发的以工代赈计划和"三西"农业专项建设项目。到 1985 年底，没有解决温饱的贫困人口从 2.5 亿减少到 1.25 亿。

第二阶段为有组织的大规模扶贫阶段（1986—1993 年）。1986 年，国务院贫困地区经济开发领导小组成立，拉开了有组织、有计划、大规模的农村扶贫开发的序幕。当时农村年人均纯收入在 206 元以下的约有 1.25 亿人，占农村总人口的 14.8%。国家划分了 18 个集中连片困难地区，依据农民人均收入，制定了国定贫困县标准，划定了 331 个国家贫困县。截至 1992 年底，农村依靠其收入不能维持其基本的生存需要的绝对贫困人口减少到 8000 万。

第三阶段为"八七"扶贫攻坚计划阶段（1993—2000 年）。"八七"的含义是：在 20 世纪的最后七年，集中力量基本解决全国农村8000万贫困人口的温饱问题。1993年"国务院贫困地区经济开发领导小组"更名为"国务院扶贫开发领导小组"。列入"八七扶贫攻坚计划"的国家重点扶持的贫困县调整为592个。在这七年间,中央政府累计投入扶贫资金1240亿元。截至2000年,中国农村贫困人口从8000万下降到3200万,贫困发生率下降到3.5%。

第四阶段为以整村推进为主要特征的阶段(2001—2010年)。国家制定了21世纪第一个农村扶贫开发纲要,扶贫政策在保留和适当调整重点县的同时,把目标瞄准到村级,重点实施"整村推进"。在全国确定了14.8万个贫困村。此阶段逐步在农村全面建立了最低生活保障制度,对没有劳动能力或丧失劳动能力的部分农村贫困人口,给予最低生活保障,初步形成了低保维持生存、扶贫促进发展的工作格局。

第五阶段是以精准扶贫为主要特征的阶段(2011—2020年)。国家制定了21世纪第二个农村扶贫开发纲要。提出的扶贫标准是"两不愁,三保障",即实现扶贫对象不愁吃、不愁穿,保障其义务教育、基本医疗和住房,并将农民人均纯收入2300元(2010年不变价)作为新的国家扶贫标准,这一标准比2009年提高了92%。这一阶段的特点是把区域发展和个人帮扶结合起来,划定集中连片特困地区,实施精准扶贫的方略,使扶贫效果有效集中在贫困人口身上。党的十八大以后,在习总书记的亲自推动下,"精准扶贫"成为一切扶贫工作的中心。在全国范围内建档立卡识别贫困人口。2015年中央制定了《关于打赢脱贫攻坚战的决定》,中央扶贫开发工作会议期间,中西部22个省(区)党政主要负责人向中央签署脱贫攻坚责任书,立下军令状。目前已取得决定性进展。

新时代的新扶贫

随着全面小康社会的建成,以及大规模精准扶贫的收官,到2020年底我国基本消灭绝对贫困,一个新的问题很快将要被提上实际议事日程:2020年后还需要扶贫吗?

毋庸置疑,如果连发达国家都还存在反贫困问题,2020年后的反贫困依然应该是中国政府的重要工作之一。当然,那时的反贫困的重点将发生变化,反贫困的方式也将发生很大的变化。

我们现在所说的到2020年要全体脱贫,指的是在现行的"两不愁,三保障"标准下的脱贫。从收入的角度看,现在的贫困标准为人均年收入3200元左右,即人均月收入超过270元就算脱贫。这也就是能维持一个最低限度的温饱而已。况且,在扶贫中还出现了大量的所谓"边缘户"。按现在的标准,他们不属于贫困户。但是,他们的收入与生活状况跟贫困户也差不太多。但因不是贫困户,精准扶贫的各种优惠政策他们都没有享受到,所以出现了所谓的"悬崖效应"。瞄准式的扶贫越精准,对这些边缘户的冲击就越大。这是一个数量巨大的群体,2020年后的扶贫一定要帮到这些边缘户。

国际上通行的方式是,随着社会经济的发展,贫困的标准也要随之不断地深化,特别是要由解决绝对贫困逐渐发展到缓解相对贫困上去。最早明确提出相对贫困概念的是美国斯坦福大学的维克多·福克斯(VictorFuchs),他认为如果一个人或者一个家庭以收入或消费衡量的生活状况低于社会平均水平并达到某个程度,则可认定其为相对贫困。也就是说,相对贫困与社会经济发展水平无关,而仅仅与收入差距有关。只要存在收入差距,就存在低收入的阶层,从而就有相对贫困。绝对贫困是可以随着经济增长以及社会发展水平的提高而减少的，但相对贫困只能随收入不平等现象的减少而缓解。

对于中国来说，我们可以走同样的路。目前一些学者正在研究如何制定 2020 年后的相对贫困标准。是如同过去一样，再画一条收入线，以此为标准来计算贫困人口数量和识别贫困人群，然后再给出一个历史阶段的减贫指标，一年一年地减下去；还是划定一个人均收入的比例，如低于农村人均收入的 50% 以下的人群为相对贫困人群；或是干脆定一个人口比例，比如说 10%，人均收入或支出最低的 10% 的人群，都属于相对贫困人口。还有城市贫困的问题。2020 年后，我们应该开始着手解决城市贫困的问题了。是城乡画同一条贫困线，还是城乡各画一条线？这些都是要认真考虑的问题。当然，这只是简单化地描述，真正的相对贫困标准，还要把多维的因素考虑进去。对于中国来说，贫困还存在地域上相对集中的问题，在瞄准相对贫困问题上，如何解决区域性扶贫的问题，也是一个大挑战。

解决相对贫困需要新机制

不管如何定相对贫困的标准，从某种意义上来说，相对贫困比绝对贫困更难解决，政府与社会更需要全方位地在政策、财政投入、产业发展和社会治理上进行干预。

相对贫困是一个长期存在的现象，而且跟绝对贫困可以不断减少不一样，是消灭不了的，至少是在实现共产主义和世界大同之前还会长期存在。但在这上面也不能无所作为。虽然相对贫困难以消灭，但可以减少相对贫困的"度"。也就是经济学家常说的减少基尼系数，让贫富悬殊不继续扩大，最好还能缩小。但是，我们都知道这有多难。全世界的经济学家一代一代地试图解决这个问题。在一些特殊时期，在个别国家中，基尼系数有时在缩小，而在大部分情况下，特别是在全球化的近几十年来，相对贫困还在不断地扩大。这是一个全球范围内的不争事实。对中国经济学家来说，更是过去、现在和未来面对的巨大挑战。

解决相对贫困的另一条出路是让社会阶层流动起来。相对贫困的人数可以不减少，但可以让贫困的人流动起来，不要让贫困家庭的人一直贫困。用学者的话来说，叫阻断贫困代际传递。对比减少相对贫困的任务来说，加快社会阶层的流动性容易一些。

要大规模地解决社会阶层的流动性问题，最直接的办法就是提供公平的教育。让贫困人群的下一代能够与其他人群的孩子站在同一条起跑线上。这里所谈的教育公平，不仅是让贫困家庭的孩子都能得到基础教育，即"有学上"，这实际上到2020年时基本上都能解决。2020年后的教育公平，就应该是在"上好学"上的公平，即要让贫困地区及贫困家庭孩子得到的教育质量要公平。大家都知道，这是很难办到的。教育质量是由老师来实现的。别说是贫困地区，连北京这样的大城市都做不到教育质量公平，既有学区房，也有薄弱学校。优秀的老师一般都不愿到贫困地区去，去了也留不住。因此，贫困地区的孩子即使有学上，因教育质量太差，他们也难以在中考和高考中考个好分数，升到更好的学校上学。在同辈中，他们还是处于社会的最底层。这种现象也不是中国独有的现象，社会阶层难以流动是一个普遍的国际现象。

近年来,我们尝试用互联网把优质教育资源送到贫困地区的学校中去。我们采取的是"双师教学"的方式,即一个是远程的优秀老师,一个是当地的老师,两个人分工配合把一个班的学生教好。经过四年的成功试验后,这种模式正在较大规模地推广。除了正课之外,对于农村学校最缺的音乐、美术、丰富多彩的课外活动课等,我们用互联网把全国最好的课送到那里去。希望用"互联网+"的方式来缓解教育公平的问题。让努力学习的贫困地区和贫困家庭的孩子与城市的孩子站在同一条起跑线上。

再举一个如何在机制上建立缓解相对贫困的例子。目前,全国正在兴起"乡村振兴"的伟大运动。这是党的十九大定出的宏伟目标。但是在乡村振兴中如果在政策上不向贫困地区倾斜,结果很可能进一步拉大农村的贫富差距。从乡村振兴的角度看,当然是富裕地区、条件好的地区容易被振兴起来。地方政府追求短期效应,很自然地会把资源投到容易出政绩的地方。最近我们到广东调研,看到其乡村振兴模式正好相反。广东提出乡村振兴要"后队变前队",在全省范围内挑出了2300个最落后的行政村,未来三年内给每个村子1700万元的财政与社会资金支持。这2300个村子是目前全省最落后、最贫困的村子,是"后队"。经过三年一轮的大投入,它们就有可能从"后队"变成"前队"。三年后再找2300个相对落后的村子,把"后队"变成"前队"。这样三年一轮一轮地做下去。政府支持的仅是最落后的村庄。富裕的村庄通过公共服务均等化、通过商品市场来致富。这样既振兴了乡村,又在不断地减少发展的差距。这种"后队变前队"的思路,应该成为政府工作的一大原则。政府的任务是"雪中送炭",而不是"锦上添花"。我们已经超越了"让一部分人先富起来"的发展阶段。跟三四十年前相比,市场机制已经大体上让那些能先富起来的人、有先知先觉的人富起来了。政府的责任除了建立一个公平的市场环境之外,应该把很大的精力放在扶贫与助困上。

当然,更难的是如何在市场中设计出更为精巧的机制,让第一次分配就能直接帮到相对贫困人群,至少是不要伤害到这些人群。这样的机制在现有市场中不能说完全没有,至少是非常弱。十多年前在国际上流行一本书叫《金字塔底层的财富》(*The Fortune at the Bottom of the Pyramid*),作者是密西根大学的一位教授。他一直琢磨如何在市场机制下,让专注于贫困和低收入人群市场的企业也能赚钱。如果政府进行政策指导,并给企业一些帮助,则大量的企业能从贫困人群中开拓市场,并从中获利。

除此之外,我们还一直在推动社会价值投资在中国的落地与发展。社会价值投资,有时也被称为"社会影响力投资"或"影响力投资",是一种追求可测量的社会价值并兼顾经济回报的投资形式,为应对社会领域的融资困境提供了新的选择。如果将传统的公益慈善作为一极,以传统的商业投资为另一极,社会价值投资则介于两者之间。这种投资方式具有明确的解决社会问题的意向,有事前预期和可测量的社会价值,同时兼顾财务收益和可持续性,投资项目的财务回报率可以低于也可以高于市场平均的回报率。

社会价值投资将社会目标与市场手段相结合,具有一些突出的特点。它有助于政府、市场、社会协力参与社会投资,扩大了资源动员的范围和基础,使投资决策更加透明和可问责,使投资产生的社会效果更加有效、规模化和可持续。它并不能取代传统的公共投资和市场化投资,而是提供了这些传统投资手段之外的新选择。这些特性使社会价值投资得到投资界、公益界以及政府的青睐。在新时代,50人论坛应该关注这些新的市场与社会结合起来的领域,让中国能在这些领域中走到世界前列。

另外,新时代中还有一个大变数就是科技的影响。大数据、人工智能、物联网、区块链等,这一系列的新科技新技术,促使人类正进入一次新的产业革命。这些新科技会对未来的经济与社会产生多大的影响,现在还不得而知。但是从过去十多年的变化来看,它对就业市场的冲击不可低估。特别值得关注的是这些新科技对贫困及低收入人群的影响。在市场中,新科技的最先受益者往往是那些有能力、有购买力的人群。而这些新技术与设备又加强了这些人在市场中的竞争优势。相对地,贫困人群往往是这些新技术的最后受益人。如果政府的政策不注意特别弥补市场的不足,高科技的马太效应就会越来越强。这也是50人论坛要进行深入研究的新问题。

总而言之,2020年中国步入全面小康社会并不意味着政府的扶贫助弱任务的结束。在新时代,扶贫助弱的更大挑战将摆在我们面前。中国经济50人论坛的全体同人还要一如既往,用我们的智慧和担当,为政府建言献策。同时,通过解决这些棘手的社会问题来磨炼我们的理论与实践能力,在有中国特色的社会实践中,发展出有中国特色的新的经济理论,让我们一起努力!

魏杰简历

"文革"后恢复高考的首届大学本科生,于1982年和1987年先后获得经济学硕士和博士学位。曾任中国人民大学副教授、教授、博士生导师、经济研究所副所长、经济系主任,原国家国有资产管理局研究所所长,清华大学经济管理学院企业战略与政策系原主任、教授、博士生导师。现为清华大学创新创业与战略系教授、博士生导师,清华大学文化经济研究院院长,清华同方讲席教授。论文与著述颇丰,曾获孙冶方经济科学奖及全国图书一等奖等全国性大奖。曾任多家企业及政府机构的顾问,多家学术刊物的顾问或编委,中国国有资产管理研究会、中国体改研究会、中国市场经济研究会、中国环境文化促进会等学术团体的常务理事或副会长。1992年被评为国家级有特殊贡献的中青年专家,享受国务院政府特殊津贴。

再接再厉，为建立现代化经济体系出谋划策

魏 杰

"弹指一挥间"，中国经济50人论坛已经走过了整整二十个年头。回顾这二十年，我感到中国经济50人论坛有四个"最"。一是学术氛围最自由与热烈；二是学术水平最高；三是研究问题最具前瞻性并接地气；四是成员关系最为融洽与亲切。无论是从中国经济50人论坛提供的研究成果来看，还是从中国经济50人论坛一些成员个人职务变动来看，中国经济50人论坛都是值得称道的，在中国经济改革开放史上留下了重重的一笔。

不过，过去毕竟已成历史，关键是要着眼未来。中国经济50人论坛将会再接再厉，再立新功。中共十九大提出要按照新发展观，建立现代化经济体系，因而本人在纪念中国经济50人论坛成立二十周年之际，就建立现代化经济体系问题做出一些探讨，以示纪念。

中共十九大报告指出，中国已经经过了站起来的时代、富起来的时代，现在迈向了强起来的时代。强起来的时代有三个时间节点：2020年全面实现小康，2035年基本实现现代化，2050年建成现代化强国。如何完成强起来的时代发展目标？从经济的角度来看，就是要按照新发展观，建立现代化经济体系。因此，中共十九大报告在经济方面提出的最主要任务，就是按照新发展观，建立现代化经济体系。

现代化经济体系的基本特征

什么是现代化经济体系？从根本上讲，就是能最有效地反映现代化要求、推动现代化实现并保证现代化有序运行的经济体系。具体来说，现代化经济体系包括如下特征。

第一，现代化经济体系反映了全体人民的愿望与要求，是以人民为中心的现代化，并不是某些个人或某些利益阶层的现代化，现代化经济体系能够有效地不断实现人民对美好生活的追求，提升全体人民的福祉。现代化经济体系一定要消除传统现代化带来的极度两极分化，以及社会阶层对立，从而实现全体人民的现代化，推进社会和谐。中国目前进行的精准脱贫，实际上就是以人民为中心的现代化的具体表现。

第二，现代化经济体系能够有效推进人类社会的第四次工业化。人类社会已经经历了机械化、电气化、信息化这三次工业化，正在迈向智能化，即第四次工业化，现代化经济体系当然而且必须反映第四次工业化的要求，有效推动中国第四次工业化的实现。实际上，现代化经济体系就是以第四次工业化为特征的经济体系，如创新与创意就是现代化经济体系的重要特征。

第三，现代化经济体系是在传统城市化基础上形成的后城市化经济体系，因而现代化经济体系更加注重区域经济协调，更加注重城市化过程中的城乡协调发展，更加注重农业与农村的振兴，农业强、农村美、农民富是现代化经济体系的重要内容与目标。因此，现代化经济体系的一个重要任务就是要有效治理大城市病及农村落后这两个传统现代化的痼疾，有效协调城市化与"逆城市化"的关系。

第四,现代化经济体系总结了已有城市化与工业化的缺陷,更加重视生态因素在现代化中的地位与作用,能够有效推动生态文明。生态文明既包括对工业化与城市化导致的废水、废气、固体垃圾的有效处理,消除污染,也包括对自然生态的修复,要求所有开发都必须以自然生态的保护为基础和前提,实现人与自然的和谐。

第五,现代化经济体系在经济增长方式上放弃了粗放式增长方式,更加注重高质量增长,不再单纯靠投放劳动、土地等要素来推动增长,而是将创新作为增长的主要要素,产品与服务的创新、商业模式创新、技术创新等创新模式将成为增长的最主要动力。

第六,现代化经济体系充分体现了人类社会的现代化意识,其中包括契约理念、法制精神、诚信品质、人权思想、责任意识等。在现代化意识中,尤为重要的是企业家精神。企业家精神不仅表现为创新意识及能力,而且更重要的是责任意识,如为市场提供优良产品与服务、为投资者提供应有的回报、为政府提供税收、为社会提供就业机会、为环保贡献力量等。契约、法制、诚信、责任、创新是现代化意识的重要内容,也是现代化经济体系的核心理念与文化,可以称之为现代化经济体系文化。

第七,现代化经济体系具有包容性与开放性特征,强调人类命运共同体理念,在新的全球化模式中实现国与国之间及区域与区域之间的协调发展,抛弃贸易战及各种国际化壁垒,实现全方位及真正意义上的开放。

现代化经济体系的构成体系

现代化经济体系主要由六个部分构成,可以称之为"六位一体"。

实体经济

实体经济是现代化经济体系的基础与脊梁。离开了实体经济的发展与壮大,现代化经济体系就无从谈起,因而现代化经济体系的重要任务是大力发展实体经济。

我国目前实体经济的最主要问题是结构调整,重点是推进供给侧结构性改革,即原有的支持我国经济发展的支柱性产业,要转向一般性产业,而另外一些产业则要逐渐上升为支柱性产业。在这种结构调整过程中,我们首先要确保原有的支柱性产业在转向一般性产业的过程中,不能出现问题,不能引起经济及社会风险。根据我国目前的实际情况,我们提出了"三去一降"的对策,即去产能、去库存、去杠杆、降成本的对策,这对于原有的支柱性产业平稳地逐渐转向一般性产业,具有重要意义。

当然,结构调整的关键还是要推动新的支柱性产业的形成。主要有三大产业:一是战略性新兴产业,包括新能源、新材料、生命生物工程、信息技术与互联网、节能环保、新能源汽车、人工智能、高端装备制造等;二是服务业,包括消费服务、商务服务、生产服务、精神服务业等;三是现代制造业,包括飞机、高铁、核电、特高压输变电、现代船舶及航天器制造等。

现代金融

现代金融是实体经济的助推器与润滑剂，现代化经济体系需要现代金融的支持。因此，我们要继续推进金融体制改革，包括：银行改革，如利率市场化、银行治理结构改革、民营银行发展等；推进非银行机构发展，如放开各类投资公司、各类基金、各类保险公司等；资本市场改革，如形成多层次资本市场、将上市由非审核制改成注册制等；外汇体制改革，如推动汇率市场化与外汇自由流动等；金融全方位开放，如放开外资资本在中国金融机构中的持股比例等。

当然，发展现代金融必须防范金融风险，包括：抑制资产泡沫的形成，防止资产泡沫引发金融风险；稳住债务，防止个人、企业、政府债务的过快上升而引发金融风险；稳住外汇，防止汇率及外汇储备的剧烈变动而引发金融风险；治理金融乱象，防止因金融改革的不当行为及新技术进入金融而起的乱象引发金融风险；控制好货币政策与宏观审慎政策，防止"顺周期"的负面作用及市场之间的传染病引发金融风险；等等。

科学与技术创新

科学与技术永远是人类社会发展的动力源泉与基础，如人类社会的四次工业化，实际上就是科学与技术发展的结果，因而科学与技术是现代化经济体系的核心组成部分，是现代化经济体系的创新基础与动力源泉，尤其是原创性技术与颠覆性技术是与现代化经济体系内在地联结在一起的。

科学技术的创新需要有相应的体制配套，包括技术创新体制的法律基础，如知识产权保护；财力基础，如不低于 GDP 总量的 5%

的应有的资本投入；物质基础，如现代化实验室及科学城的建立；人才基础，如有效调动科学技术人员创新积极性的激励机制的建立；科学积聚基础，如重视与发展前瞻性基础研究；等等。科学与技术发展需要包括企业、政府、高校、社会的全方位努力。

人力资源体系

人是最可贵的。任何社会经济活动最终都是以人为基础的，因而现代经济体系既需要充足的人力资源支持，也需要高素质人力资源。数量充足且高素质的人力资源是现代化经济体系的保障，人力资源体系是现代化经济体系的重要组成部分。

如何提高人力资源的量与质，形成良好的人力资源体系？首先是要确定科学的人口生育政策，确保一个适合经济发展的人力资源结构，防止"老年化"与"少子化"的产生，使人力资源的年龄结构适宜；其次是要发展包括幼教、义务教育、职业技术教育、高等教育、在职教育等各种教育形式在内的完整教育体系，而且不断随着社会经济发展调整与充实教育内容，确保人力资源不断在社会与经济进步中提升；最后是建立完善的人力资源保障体系，既包括医疗、就业、养老等方面的最基本保障，也包括以市场化为基础的、各类保险为特征的多层次社会保障体系，形成市场、政府、个人、企业等各类主体都有效发挥作用的全民性社会保障体系。

市场经济

市场经济是现代化经济体系最基本的运行原则与规则，市场经济维持着现代化经济体系的运行秩序。我国经济体系改革的"真谛",就是在原有经济体系中不断加入市场经济要素,最终形成市场在资源配置中起决定性作用的现代市场经济。因此,现代化经济体系的核心是不断完善与发展市场经济。

市场经济首先是要尊重与承认各类市场主体在法律框架下的自我利益追求权与自我选择权,承认与保护各类产权,这是市场经济的动力源泉;其次,市场经济要消除各种阻滞资源配置的障碍,保证各种生产要素的顺畅流动,有效实现资源的高效配置;最后,市场经济的关键是要处理好政府与市场的关系,资源配置中起决定性作用的是市场,政府是在市场经济运行的基础上掌握好各种宏观经济政策与社会政策,包括货币政策、财政政策、国际收支政策、社会保障政策等,政策一般不介入具体的人们的经济活动与企业的投资经营活动。

全方位开放

开放是现代化经济体系的重要组成部分。我国在改革开放之初强调扩大出口与吸引外资,这是与我国当时的实际情况相吻合的,因为当时我们很穷,没有国内市场,不得不利用国际市场;同时,我国当时没有资本积累,缺乏经济发展的资金,不得不利用国际资本。但是这种开放实际上是一种单向性开放,即搭别人便车的开放。扩大出口是利用国际市场,吸引外资是利用国际资本,因而实际上当时的开放都是以搭别人便车为特征。

随着改革开放的深入,中国逐渐进入了强起来的时代,中国已经有了巨大的国内市场,也聚积了庞大的资本,中国的对外开放已经进入了新的时期,即全方位的对外开放时期,其特征是不再单纯搭别人便车，而是更加重视别人搭我们便车。我们不再单纯强调扩大出口，而是更加重视进口；不再单纯强调吸引外资，而是更加重视中国资本"走出去"。

全方位开放作为现代化经济体系的重要组成部分，要求我们要进一步向世界开放中国的国内市场，既包括物质产品市场，也包括服务业市场。如在上海建立进口贸易博览会、放开境外资本在中国金融机构中的持股比例等。同时，中国资本要"走出去"，加大对外投资，尤其是要大力推动"一带一路"倡议，实现中国资本的国际化发展。

现代化经济体系的历史使命

现代化经济体系是中国进入强起来的时代的经济体系，因而现代化经济体系要推动中国实现2020年全面实现小康、2035年基本实现现代化、2050年实现现代化强国的战略目标。现代化强国是现代化经济体系的历史使命。如何实现这个历史使命？主要有两方面。

使中国具有技术话语权与金融话语权

现代化强国的一个重要标志，就是要有技术话语权。中国作为一个大国，如果无原创性技术及颠覆性技术，就不可能成为一个强国。因此，现代化经济体系要推动中国的科学与技术创新。美国在1900年虽然经济体量很大，但是没有技术话语权，当时技术话语权在欧洲，尤其是在德国人那里。美国在第二次世界大战后才逐渐取得话语权，成为一个强国。由此可见，推动中国具有技术话语权是现代化经济体系的重要历史使命。

现代化强国的另一个重要标志是具有金融话语权。中国如果没有金融话语权,就不可能是一个强国。美国在 1900 年经济体量确实很大,但并没有金融话语权,当时的金融话语权在英国人那里。第二次世界大战后美国才逐渐取得金融话语权,成为现代化强国。因此,中国必须要取得金融话语权。中国取得金融话语权的重要举措,是推动人民币的国际化。人民币虽然已经成为世界储藏货币的一种,但离人民币国际化的目标仍然很远。这就要求中国应全方位推动人民币的国际化,如除了在"一带一路"倡议中实现人民币国际化之外,还应让人民币介入石油交易之中,打破美元在石油交易中的垄断地位,中国是世界最大的石油消费国,我们有让人民币实现石油交易中介的市场基础。总之,中国要成为现代化强国,必须要有金融话语权。

防范与阻抗各种风险

中国在迈向现代化强国的过程中,实际上增长速度已经不是主要的问题,即使增长慢一点,也不会影响我们。实现强国目标,现在最大的问题是不能爆发各种风险,因为风险的爆发会中止我们的强国梦。就像一辆行驶的高铁一样,一旦翻车,后果将不堪设想。因此,现代化经济体系必须具有防范与阻抗各种风险的能力。

如果从经济方面看,恐怕最主要的风险是金融风险。人类社会的经济风险,这些年来主要表现为金融风险,如 1988 年的亚洲金融风险、2008 年的美国金融风险。因此,就经济方面来说,主要是防范金融风险。防范金融风险要处理好金融与实业的关系、金融与资产价格的关系、金融与外汇的关系、金融与债务的关系、金融与金融改革的关系，以及金融与新技术的关系，当然，还要把控好货币政策及宏观审慎政策。

如果从社会方面来看，恐怕最容易出现的风险是有关民生方面的风险，如前一段时间出现的幼教方面的问题，就差点儿引起社会动荡。民生方面的风险影响面较广，而且容易触及人们承受的红线，一旦处理得不好，就会爆发社会动荡。尤其要看到，随着以互联网为特征的新媒体的产生，各种误解甚至谣言都会成为社会动荡的助推器，出现真相反而滞后的现象，这就更加加大了社会动荡的可能性。因此，一定要重视民生方面发生的问题，防止引起整个社会的动荡，形成巨大的社会风险。

风险既包括内部的，也包括外部的。中国一向是以和平著称的国家，而且从来不干涉别国内政，因而外部风险的可能性不大。但是中国现在还是一个没有完全实现统一的国家，一个没有实现统一的国家当然不能算作强国。统一是中国成为强国的重要目标，本来这种统一祖国的目标与别人毫无关系，但有的国家可能会因此而挑起事端，甚至发动战争，因而中国的外部风险是存在的。如"台独""疆独""藏独"和南海等问题的处理，本应是中国的内部事务，是中国与某些利益相关国之间的事情，但总有些自以为是"世界警察"的国家从中捣乱，挑起事端。"台独"问题是中国不可回避的问题，统一问题不能一直拖而不决，我们以最大努力去实现和平统一，但有些事并不是我们单方面能决定的，"台独"势力可能会逼着中国"武统"，以至于有些国家可能参与其中，因此，中国必须要形成强大的国防力量，以应对这些风险。因此，国防现代化也是现代化强国的重要目标。只有能打仗,才能实现不打仗。由此可见,现代化经济体系的重要任务是推动国防现代化。现代化经济体系实现国防现代化的最主要举措,是建立军民融合体制,使经济与国防现代化相辅相成,在实现经济现代化的同时实现国防现代化,强经济与强军并举,从而增强中国防范外部风险的能力。

汪同三简历

男，1948年出生，湖北蕲春人。中国社会科学院学部委员，数量经济与技术经济研究所原所长，研究员，博士生导师，中国数量经济学会原理事长，于1993年享受国务院政府特殊津贴，1994年被评为国家有突出贡献的专家。2000年成为中国经济50人论坛成员。2006年当选中国社会科学院首批学部委员。

1978年2月至1982年1月，在北京师范学院数学系获数学学士学位；1982年1月至1984年12月，在中国社会科学院研究生院数量经济与技术经济系获经济学硕士学位；1987年9月至1990年9月，在中国社会科学院研究生院数量经济与技术经济系获经济学博士学位。

1985年1月至6月，在中国国际信托投资公司海外投资部工作，任经济师；1985年7月至今，在中国社会科学院数量经济与技术经济研究所工作；1989年破格晋升为副研究员，1991年任经济模型研究室主任；1992年破格晋升为研究员，任研究所所长助理；1996年任研究所副所长，1998—2011年任研究所所长。主要研究方向为宏观经济理论、数量经济学理论与方法、经济模型、经济分析与预测。

1986年参加由世界著名经济学家、诺贝尔经济学奖获得者克莱教授主持的世界模型连接项目，是中国模型设计的主要研究人员之一，也是中国模型首次参加世界连接项目，并取得成功。

1987年作为主要参加者承担国家软科学重点研究项目"技术进步与产业结构研究"，并出版《技术进步与产业结构》系列专著，为《技术进步与产业结构——模型》的主要作者。该系列专著于1989年获社会科学院科技成果一等奖、孙冶方经济科学奖，1990年获国家科技进步二等奖。

专著《宏观经济模型论述》被评为社科院研究生院优秀博士论文,并获社科院第二届优秀成果特别提名奖。主编《中国社会科学院数量经济与技术经济研究所经济模型集》(2001年4月,社会科学文献出版社)。1991年起承担总理基金课题"中国经济形势分析与预测",该研究成果每年出版一本年度经济蓝皮书《经济形势分析与预测》。作为副主编之一并从1992年起至今担任每一年度课题"中国经济形势分析与预测"总报告执笔人,项目实际执行负责人,又于1999年开始出版经济蓝皮书"春季报告"。《经济形势分析与预测》蓝皮书1993年、1994年连续两年获《经济日报》全国十佳读物奖,1996年获国家科技进步二等奖。

如何认识政府在经济发展中的作用

汪同三

2018年是我国改革开放四十周年,同时也是中国经济50人论坛成立二十年纪念的日子,意义重大。我想把党的十八大以来自己关于政府与市场的关系,以及政府进行宏观调控的研究成果整理成文,奉献给此书。本文以下两部分分别讨论政府与市场的关系,以及政府如何宏观调控的问题。实际上它们是两篇文章,以前发表时由于各种原因都多少有所删节或修改,这里是原始稿,是自己最初完整的基本认识。

经济体制改革的核心问题是处理好政府和市场的关系

在市场经济中政府是市场的组成部分

在现代市场经济中,政府是不可或缺的一个组成部分。这一点可以从经济统计中看出来。在现代市场经济中,反映宏观经济运行状况的总量指标一般用GDP衡量,GDP可以用生产法(即GDP为三次产业增加值之和)、支出法(即GDP为投资、消费和净出口之和)和收入法(即GDP为居民收入、企业收入和政府收入之和)从不同的角度进行分析。在这三种GDP的分析方法中,都可以看出政府因素的存在。在生产法中，政府活动是重要的社会服务产出，是第三产业增加值的重要贡献因素；在支出法中，全社会总投资和总消费中都存在政府的投资行为和消费行为的贡献因素；而在收入法中，政府通过税费征收以及国有企业经营取得的利润收入本身就是全社会总收入的一部分。

在现代国家中，政府财政支出占GDP的比重呈上升趋势，从一个侧面反映出在市场体制中政府因素的影响作用在加强。OECD（经济合作与发展组织）国家政府财政支出占本国GDP的比重在第二次世界大战后逐步上升，目前绝大多数国家基本上都在40%以上。我国财政支出占GDP的比重也在逐年上升，2005年为18%，2010年为22%，2015年上升到26%。这一趋势生动地说明，随着我国经济生活的发展，政府因素的影响也随之上升。

在政治哲学思想流派中存在所谓的"无政府主义"，主张提升个人自由及废除政府当局与所有的政府管理机构。对市场经济来说，没有任何一种经济学说流派提及"无政府"。在我国社会主义市场经济框架中，生产者进行的生产活动、消费者进行的消费活动，以及政府的治理管理活动共同推动着经济发展。政府在社会主义市场经济中具有重要作用，政府是社会主义市场经济的重要组成。

市场经济中政府的作用

十八届三中全会《中共中央关于全面深化改革若干重大问题的决定》指出，"政府的职责和作用主要是保持宏观经济稳定，加强和优化公共服务，保障公平竞争，加强市场监管，维护生产秩序，推动可持续发展，促进共同富裕，弥补市场失灵"。在现代市场经济中，政府的经济活动主要表现在以下几个方面。

第一，维护市场秩序。在现代市场经济中，市场的生产与消费参与者之间主要存在两类关系：一是生产供给者与使用消费者之间的供求交换关系；二是生产者特别是同行业领域内生产者之间的竞争关系。政府维护市场秩序是维系这两类关系正常平衡的关键因素。政府维护市场秩序：一要促进企业自主经营、公平竞争；二要保障消费者自由选择、自主消费；三要实现商品和要素自由流动、平等交换；四要建设统一开放、竞争有序、诚信守法、监管有力的现代市场体系；五要进行权责明确、公平公正、透明高效、法治保障的市场监管。

第二，提供公共产品。现代市场经济中必然存在公共产品，经济学教科书中定义，纯粹的公共产品或服务是这样的产品或服务，即每个人消费这种产品或服务不会导致别人对该种产品或服务消费的减少。公共产品或服务具有效用的不可分割性、消费的非竞争性和受益的非排他性，以及公共产品是不可分割的三个特征。国防、外交、治安是最为典型的公共产品及服务。一般认为，各级政权机构和各项社会公益事业（如基础教育、基础科研、卫生防疫、文物保护等）的服务也都属于公共产品。这些公共产品及服务是实行市场经济体制的国家所必备的条件，承担组织和保障这些公共产品及服务有效供给职能的只能是政府。此外在我国，政府有效提供公共产品及服务还涉及正确处理政府与市场关系、政府职能转变、构建公共财政收支框架、实现公共服务市场化等诸多重要问题。

第三，调节收入分配。在市场经济中，影响居民收入水平的重要因素——劳动的价格主要不是由市场供求关系决定的，政府在全社会居民收入分配方面起着重要的决定性作用。政府通过各种政策工具，参与一定时期国民收入的初次分配与再分配，实现收入在全社会各部门、各地区、各单位，以及各社会成员之间进行合理分割，缩小收入差距，体现社会公平，发挥其调节收入分配的职能。在收入分配制度改革中，政府应该在初次分配领域和再分配过程中同时发力，发挥积极作用。特别是在再分配领域，政府一要提高税收对收入分配的调节力度；二要增加对低收入和贫困人口的转移支付力度；三要完善社会保障制度，缩小保障水平的差距；四要努力落实公共服务均等化；五要加大扶贫力度，实现2020年全面脱贫。

第四，调控宏观经济。现代市场经济为什么需要政府的宏观调控？一是市场这只"看不见的手"在使资源得到合理配置的过程中，总供给与总需求的不一致使经济运行必然存在波动，严重时会出现经济危机。这就需要政府进行干预，通过财政政策、货币政策等传导机制调节社会消费和投资，进而影响总需求和总供给趋于平衡，保持经济正常运行。二是在市场经济中，生产者追求生产利润最大化，消费者追求消费效益最大化，市场机制作用具有一定的自发性和盲目性，使市场主体的个体利益可能与社会利益冲突，这就需要政府通过宏观调控保障市场主体的个体利益和社会总体利益的协调平衡。三是在市场经济中由于垄断、外部影响、非对称信息、公共产品不足等，可能在某段时期或某个领域出现市场失灵，这就需要政府通过适当的调控政策措施对市场失灵状态进行矫正。四是社会主义的经济发展战略目标和生产目的归根结底是满足人民日益增长的美好生活需要。在社会主义市场经济条件下，在市场对资源配置起基础作用的同时，政府需要进行宏观调控，使市场自发调节资源配置和收入分配与社会主义生产目的和经济发展战略目标相吻合，减少市场调节的盲目性导致的经济运行失衡，保障实现经济发展战略目标和社会主义生产目的。

此外，在中国社会主义市场经济体制下，政府还承担着制定和实施国家经济社会发展规划的责任。在资本主义市场经济中，政府虽然经常在特定场合和特定范围内提出某种关于经济或社会方面的计划或规划，试图引导市场经济参与者实现特定目标，但是由于其基本矛盾是生产社会化与资本主义生产资料私有制之间的矛盾，表现在生产上是个别企业中生产的有组织性与整个社会生产的无政府状态的矛盾。在社会主义市场经济体制中，公有制为主体、多种所有制经济共同发展是其基本经济制度，人民政府代表社会发展长远利益，通过制定和组织实施国家经济社会发展规划，确保经济社会各方面利益的平衡，以及短期与长期发展的途径优化。

改革的实质是处理政府和市场的关系

改革开放是决定当代中国命运的关键抉择，改革开放开创和发展了中国特色社会主义，为我国的社会主义现代化建设提供了强大动力和有力保障。改革开放以来，我国改革由浅入深，由易到难，逐步深化，破解了许多制约和影响发展的重大难题，但是还有许多遗留和新产生的深层次矛盾和问题尚未得到有效的解决。目前改革要解决的矛盾远比以往更尖锐和敏感，要处理的问题远比以往更困难和复杂，要完成的任务也远比以往更繁重和艰巨。改革进入攻坚期和深水区，老问题与新问题相互交织，国内因素与国际因素相互影响，剩下的都是难啃的硬骨头，需要攻克的都是痼痛顽疾。

进一步深化改革必须加强改革的系统性、整体性、协同性。在诸多改革任务中，如何抓住牛鼻子，起到纲举目张的作用？《中共中央关于全面深化改革若干重大问题的决定》明确指出，"经济体制改革是全面深化改革的重点"。马克思主义政治经济学认为，生产力决定生产关系，经济基础决定上层建筑。以经济体制改革为先导，发挥经济体制改革对统筹推进政治、社会、文化、生态文明等各领域改革的牵引作用，正是马克思主义这一颠扑不破真理的具体体现。自十一届三中全会以来，中国共产党历届三中全会都重点部署和推进经济体制改革：十二届三中全会的主题是推进以城市为重点的经济体制改革；十三届三中全会的主题是深化经济体制改革特别是推进价格改革和企业改革；十四届三中全会的主题是建立社会主义市场经济体制；十五届三中全会的主题是农村改革；十六届三中全会的主题是完善社会主义市场经济体制；十七届三中全会的主题是新形势下推进农村改革发展；十八届三中全会以经济体制改革为重点全面深化改革。正是这一系列不断推进经济体制改革的战略部署，指引我国改革开放逐步深入，在社会主义现代化建设中取得了举世瞩目的辉煌成就。

在经济体制改革中又必须抓住最重要的核心问题。经过四十年的改革开放，现在，我国社会主义市场经济体制已经初步建立，市场化程度有了明显提高，进一步完善社会主义市场经济体制所需克服的系列矛盾中的主要矛盾，突出表现为如何处理好政府和市场的关系。在计划经济时期，排斥市场的经济体制极大地束缚和妨碍了我国经济的发展。20世纪80年代改革开放之初，我们开始思考和摸索市场应该如何在我国经济运行中发挥作用。90年代我们明确了建立社会主义市场经济体制的改革方向，将市场机制引入经济运行的相关领域。随着改革开放的不断深入，我们越来越深刻地认识到，社会主义市场经济体制逐步建立和完善的过程，就是我们对处理好政府和市场关系的认识不断深化的过程；社会主义市场经济体制效果日益增强的过程，就是我们不断改进和提高处理好政府和市场关系的各项工作水平的过程。回顾改革开放的历程，有两条清晰的线索：一是我们逐步认清和把握了建立社会主义市场经济体制方向；二是改革开放路线通过党和政府的各项工作落到了实处，中国发生了翻天覆地的变化。可以说，改革的实质就是处理政府和市场的关系。

《中共中央关于全面深化改革若干重大问题的决定》指出，经济体制改革"核心问题是处理好政府和市场的关系，使市场在资源配置中起决定性作用和更好发挥政府作用"。这告诉我们处理好政府和市场的关系，要从两个方面入手。第一，如何使市场在资源配置中起决定性作用？要正确认识和把握市场规律的内涵，即市场通过价值规律、竞争规律、供求规律等规律的作用实现资源的有效配置。在社会主义市场经济体制中，一条重要的基本规律就是市场决定资源配置，市场配置资源是最有效率的形式。我们必须诚心尊重这条规律，自觉遵循这条规律。第二，如何更好发挥政府作用？一方面，当前我国仍然存在市场体系不完善、市场规则不统一、生产秩序不规范、市场竞争不充分的问题，政府要毫不动摇坚持社会主义市场经济方向，加强社会主义市场建设，进一步着力完善和健全社会主义市场经济体制。另一方面，针对目前仍然存在的在经济领域政府权力过大、审批烦琐、干预过多，以及监管不到位的问题，政府要围绕建设法治政府和服务型政府，切实解决政府职能越位、缺位、错位问题，坚决认真简政放权，坚持有所为、有所不为，着力提高宏观调控和科学管理水平，真正做到大幅减少政府对资源的直接配置，让市场充分发挥资源配置的决定性作用。正如习近平同志指出的"更好发挥政府作用，不是要更多发挥政府作用，而是要在保证市场发挥决定性作用的前提下，管好那些市场管不了或管不好的事情"。处理好政府和市场关系，关键在政府。

市场这只"看不见的手"和政府这只"看得见的手"是市场经济框架一体的"两只手"，它们不是相互隔绝、各行其是，而是优势互补、协同发力。既要划清政府与市场的边界，政府不能越界，又要统筹把握、有机结合，政府必须尽职尽责。只有使市场在资源配置中起决定性作用，同时发挥好政府作用，才能真正体现和发挥我国社会主义市场经济体制的特色和优势。

新常态下如何处理好政府与市场的关系

当前，中国经济呈现出新常态。新常态有几个主要特点：一是经济从高速增长转为中高速增长；二是经济结构不断优化升级；三是从要素驱动、投资驱动转向创新驱动。面对错综复杂的国内外形势，我们把握经济发展新常态这个大逻辑，积极适应发展新常态，增速调整、结构优化、动力转向都取得了来之不易的积极成果。经济结构优化升级和经济增长创新驱动已经表现出勃勃生机，将在中长期中显现出更加明显的成效。经济增速向中高速转变目前面临下行压力依然较大的问题，以及需要高度重视相关领域存在的风险隐患。在新常态下，化解经济下行压力必须坚定不移地依靠全面深化改革，把市场起到资源配置的决定性作用和发挥好政府作用作为突破口，在推进以处理好政府与市场关系为核心内容的经济体制改革的过程中，实现宏观经济的中高速增长。当前需要重点做好以下工作。

第一，着力推进供给侧结构性改革。马克思在《资本论》中将社会生产分为生产生产资料的第一部类和生产生活资料的第二部类，两大部类之间相互依存、相互制约，要求按比例协调发展。为了实现社会的扩大再生产，第一部类所生产的全部生产资料，除了维持两大部类进行简单再生产所需要的生产资料以外，还必须有一个余额，用以满足两大部类扩大再生产对追加生产资料的需要。这就是为什么在经济社会长期发展过程中必须重视供给侧问题的基本原理。我国经济目前面临的问题，供给和需求两方面都有，但矛盾的主要方面在供给侧。供给侧存在的问题：一方面表现在产品供给能力及品质跟不上变化的需求，不能充分满足不断提升的居民消费需求，更难以有效引导和创造消费需求，甚至导致需求外溢、消费能力外流；另一方面表现在产能过剩问题严重，相对落后的生产能力浪费资源、损害环境，同时严重拖累宏观总体生产率水平。推进供给侧结构性改革迫在眉睫，必须认真处理好政府与市场的关系，通过市场在资源配置中的决定性作用和更好发挥政府作用，把"去产能、去库存、去杠杆、降成本、补短板"五大任务落到实处。

第二，创新宏观调控方式。党的十八大以来，我们一直在探索宏观调控方式和政策工具的创新，在区间调控基础上，实施定向调控和相机调控，取得了较好效果。在当前经济新常态下，我们需要继续创新宏观调控方式，统筹运用积极的财政政策和稳健的货币政策，以及产业、投资、价格等政策工具，既立足当前，又着眼长远。

在宏观调控创新中，只有抓住处理好政府与市场关系这个把手，使政府的宏观调控政策通过市场机制发挥作用，才能实现宏观调控创新为供给侧结构性改革营造良好的宏观环境的目标。

第三，适度扩大总需求。我们在重点加强供给侧结构性改革的同时，不可忽视需求侧问题。总供给和总需求是市场经济框架的两个基本矛盾方面，也是政府发挥宏观经济调控作用的着力点。应对当前经济下行压力持续，需要适度扩大总需求，特别是国内需求。在内需中重点是扩大消费需求，同时不能忽视投资的作用。根据马克思在《资本论》中分析社会经济运动规律时使用的"简单社会再生产"和"扩大社会再生产"的概念和分析思路，我们应该认识到，消费是通过实现投资来拉动经济增长的，只有能导致形成投资的消费才是拉动经济增长的消费。也就是说，对于社会经济发展来说，消费和投资两方面都是重要的，不可忽视任何一方面。不能导致投资的消费只能实现简单社会再生产，只有能够导致投资的消费才能实现扩大社会再生产。

第四，加速深化国企改革。国有企业改革是关系坚持和完善我国基本经济制度的重要内容，也是事关供给侧结构性改革能否顺利推进的一项重要的基础性改革。《中共中央关于全面深化改革若干重大问题的决定》强调"分类推进国有企业改革,完善现代企业制度""鼓励民营企业依法进入更多领域，引入非国有资本参与国有企业改革，更好激发非公有制经济活力和创造力"，进一步明确了国有企业改革的方向。国有企业和民营企业都应在市场经济中通过竞争求生存、求发展，政府应为其公平竞争和发展提供有力保障。目前我们需要特别重视认真做好国企改革从管资产向管资本转变的工作，从管资产向管资本转变是极其重要的国企改革原则。只要是好的、有效的、科学的、现代的经营模式和管理模式，无论是在国企中还是在民企中都应该采用和实现。除了关系民生和国防的重要部门，以及高自然垄断性部门之外，国企、民企除了所有制不同，其他方面应该尽可能地高度相似相同。这不仅有助于解决目前民间投资滞后于国有投资的问题，也能进一步明确国企改革的正确方向，推动国企改革的积极进展。国企、民企都要在市场经济框架中通过竞争求生存求发展，政府要切实为国企民企在市场经济框架中的竞争发展提供公平保障，实现国民经济总体质量的提高和经济社会的可持续发展。

政府与创新和完善宏观调控

宏观调控是我国改革开放以来保障经济社会发展的重要工作

经济学教科书认为，宏观调控是在市场经济中，政府或宏观经济管理部门为了弥补市场调节的不足，保持社会总供给与总需求的基本平衡而采取的宏观经济政策及措施，以促进宏观经济总体的经济增长，增加就业，稳定物价，保持国际收支平衡等目标的实现。

我国自20世纪70年代末开始改革开放以来，经历了由计划经济向社会主义市场经济的转轨，以及市场经济体制的逐步建立和不断完善的过程。在这个过程中，宏观经济运行由于国际或国内的原因出现过数次波动。针对每一次宏观经济波动，我们都进行过宏观调控，既有来之不易的宝贵经验，也有需要认真吸取的教训。面对20世纪80年代中后期出现的通货膨胀，由于原有的计划经济体制依然存在的影响，采取的宏观调控效果不甚理想，90年代初宏观经济出现硬着陆。应对 90 年代中期又一次出现的高通胀，我们借党的十四大确立的建立社会主义市场经济体制的东风，以宏观经济领域内推行多项改革为支撑，宏观调控较好地实现了软着陆。在应对 20 世纪 90 年代后期出现的亚洲金融危机冲击、21 世纪初出现的通货膨胀压力，以及随后来袭的美国金融危机冲击的几次宏观调控工作中，我们认真总结以前宏观调控的经验教训，政策实施均取得了十分积极的效果，不仅使宏观经济波动的幅度较 20 世纪出现的波动明显减小，有效化解了外部危机的冲击，而且保持了国民经济的快速增长，取得了经济总量跃居世界第二的成绩。这一轮连续的宏观调控非常重要的收获还在于我们在复杂多变的实践中，不仅积累了经验，而且看到了问题。我们至少得到两个重要的启示。第一，在宏观调控中特别是实施扩张性政策时会出现货币供给的增加和债务的增加，这必然会在以后的一段时期内产生潜在的多种形式的金融风险和债务风险，因此对货币供给的数量和投向，以及债务的规模和结构必须把控适当，最大限度地减少可能的负面影响，特别要避免发生系统性金融风险。第二，宏观调控的效果是与制度环境密切相关的，在我国目前的市场环境中，必须坚持全面深化改革，才能不断完善宏观调控的体制机制环境，使相关宏观调控政策措施不跑偏，发挥更大更好更积极的作用。

党的十八大以来，我国经济发展进入新常态，宏观经济发展实现速度换挡、结构调整和动力转换，宏观调控工作以新发展理念为指导，以供给侧结构性改革为主线，在保持国民经济中高速增长的同时实现了我国经济向形态更高级、分工更优化、结构更合理的阶段演进。正如党的十九大报告指出的，"面对世界经济复苏乏力、局部冲突和动荡频发、全球性问题加剧的外部环境，面对我国经济发展进入新常态等一系列深刻变化，我们坚持稳中求进工作总基调，迎难而上，开拓进取，取得了改革开放和社会主义现代化建设的历史性成就"。

党的十九大的召开标志着中国特色社会主义进入了新时代，在我国这一发展新的历史方位下，我们要继续夺取中国特色社会主义伟大胜利，取得全面建成小康社会决定性胜利，进而全面建设社会主义现代化强国。为了实现这一宏伟的历史任务，我们必须进一步加快完善社会主义市场经济体制。在加快完善社会主义市场经济体制的工作中，"创新和完善宏观调控，发挥国家发展规划的战略导向作用，健全财政、货币、产业、区域等经济政策协调机制"是一项关键任务。

创新和完善宏观调控的着力点

回顾总结改革开放以来历次宏观调控过程的经验，创新和完善宏观调控应该着力于以下几个方面。

第一，宏观调控的对象不仅在需求侧，而且拓展至供给侧。传统的宏观调控理论重点在调节短期的经济波动：当经济疲软萧条时，采取刺激或拉动消费和投资需求的政策措施来抬升经济活动水平；反之，当经济过热，价格水平过度上升时，则采取抑制或降低消费和投资需求的政策措施来减缓经济活动水平。传统的宏观调控认为，经济波动特别是短期波动是由投资和消费需求的不足或过度引起的，因此，刺激或抑制需求是应对经济波动的根本之道。这样的认识难以从总体上把握总供给与总需求的矛盾运动是宏观经济运行的主要因素,从而忽略了长期因素,特别是趋势性因素对宏观经济波动的影响力。把握经济增长的长期趋势性因素的关键是供给侧问题,不仅有总量问题,而且有结构问题。当前我国经济社会发展进入新时代,速度换挡、结构调整和动力转换的特点,要求宏观调控在引导各类需求的同时,必须更加重视供给侧结构性改革问题。总之,宏观调控的对象是总供给与总需求的矛盾运动,无论是从长期发展来看,还是从当前阶段特点来看,宏观调控必须更重视供给侧结构性改革。

第二,宏观调控的目标不仅是 GDP、就业、价格、国际收支,而且拓展到事关人民生活的经济社会发展的多方面。在人类社会生产力水平还比较低的时候,人们更重视的是经济增长的数量和速度、就业机会的多寡、价格水平的稳定,以及一国国际收支的平衡,这四项内容成为传统宏观调控的四大目标。第二次世界大战后的二十年,世界经济快速增长曾伴随着出现对资源的极度消耗,以及战后世界人口的快速增加,这促使有识之士在 20 世纪 60 年代提出了可持续发展的概念,呼唤人们重视人口的合理增长、资源的节约和环境的保护,以及关注代际公平。在以后的几十年中,人们越来越认识到诸如减少碳排放等保护人类生存环境措施的重要性。随着改革开放的深入和经济总量的快速壮大,我国也对资源节约和环境保护日益高度重视起来。十八届五中全会提出了包括"绿色"在内的五大发展理念,成为指导我国全面建成小康社会的战略方针。党的十九大提出,在新时代条件下基本矛盾已经转变为人民日益增长的美好生活需要和不平衡、不充分的发展之间的矛盾。国强民富是广大人民对美好生活需求日益增长的物质基础,而人民日益增长的美好生活需要是多方面的,是物质和精神生活的丰富,是生存环境的优良，是社会地位的保障和提升，是生活质量的提高。经济发展、居民生活、环境保护、社会事业等方面都应该纳入宏观调控的目标。

第三，宏观调控的目的不仅是保证经济增长的数量，而且拓展到更加重视经济增长的质量。传统宏观调控目标基本上是定量指标，在生产力水平相对不高时，首先需要满足的是数量。新中国诞生之初，面对"一穷二白"，首先需要增加经济总量。改革开放之初，为了尽快扭转计划经济时代我国经济增长明显落后于其他经济体的状况，我们把经济的高速增长设为优先目标，经济社会发展的各方面工作都以配合和服从经济高速增长为要务。我们经过多年的努力，经济增长取得了傲人成绩，经济总量雄踞世界前列。随着我国经济体量的增大和经济实力的增强，原来生产力落后的状况已经得到相当程度的扭转，生产力发展的制约因素具体表现为经济社会发展的不平衡、不充分，经济结构性矛盾、生产效率性问题、社会民生建设滞后，以及资源环境保护不足等问题日益突出。当前，发展不平衡主要表现在经济结构性问题上，而发展不充分则主要表现在发展质量上。深化供给侧结构性改革和推动经济各层次高质量发展已成为当前以及今后长时期的宏观经济工作任务，这也是宏观调控必须重视的内容。

第四，宏观调控的手段不仅是传统的财政政策和货币政策，而且拓展到综合多种政策的组合。传统宏观调控的政策手段主要是财政政策和货币政策，财政政策主要有以税收力度或税收结构调整为内容的财政税收政策，以及以财政赤字及国家债务预算为基础、政府支出规模设定为内容的财政预算政策；货币政策主要有调整货币供应量的直接性货币政策，以及调整利率等货币价格水平的间接性货币政策。一般情况下，通过上述手段可以对宏观经济运行产生作用，同时由于各种可能的原因，宏观调控效果往往不甚理想，有时甚至背道而驰。我国在改革开放以来建立和完善社会主义市场经济体制的过程中，不断总结经验和吸取教训，极大地丰富了宏观调控的策略理念和应用手段，将财政、货币、产业、区域等经济政策内容和形式不断健全，将相关政策协调起来，在国家发展规划的战略导向下发挥多项宏观调控政策的综合作用。

第五，宏观调控的指导思想不仅是保持较高增速，而且更强调稳中求进。在20世纪八九十年代，由于需要尽快把国民经济搞上去，以及宏观经济效益尚处在较低水平，速度型增长是当时宏观经济的主要特点。因此在经济出现波动时，宏观调控目标曾以保增速为主。当前我国经济社会发展进入新时代，经济发展重点由高速度转向高质量。无论是在微观层次还是宏观层次，经济增长高质量发展都需要一个良好稳定的大环境，努力创新和提高宏观调控水平是提供这种大环境的保证。经验告诉我们，在任何情况下宏观调控工作遵循稳中求进都是制胜法宝。坚持适应我国经济发展主要矛盾变化，完善宏观调控，坚持稳中求进，保持定力，相机抉择，开准药方，是实现高质量发展的重要保障条件。

宏观调控的实质是在市场经济框架中如何发挥好政府作用

宏观调控不仅是涉及宏观经济运行的单项工作，而且是全面深化改革大框架的组成部分，是建立现代化经济体系的组成部分。从某种意义上讲，宏观调控的实质是在市场经济框架中如何发挥好政府作用。在现代市场经济中，政府是经济体系的一个必然存在的组成部分，政府对于宏观经济运行起着不可或缺的作用。十八届三中全会《中共中央关于全面深化改革若干重大问题的决定》指出,"政府的职责和作用主要是保持宏观经济稳定,加强和优化公共服务,保障公平竞争,加强市场监管,维护生产秩序,推动可持续发展,促进共同富裕,弥补市场失灵"。调控宏观经济是政府保持宏观经济稳定的职责和作用的重要内容。

建立和完善社会主义市场经济体制的实践告诉我们,宏观调控必须融入以不断加强系统性、整体性、协同性为特点的全面深化改革的大框架之中。在诸多改革任务中,如何抓住牛鼻子,起到纲举目张的作用?《中共中央关于全面深化改革若干重大问题的决定》明确指出,"经济体制改革是全面深化改革的重点"。而经济体制改革,"核心问题是处理好政府和市场的关系,使市场在资源配置中起决定性作用和更好发挥政府作用"。

处理好政府和市场关系,关键在政府;政府作用发挥好,关键之一在宏观调控工作;宏观调控实现创新,关键在与全面深化改革相协同。

吴晓灵简历

女，经济学硕士，研究员。清华大学五道口金融学院理事长兼院长、兼职教授、博士生导师，中国金融会计学会执行副会长，中国金融会计学会名誉会长。历任中国人民银行金融体制改革司副司长、政策研究室主任，国家外汇管理局副局长、局长，中国人民银行上海分行行长，中国人民银行副行长，第十一、十二届全国人大常委、财经委副主任委员。著有《银行信用管理与货币供应》《银行与企业债务重组问题研究》等著作和论文。长期从事货币政策、外汇政策和金融监管的研究，并在实践中推动了货币政策实施和外汇管理的完善，推动了小额贷款公司的创设和普惠金融教育的发展，推动了《证券投资基金法》和《证券法》的修改。1994年获孙冶方经济科学奖。2004年、2005年被《华尔街日报》评为"全球最值得关注的50位商界女性"。2006年、2007年被福布斯评为"全球最有影响力的100位女性"。2011年获中央电视台（CCTV）"中国经济年度人物奖"。

积跬步以致千里：
从预算监督看社会民主法治建设的推进

吴晓灵

我于 2005 年加入中国经济 50 人论坛，2008 年从中国人民银行副行长的位子上退下来，开始担任论坛学术委员会成员，2008 年 3 月至 2018 年 3 月我在全国人大财经委员会工作，十年的工作交集中让我印象最深的一件事，就是 50 人论坛对财税改革的建言。

财税改革和推进中国民主法治建设是改革开放以来重要的改革内容，可在我进入全国人大担任常委、财经委员会副主任委员以后，才切身体会到财税改革与中国民主法治建设的关系，才切身感受到人民代表、人大常委会委员的重任。财政是国家治理的基础和重要支柱，依法加强对各级财政预算决算的审查监督是国家治理体系和治理能力现代化的重要内容，也是稳步推进中国民主法治建设的重要途径。

财政预算的精细、公开、透明会促进责任政府的建立，会从制度上保障公民的权利，约束政府行为，从根本上防止腐败。党的十八大以来党中央的铁腕反腐得到了全国人民的一致拥护，但我们不得不说，从制度上反腐的重要基础之一是建立规范透明的预算制度。而只有规范财政收支、追究财政支出的绩效才能约束政府行为，使政府成为负责任的政府。

推进全口径预算体系的建立和精细化

改革开放以前，尽管计划经济体制抑制了商品经济的发展，但当时的财政预算制度和财务管理制度非常严格，没有预算不得支出是天经地义的。改革开放以后，按照增量改革和双轨运行的思路，财政体制也实行了双轨制，有计划内的预算收入，也有计划外的非税收入；有计划内的开支，也有用预算外收入的支出。随着市场经济的发展，预算外收入占比越来越大，建立全口径预算体制成为财税改革的一项基础性工作。2014年8月第十二届全国人大通过了新《预算法》，并于2015年1月正式实施。新《预算法》规定财政预算由四部分组成：一般公共预算、政府性基金预算、国有资本经营预算和社会保险基金预算。而在2008年第十一届全国人大常委会时，只有两本预算，即一般公共预算和政府性基金预算，而且内容涵盖不全，预算编制粗放。十一届人大财经委开始把促进预算的全覆盖和精细化作为工作目标。

全国人大常委会预算工作委员会（以下简称预工委）和全国人民代表大会财政经济委员会（以下简称财经委）负责财政预算的初步审查，审查结果由财经委提交全国人民代表大会主席团批准，预算案由全国人民代表大会表决通过。财经委的审查报告一般包括以下内容：对上一年预算执行和对落实人民代表大会预算决议的情况做出评价；对本年度预算草案是否合法可行做出评价；对人民代表大会批准预算草案和预算报告提出建议；对执行年度预算、改进预算管理、提高预算绩效、加强预算监督等提出意见和建议。财经委的审查报告具有法律约束力，在依法治国理念逐渐深入人心的形势下，国务院对人大的意见和建议都非常重视。财经委每年对预算初审时都会与财税部门和重点预算部门进行沟通，因而财经委在审查报告中提出的建议特别是有约束性的要求，政府一般都能按期完成。

如表2.1所示，在预算全覆盖方面，2008年财经委的预算审议报告提出要在2011年把非税收入纳入预算管理。2011年提出要将地方土地出让收入支出情况向全国人大报告，至此把过去预算外的收入都纳入预算。2009年提出2010年要向全国人大提交政府性基金预算的收支预算，2011年提出2012年向全国人大提交全国国有资本经营预算，2012年提出2013年向全国人大正式提交全国社会保险基金预算，于是到2013年，全口径预算全部建立起来了。

在预算的精细度上，2008年提出要在2009年将重点支出编列到"款"。如交通运输是预算中的"类"，交通运输当中的公路就是"款"。我们在2011年要求2012年中央本级的资本预算重点支出细化到"项"。例如，交通运输中的"款"是公路，公路的"项"是什么？即新建公路还是修公路、修桥。2010年交通预算在修路这一项级科目就有资金2800亿元，部委的裁量权非常大。于是就产生了"跑部钱进"，就有了寻租的空间，因而把预算做精做细是非常重要的。我们希望到"目"，就是希望列明修哪条路。

表 2.1 预算的计划情况

提出时间	计划完成时间	计划完成事项
2008 年	2009 年	重点支出编列到"款"
	2011 年	非税收入纳入预算管理
2009 年	2010 年	向全国人大提交中央国有资本经营预算，试编社会保障基金预算
	2010 年	向全国人大提交地方政府性基金收支预算
2010 年	2011 年	向全国人大报告基本建设、行政经费等社会关注的项目收支情况
	2011 年	地方试编国有资本经营预算
2011 年	2012 年	将地方土地出让收支情况向全国人大报告
	2012 年	中央本级预算的重点支出细化到"项"
	2012 年	向全国人大提交全国国有资本经营预算
2012 年	2013 年	向全国人大正式提交全国社会保险基金预算

正是有了每年对预算改进的要求，2015 年生效的《预算法》修正案才能对细化预算提出明确要求。《预算法》第四十六条规定：本级一般公共预算支出，按其功能分类应当编列到"项"；按其经济性质分类，基本支出应当编列到"款"。本级政府性基金预算、国有资本经营预算、社会保险基金预算支出，按其功能分类应当编列到"项"。按照经济性质分类，一般公共预算基本支出分为人员经费支出和公用经费支出。其中，人员经费支出包括工资福利支出及其细项和对个人和家庭的补助及其细项；公用经费支出包括商品和服务支出及其细项和资本性支出及其细项。预算的精细化让人大监督和社会监督更有依据。

随着《预算法》的修订，在法律层面确立了预算完整性的原则和支出法定的原则，即政府全部收入和支出都应当纳入预算，各级政府、各部门、各单位的支出必须以经批准的预算为依据，未列入预算的不得支出。人大对政府预算提出的要求是预算编制有目标，预算执行有监控，预算完成有评价，评价结果有反馈，反馈结果有应用。今后政府支出要提出目标，目标有没有达到要进行评估，评估的结果作为下一年度预算调整的依据。如果做得好，下一年度的预算可以多加；如果做得不好，下一年度的预算应该缩减。这是一个有效的约束政府预算的机制。

充分发挥人大对政府预算审查监督的作用

为了加强人大对政府的预算监督，预工委和财经委一方面不断改进审议和监督的方法，另一方面抓住重点问题不断推进改革的深化。

预工委和财经委不断改进预算的审核内容和方法

十一届人大预算工作着重审查预算的平衡性，着力控制赤字规模。十二届人大的预算审查逐步向支出预算和政策拓展，并扩大了参与预算审查的范围。预算审查会除了预工委、财经委的同志及各专业委员会的同志参加外，还邀请了全国人大代表、专家学者和某些财政政策的利益相关方代表参加座谈会。比如，2015年第12届全国人大在2015年预算审查时就教育资金效绩情况、涉农资金管理和整合情况、节能环保资金管理情况、科技资金平台建设情况和整合情况、社会保险基金预算执行情况进行了重点审议。这些都是预算管理上比较混乱的地方,"九龙治水",资金使用分散,效率不高。2018年就预算审查推进深度贫困地区脱贫攻坚政策实施情况、整合科技资金改革成效、生态环境政策及专项资金分配情况、养老保险全国统筹进度安排等问题进行了重点审议。以我们多年的经验,当年的预算审查不会对预算案产生具体影响,但会对下一年度的预算编制和制度规定产生影响。

为了了解和分析预算的执行情况,地方人大还与财政部门建立了在线监督网络,地方人大财经委可以及时了解财政部门是否按预算计划支出。

在审查预算时人大财经委还会围绕一些重大问题敦促财政部门改进工作

一是敦促财政尽力减少专项转移支付的比重,给地方以更多的财政自主权;尽力压缩代编预算,减少"跑部钱进"的寻租空间。

专项转移支付(不包含税收返还)的比重从2008年的53.4%降为2018年的37.3%;专项转移的数量从2013年的220项减为2018年的76项。尽管专项转移支付的项目少了,但由于政府部门职能整合不到位,实际上仍存在名义合并实际仍保留的专款专用。随着2018年真正大部制改革的到位和中央地方事权财力划分的清晰,专项转移支付过多的问题才能解决。

代编预算大量地存在于固定资产投资领域。比如,发展改革委和财政部都有一些固定资产的投资项目。按照无预算不支出的原则,我们希望发改委的固定资产投资预算能全部落实到项目,希望他们能建立项目库滚动编制预算,开始几年他们说75%落实到项目的指标都难以实现。2017年发改委管理的中央基建投资规模达到5300亿元，中央本级基建1000亿元中86%列出具体项目，对地方转移支付4000亿元按类列出使用方向。尽管这些项目特别是地方的项目还会有调整，但对地方随意上项目的约束加强了。

二是督促财政防范化解债务风险，编制三年中期财政规划，让财政在稳健的轨道上行进。

2009年为应对国际金融危机，国家出台了一系列对冲行动，实行了积极的财政政策和适度宽松的货币政策，地方政府债务急剧攀升引起各方关注，也成为财经委预算审查时关注的重要问题。全国人大除在修改《预算法》时给予地方政府举债合法地位外，还特别督促各级政府要严格执法，严肃查处《预算法》生效后仍违规和变相举债的问题。国务院也按照《预算法》的要求将地方政府债务限额纳入预算，在化解地方债务风险的同时发文重申财政纪律，并严肃处理了一些违规变相担保举债的机构和责任人。

用规划指导国民经济发展是中国经济发展的特点，为了引导规划的执行和贯彻量力而行的财政方针，财经委在预算工作审议中强调政府应编制三年财政规划。从2015年开始，财政部编制了三年中期财政规划，促进了各部门均衡财力安排，避免年度突击花钱现象，提高了资金的使用效益。

三是不断督促财政完善财政预算，尽力减少政府性基金，改进国有资本预算。

中国各级政府的收入除税收外，还有各种收费形成的专用于某一领域的政府性基金。2008年各类政府性基金多达34项。其中中央政府19项，地方政府26项。多种基金的存在既加重了社会的负担，也肢解了财政的完整性，有时还会带来寻租腐败。近几年财政加大了政府性基金的清理力度，至 2017 年减少为 23 项，已将 11 项纳入一般公共预算，但在强化财政资金统筹运用的原则下，政府性基金特别是地方性基金仍有精简的余地。

中国庞大的国有企业和巨额的国有资本关系全民福祉，但对国有资本经营缺乏有效的监督，现有的国有资本经营预算也仅仅是部分国有企业上缴利润的收支预算，并不是真正意义上的国有资本经营预算。财经委和预工委一直在为建立完整的国有资本经营预算努力。从 2015 年开始，财政在上报国有资本经营预算时已附加了国有企业资产总额、负债、利润、行业分布等信息。从十三届全国人大开始，国务院将每年向人大做国有资产情况的报告，包括国有经营性资产和非经营性资产。我们希望能在此基础上形成真正的国有资本经营报告，以此为基础形成真正的国有资本经营预算并修改《预算法》的相关内容。

利用社会力量，加强研究，帮助人大更好地履行代表人民当家做主的职能

十年来，我的人大常委和财经委的履职工作也受益于 50 人论坛的研究。人大财经委的工作面非常宽，在经济形势分析和财政预算审议中会涉及许多经济问题。每每参加 50 人论坛的内部研讨会或公开的论坛，大家的许多发言都会成为我工作中的借鉴。特别是党的十八大之后三中全会之前，50 人论坛组织的几项专题研究对我在财经委的工作帮助很大。

在那次研究中我是财税小组的成员，在 2013 年 4 月 6 日完成了《以财税改革为主线，推进责任政府与法治政府建设》的报告。此后我在这个研究报告的基础上给习近平总书记写了一份材料，强调了以"营改增"为契机，推动财政体制改革，理顺中央与地方的关系；以《预算法》修订为契机，规范预算管理体制，稳步推进民主法治建设；以化解地方债务风险为契机，建立市场纪律约束的政府债务管理体制，防范财政风险与金融风险的相互转化。这份报告受到总书记的重视，专门请栗战书同志打电话告知我。我也将课题研究的相关内容发在《人大财经工作》上。当时十二届人大财经委刚成立，《预算法》修订正处在胶着状态，各方面的意见对财经委的工作和《预算法》的修订都有重要的参考作用。

人民代表大会制度是一个很好的制度，如果每一位代表、每一位常委、每一个专门委员会的成员都能尽自己之力对"一府""两院""一委"的工作提出有事实、有对策的审议意见，就能不断地完善"一府""两院""一委"的工作，也能不断完善人民代表大会制度。

积跬步以致千里。实现中华民族的复兴，要从自我、从脚下做起。

以此文纪念中国经济 50 人论坛二十周年华诞，也以此文告别我从事公众职务的生涯。

谢伏瞻简历

男，汉族，1954年8月生，湖北天门人，研究生学历，工学硕士，研究员，博士生导师，享受国务院政府特殊津贴。现任中国社会科学院院长、党组书记。

1991年、2001年两次获孙冶方经济科学奖；1996年获国家科技进步二等奖。

主要研究方向为宏观经济政策、公共政策、区域发展政策等。先后主持和共同主持了《东亚金融危机跟踪研究》《国有企业改革与发展政策研究》《经济全球化与政府作用的研究》《金融风险与金融安全研究》《完善社会主义市场经济体制研究》《中国中长期发展的重要问题研究》《不动产税制改革研究》等重大课题研究。

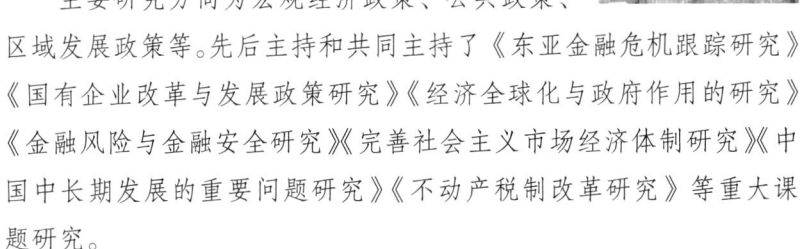

十七届中央纪委委员，十八届、十九届中央委员，党的十九大代表，十二届、十三届全国人大代表，十三届全国政协常委。

参与两次汇率形成机制改革咨询决策的回顾

谢伏瞻

改革开放四十年来，人民币汇率形成机制改革一直是经济体制改革的重要议题，备受各方面关注，我有幸参加了两个重要时间节点的研究、咨询和决策工作。

回顾之一

第一次是在2005年汇改之前。国务院在2004年12月20日召开了一次专家座谈会，参会的有国务院时任主要领导和分管领导以及主要职能部门负责人，受邀专家有吴敬琏老师、钱颖一教授、余永定研究员、李翀教授和我（另外一位专家我记不清了），以下是我在这次会议上的发言实录[①]。

近年来，我国经济持续快速增长，综合国力不断增强，贸易总量迅速扩大，在国际贸易中的位次不断提升，我国经济对世界经济的贡献和影响在扩大，同时与世界经济的联系也更加紧密。这就要求我们在国际经济舞台上扮演更重要的角色。汇率是关系国民经济

---

① 下文中该部分内容所列数据均引自当年的统计月度、年度数据。凡以"今年"表述或参照的，均指2004年。

全局的重要经济变量，汇率水平是否符合本国经济运行的客观要求和经济发展的总体战略，不仅会影响宏观经济的稳定、国际收支的平衡，还会对就业及长期增长产生影响。同时汇率又是一个十分复杂的经济变量，不仅与本国经济的各重要方面紧密相联，也与有关各国相应变量紧密相联。汇率问题在当前的宏观调控中可能是最敏感、最复杂、影响最广泛深远的一个问题，必须慎重决策。

人民币汇率存在升值的要求和压力

人民币升值的压力源于以下几个方面。

第一，近几年，人民币持续被动贬值。布什政府执政以来，采取了扩张性财政政策，使美国财政赤字超过4000亿美元，贸易赤字超过6000亿美元，财政和贸易双赤字导致美元不断走弱。2001年至今，美元对欧元贬值在40%左右，对日元贬值约30%，对其他不少货币都有不同幅度的贬值。人民币盯美元，因此，对欧元和日元等也相应贬值。

第二，我国进出口贸易持续保持顺差。自1994年人民币汇率并轨以来，我国贸易一直保持顺差。1997年、1998年曾高达400亿美元以上，此后，年贸易顺差都在200亿美元以上，年平均280亿美元。

第三，外商直接投资持续在较高水平。1996年至今，每年都在400亿美元以上，近三年在500亿美元以上，2004年可能达到600亿美元。资本账户保持顺差。

第四，外汇储备急剧攀升，投机性资金伺机流入。1998—2000年，外汇储备大体上每年增加100亿美元。从2001年至今，外汇储备急剧增加。2001年比上年增加466亿美元，2002年增加743

亿美元，2003年增加1168亿美元（如果加上对中行、建行注入的资本金450亿美元，则为1618亿美元），到2004年11月底，又增加1700多亿美元，外汇储备高达5700多亿美元。市场对人民币升值的预期日趋强烈。外汇储备增长中非正常因素增加。部分企业通过增持人民币债权和美元债务，通过提前结汇和推迟付汇，通过个人外币汇入和外资银行提供外币贷款供企业与个人结汇，以及通过地下钱庄等途径流入中国，使我国外汇储备超常增长。

第五，外债结构短期化的倾向也意味着可能有投机性资金的流入，到2004年6月底，外债余额2209亿美元，比上年末增长14％，其中短期外债余额989亿美元，约占外债余额45％，超过前些年20％多的水平。短期外债的增加，对汇率的调整也形成压力和风险。

第六，高额外汇储备对宏观调控的灵活性、有效性提出挑战。其一，高额外汇储备使外汇占款增多，央行对冲操作的压力增大，成本提高。其二，基础货币增加，使货币供给增多，通胀压力增大。广义货币与GDP的比值（M2/GDP），从1998年的1.33逐年提高，到2003年达到1.89，目前居民消费价格指数（CPI）高于一年期存款利率，生产资料价格指数（PPI）高于贷款利率，实际利率水平不能反映资金成本，扭曲市场主体行为，而提高利率又可能吸引更多的投机性游资进一步流入。因此现行汇率水平和形成机制不利于调控总需求，不利于控制通胀，稳定经济，也不利于调整贸易结构和产业结构。

综合以上六方面情况，我认为，人民币汇率的确存在调整的内在要求和压力。

对人民币汇率政策选择的分析

对人民币存在升值压力的问题，可能认识分歧相对比较小，但政策上如何选择，如何应对，认识的差异就比较大了。但从大方向看，大体上是求稳和求变两种选择。

求稳还是求变

求稳，就是人民币汇率水平不变，形成机制不变，维持现状，同时，放松外汇流出限制。有利方面：一是可以保持出口产品的价格竞争力，进一步扩大进出口规模；二是保持吸引外资的好势头；三是扩大国内就业，促进经济增长；四是即期风险比较小。不利方面：一是现行汇率水平和形成机制下存在的问题不能得到解决，如货币政策的有效性、灵活性问题，通胀压力问题，而且各种矛盾会进一步积累，压力会逐步增加，使今后解决问题的难度更大，损失更大，也就是说求稳的政策只是把矛盾后推，不能化解，而放松外汇的流出管制等缓解措施，对于增加一般性外汇需求可能有作用，但对投机性资金的流入并不管用，所以不能从根本上解决矛盾；二是外部压力会增大，贸易条件可能会恶化，贸易争端会增多，反过来也会影响出口。

求变，就是调整汇率水平和汇率的形成机制。变，可见的好处是理顺国民经济的运行机制，校正经济主体的经济行为，释放积累的各种压力，增强宏观调控的灵活性、有效性，等等。变的最大问题就是不确定性，也就是说，难以准确预料汇率水平和形成机制改变后可能出现的各种风险。还有汇率调整会使已经流入的投机性资金渔利，付出一定代价。不少人担心，拉美和日本的历史会在中国重演。

稳和变的权衡，我个人看法，选择变比较主动，比较积极，如果政策和策略得当，时机选择比较好，风险是可以化解的，困难也是可以克服的。

如何变

变的方式有很多种，比如，只变汇率水平，不变形成机制；汇率水平与形成机制同时变；等等。

从汇率水平看，我认为还是要坚持维持一个有竞争力汇率水平的原则，使人民币汇率略低于市场均衡水平，这是由我国的基本国情和发展阶段决定的。在综合考虑本国价格水平、利率水平、关税水平、企业竞争力水平以及经常账户和资本账户的情况和有关主要贸易伙伴国家的相应指标后，科学测算，确定人民币相对美元升值的幅度，一步到位。

从形成机制看，可考虑改变人民币与美元单一挂钩方式。选择与美、日、欧元等一篮子货币挂钩。在调整汇率水平的同时，改变汇率的形成机制，并在一定区间内允许汇率浮动，保持人民币汇率在均衡合理条件下的基本稳定，形成真正有管理的浮动汇率制度。

汇率调整的可能影响

第一，对进出口的影响。首先，从贸易总量平衡的角度来看，自1994年以来，历年均为顺差，1997年、1998年顺差最大，超过400亿美元，此后也都在200亿美元以上，因此，汇率适度升值，不会对贸易平衡造成太大影响。其次，从国别和地区看，我们对美国和对中国香港贸易顺差逐年加大，升值有利于改善对美贸易平衡。我国对欧洲的贸易基本平衡，略有顺差；对日本存在100多亿美元的逆差，对中国台湾、韩国、泰国等均为逆差，且逆差逐年加大。

因此，如果汇率升值，有可能使我国对亚洲主要国家和地区的逆差增大。如果能够增加从美国进口而减少从亚洲的进口，着力改善我国外贸的地区结构，就可能化解调整后的负面影响。再者，我国的贸易构成中，加工贸易占到50%以上，汇率升值对加工贸易的影响不是太大，在占总量不到一半的一般贸易中，如果考虑到美元兑欧元和日元近几年的贬值幅度，即使人民币适度升值，贸易条件与2000年前后相差也不大，加上我国近几年基本国力明显增强，体制环境逐步改善，企业竞争力总体上在提高，也不会对外贸造成太大的冲击。

第二，对外资的影响。对于已经进入中国的外商直接投资而言，如果人民币升值，其今后的收益以外币计算是增加的，因此，升值对已进入中国的外商有利，不会引发外资撤离。对于还没有进入中国的外商直接投资而言，人民币升值对其名义影响是负面的。考虑到真正有眼光的外资企业和大的跨国公司看中的是中国的长期市场潜力，相对高素质、低成本的劳动力，比较完整的工业体系、加工能力及其他优惠条件，况且在地方和企业吸引外资谈判的具体合同中还可以讨价还价，因此，对于新进的外资，有可能会在短期内流入量下降，但只要中国经济能保持7%~8%的平稳速度较快增长，经过短暂的适应后，外商直接投资仍然会稳定进入中国。对于以投机为目的的已有游资而言，汇率调整将使它们从中渔利，但重要的是阻止了新的投机性资金的进入，避免久拖不决可能造成的更大损失，使引进外资进入一个正常的轨道。

第三，对经济增长速度、物价等的影响。从短期看，人民币升值，可能会使贸易顺差减少和外资流入的一定下降，只要坚持进出口的基本平衡,经济增长速度即使在短期内下降1~1.5个百分点,按现行增长率9%左右计算,国民经济仍能保持在7.5%~8%的水平,这种增长速度是一个合理水平,是可以接受的。随着汇率升值,进口原材料和设备的价格会相对下降,对于缓解通胀的压力是有益的,还能缓解瓶颈制约,促进结构调整和升级。

关于汇率调整的策略

温家宝总理曾经明确指出,汇率机制改革应具备三个条件:一是宏观经济基本稳定;二是市场机制基本健全;三是金融体系基本健康。这是指导汇率调整的基本原则,也是我们认识问题和解决问题的重要指导思想。从目前情况来看,宏观调控已取得明显成效,正朝预期的方向发展,而市场机制在资源配置中的作用也越来越大,令人担忧的主要是金融体系。但也要看到,汇率问题不仅是宏观问题,也是金融问题,理顺汇率形成机制本身也是健全金融体系的重要举措,两者是可以互相促进的。

在汇率调整前要积极创造条件,防止投机性资金的进一步流入:一是加强资本项目管理,严进宽出;二是加快建立做市商制度,让商业银行和外汇交易中心发挥更大作用;三是允许商业银行保留更多外汇头寸;四是放松QDII(合格境内投资者)到境外投资的限制;五是进一步放松个人和企业的购汇限制;六是鼓励企业"走出去";七是可考虑在外汇储备中划拨一部分资金,用于增加资源类有形资产的储备;等等。在这些措施出台的同时,向公众表示稳定汇率的立场。一旦升值预期下降,即可果断推出汇率调整方案。

在汇率调整后,需要加强对资本的严格监管,既要防止投机性资金继续流入,压迫人民币继续升值;又要防止资本外逃,对国内经济稳定形成冲击。另外要适时调整宏观经济政策和贸易政策，缩短汇率变动的适应期。加快金融体系改革的步伐，增强抵御外部冲击的能力。

会后，有关部门论证研究，国务院在2005年7月出台了人民币汇率形成机制改革方案，大多数专家的意见被采纳，改革取得了较好的成效。

回顾之二

第二次关于人民币汇率问题的决策是在2010年6月18日。2008年9月国际金融危机爆发，世界经济发展受到剧烈冲击，我国也不例外，2009年第一季度，GDP增速降到6.1%，出口同比下降19.7%。人民币汇率有管理的浮动机制基本停止。在2009年下半年至2010年上半年，我国汇率制度受到包括美国在内的一些国家和APEC、G20等国际机构的诟病，纷纷要求人民币升值。在2009年底、2010年初，国务院部署有关部门研究人民币汇率问题。国家发改委、人民银行、财政部、商务部、工信部、国研室都写出研究报告，呈报国务院，大体上分为两种意见：一种是人民银行、国研室主张恢复人民币汇率有管理的浮动机制；另一种是商务部、财政部、工信部、银监会等单位主张不动，理由是企业缺乏承受力，也会影响出口和经济增长。为此国务院在2010年6月18日召开了发改委、人民银行、财政部、银监会、证监会、保监会、工信部、商务部、外管局、国研室等单位主要负责人参加的会议，以下是我在这次会议上的发言实录①。

人民币汇率水平正朝着有利于内外均衡的方向发展

一方面是从汇率水平的变化看。2005年7月人民币汇率形成机制改革以来,人民币汇率持续升值,升值幅度并不小。汇改前人民币汇率是1美元兑8.2765元人民币,2010年6月11日是1美元兑6.8279元人民币,人民币对美元累计升值21.2%,截至4月底人民币实际有效汇率累计升值18.3%。国际金融危机最严重的时候,几乎所有国家货币兑美元都发生了大幅贬值,2008年7月到2009年3月,欧元、英镑、俄罗斯卢布、印度卢比、巴西雷亚尔分别贬值20.7%、30%、34.9%、20.9%、32.4%,而人民币汇率保持了稳定。过去两个月,人民币兑美元继续保持稳定,但人民币兑欧元、英镑、澳元、韩元都保持了较高的升值幅度。

另一方面是从我国进出口情况看。从进出口增长看,2005年7月之前,进口增速远快于出口增速;汇改后两者之间的差距迅速缩小,从2007年下半年开始,进口、出口增速基本接近;2008年以来的27个月中,有18个月的进口增速超过出口或者进口回落幅度小于出口。从贸易顺差看,2009年贸易顺差同比减少1020亿美元、下降34%,2010年前5个月同比减少525亿美元、下降59.5%,3月甚至出现了70个月以来的首次逆差。2009年我国贸易顺差占国内生产总值的比重已降至5.8%,2010年还可能进一步下降。

以上情况说明,近五年来我国汇率持续朝着有利于内外均衡的

---

① 下文中该部分所列数据均引自当年的统计月度、年度数据。凡以"今年"表述或参照的,均指2010年。

方向发展，特别是最近两年在促进进出口均衡发展中起到了比较明显的作用。

目前人民币汇率并不能反映出口产品的真实成本

我国出口产品竞争优势在一定程度上来自产品价格的优势，但是这种价格优势并不完全来自汇率，也有劳动力、资源、土地等生产要素价格低，环境污染和治理等外部成本没有内化到产品价格中的原因。也就是说，目前人民币汇率水平还不能有效反映出口产品的真实成本，这是由许多体制机制原因造成的。这也是我国转变发展方式比较困难的一个重要原因。我们讨论汇率问题不能不考虑这个情况。

从长远来看人民币汇率变化趋势，既有改革能源资源产品价格和环境税费制度，以及劳动力成本上升等使人民币汇率贬值的因素，也有我国劳动生产率提高、竞争力增强等推动人民币汇率升值的因素。我们推进内部结构调整，我国出口产品的成本就会向真实成本接近，并呈现上升趋势。合理的汇率水平是由上述两个因素决定的，我们在推进汇率改革时，必须同时兼顾国内要素价格改革的需要，搞好两者之间的平衡。

还要看到，目前我们讲价格优势，主要是对美国、欧洲、日本等发达国家与地区，它们有明显的技术优势，这并不是我们短期能够赶上的。而对许多构成竞争关系的发展中国家，如印度、越南等国，我们在成本方面已经不具备优势。

推进汇率改革必须综合研判当前国际国内经济形势

一方面，世界经济复苏存在很大的不确定性。主要发达国家经济增长缺乏内在动力，特别是欧洲国家主权债务危机何时见底还很难看清，日本、美国等国也都存在严重的债务问题。这些问题不是短期能够解决的，如果要解决债务问题，这些国家只能收紧财政政策，这反过来又会影响它们的经济复苏，进而影响财政增收。世界经济复苏是一个复杂又曲折且缓慢的过程。这对我国经济特别是出口会带来不利影响，我们不能掉以轻心。

另一方面，我国经济保持平稳较快发展还面临许多内部不确定因素。一是这两年中央政府投资规模都很大，2010年增幅下降比较大，这是正常的。但是在信贷政策、地方政府债务约束以及投资边际效益下降等因素影响下，在中央投资增速下降的同时，全社会投资能不能保持合理的规模和增速，也有一定的不确定性。二是消费明显大幅提升需要一个过程，这两年在政策刺激下消费增长速度也不低，对经济增长的拉动能不能继续明显增强，也是有难度的。这就需要我们在一定时期内，继续保持出口竞争力，以促进经济增长。

目前我国增加就业、保持社会稳定都要求继续保持经济平稳较快发展。对促进就业和增长具有重要作用的外需，既面临着外部不确定因素，也难以很快就被内需取代。推进汇率改革，必须充分考虑这个现实，并做出正确评估。

完善人民币汇率形成机制需要把握的几条原则

第一，必须坚持以我为主的原则。汇率政策是我国的内政，必须自主决定。在政治压力面前决不能动。在美国的压力下动，不仅经济上会吃亏，政治上也是不可取的。捍卫汇率主权，继续推进人民币汇率形成机制改革，要根据我国自身经济社会发展的需要，综合考虑宏观经济状况、经济社会承受能力和企业适应能力，保证经济不出现大的波动。同时统筹考虑国际形势发展变化以及汇率对周边国家、地区和世界经济金融的影响，保持人民币汇率在合理均衡水平上的基本稳定。

第二，必须坚持于我有利的原则。实行以市场供求为基础、参考一篮子货币进行调节、有管理的浮动汇率制度，是我国的既定政策，早已公之于众。事实上近五年来，大多数时间内人民币汇率一直是在浮动的，只不过有时浮动幅度大，有时浮动幅度小，在国际金融危机严重冲击的情况下，不少国家汇率大幅贬值，人民币汇率保持了基本稳定。所有这些都是我国经济自身发展的要求，都符合我国的总体利益。现阶段，进一步增加汇率的弹性，也必须综合分析应对金融危机的总体情况，选择在宏观经济相对稳定、市场关注度小、炒作热度有所降温、于我有利的时候，择机扩大人民币汇率弹性。这样既可以树立我国宏观经济政策自主性、稳定性、前瞻性的形象，促进出口企业主动调整结构，维护国家整体利益，也可以避免美国再次把人民币汇率问题炒热，缓解国际舆论压力。

第三，必须坚持先内后外、内外结合的原则。调整内外需结构，扩大国内需求，汇率不是唯一的政策工具，必须与其他非汇率措施搭配运用。理顺国内生产要素价格可能比汇率升值更紧迫、更有效。可加快推进要素价格改革，形成反映市场供求关系、资源稀缺程度、环境损害成本的资源价格形成机制和环保收费制度，把外部成本内在化，还原出口产品真实成本。2010年底"五缓四减三补贴"政策到期后可不再延续，这样，企业的劳动力成本还会进一步提高，职工的福利也会增加。要加快调整国民收入分配格局，推动优化内部需求结构，大幅提高消费率，促进过高储蓄转化为居民消费；合理增加进口，促进进出口贸易基本平衡；切实为企业"走出去"松绑，简化各类审批，落实企业特别是民营企业的境外投资自主权；推进人民币区域化、国际化。这些措施与扩大人民币汇率弹性相结合，多管齐下，协调推进，既可以缓解结构性矛盾，推动发展方式转变，又能减轻人民币升值压力，降低汇率调整的负面效应。

第四，必须坚持有升有降、幅度可控的原则。增强人民币汇率弹性不等于升值。应建立人民币汇率以市场供求为基础、双向浮动的机制，调整"盯住"目标，从单一地"盯死"美元改为"盯住"一篮子货币。对美元该升值的时候要升值，该贬值的时候要坚决顶住压力贬值，改变人民币对任何单一货币单边升值的预期。同时，要严格控制浮动幅度，可考虑遵循三个约束条件：人民币汇率每日波动幅度不超过原定的5‰；每年升值幅度不超过一定幅度，比如，累计不超过3%或略高；同时始终保持人民币汇率双向浮动，绝不能短时间顶到上限，使汇率在一个更高水平上又固定下来。这样做可以给企业足够的时间和空间逐步调整适应，避免削弱我国出口整体竞争力，同时，使升值幅度与境外资金流入成本相比回报率较低，降低对热钱的吸引力，避免刺激热钱流入。

总的来讲，我主张恢复人民币参照一篮子货币的有管理的浮动，但不赞成人民币相对任何单一货币单边升值，也不赞同人民币大幅升值。

会后第二天，即 2010 年 6 月 19 日，中国政府恢复人民币有管理的浮动汇率制度。

杨伟民简历

吉林大学经济系毕业。曾任国家发展改革委规划司司长，委副秘书长、秘书长，中央财经领导小组办公室副主任。现任十三届全国政协常委，政协经济委员会副主任。

杨伟民同志是党和国家一系列重大文件、重大政策以及中央领导同志重要讲话参考提纲的主要参与者和执笔人之一。参与了党的十六届五中全会、十七届五中全会以及党的十八大、十八届三中、四中、五中、六中全会和党的十九大报告起草工作，承担了许多重要内容的起草任务。是2011—2017年中央经济工作会议、2012—2018年历次中央财经领导小组会议，以及中央城镇化工作会议、全国金融工作会议领导讲话参考提纲的主要执笔人之一。

杨伟民同志是中国近五个五年规划编制工作的主要参与者和组织者之一，主持编制了"十五"计划纲要、"十一五"规划纲要、《全国主体功能区规划》《汶川地震灾后恢复重建规划》等重要规划。

杨伟民同志是十八届中央全面深化改革领导小组经济体制和生态文明体制改革专项小组成员、联络员，主持编制了《生态文明体制改革总体方案》《地方政府隐性债务问责办法》等重要改革文件。

主要著作：《中国的产业政策——理念与实践》（合著）、《发展规划的理论和实践》（主编）、《规划体制改革的理论探索》（主编）、《中国可持续发展的产业政策研究》（主编）、《第三个三十年》（第二主编）。

从主体功能区到生态文明

杨伟民

生态文明建设已经成为我们党的执政纲领,纳入"五位一体"总体布局。党的十八大以来的五年,党中央推进生态文明建设的决心之大、力度之大、成效之大,前所未有,生态环境质量明显好转。生态文明的形成是全党智慧的结晶,特别是习近平总书记的深邃思想、高度重视、直接指挥发挥了极其重要的作用。

我的工作一直是理论研究和规划政策研究相结合,这里谈谈我从事主体功能区工作到生态文明工作的一些情况和理性思考。

规划体制是传统计划经济体制的一个组成部分。2001年,我任国家发改委规划司司长,开始思考推动规划体制改革,重点之一是淡化发展规划中的产业功能,增强空间约束性。在市场经济条件下,规划仍有其必要性,但规划的重点不再是规划哪些产业要发展,而是规划哪些空间可以靠开发谋发展,哪些空间不能靠开发来发展,途径就是在960万平方公里的国土上划定各类主体功能区。2003年8月,我给时任副总理曾培炎报告了《关于改进规划工作的几点建议》,首次提出要在当时东中西三大地带划分的基础上,进一步明确下一级区域的主体功能。

2005年,我一方面参加中央"十一五"规划建议的起草,另一方面在委内具体主持"十一五"规划纲要的编制。《建议》是纲要的依据,如果《建议》中写不上主体功能区,纲要也就没法写了。经过《建议》起草组工作班子激烈的争辩和起草组的反复讨论,十六届五中全会通过的中央"十一五"规划建议写上了"各地区要根据资源环境承载能力和发展潜力,按照优化开发、重点开发、限制开发和禁止开发的不同要求,明确不同区域的功能定位"。

依据中央"十一五"规划建议,我们在"十一五"规划纲要中专列一章,明确规定了国土空间划分为优化开发、重点开发、限制开发和禁止开发四类主体功能区,明确了每一类主体功能区的发展方向和定位。例如,优化开发区域"要改变依靠大量占用土地、大量消耗资源和大量排放污染实现经济较快增长的模式,把提高增长质量和效益放在首位,提升参与全球分工与竞争的层次,继续成为带动全国经济社会发展的龙头和我国参与经济全球化的主体区域"。京津冀、长三角、珠三角就属于优化开发区域。十几年过去了,这些方向和定位,至今仍然是其努力方向。

"十一五"规划纲要通过后不久,时任国家发改委主任马凯就要求我们抓紧编制主体功能区规划。报请国务院办公厅同意,下发了开展主体功能区规划编制工作的通知,成立了由15个部门组成的主体功能区规划编制领导小组及其办公室,我以国家发改委副秘书长身份兼办公室主任,具体负责该项工作。我们先起草形成了《国务院关于编制全国主体功能区规划的意见》(国发〔2007〕21号),并同步编制全国主体功能区规划,经过一年多的努力,形成了送审稿。但在等待审议过程中经历了一些反复,最终历经五年,2010年12月21日,国务院审定批准发布了全国主体功能区规划(国发

〔2010〕46号）。国务院审议时，时任国务院主要领导给予了高度评价，认为这是一个"管一百年"的规划。

2011年我转到中央财办工作，2012年参加党的十八大报告起草。起草组在讨论中，很多人建议把生态文明建设独立成篇。但究竟写什么，内容能否立住，开始并没把握。起草组领导要求我对此进行研究，接受这项任务后，我依靠前几年从事主体功能区规划研究编制积累的理论和实践基础，又阅读了大量国内外专著，搭建了生态文明建设部分的初步框架。经过起草组反复研究讨论修改，党的十八大确定了作为我们党执政纲领的生态文明建设体系。明确了美丽中国的目标；尊重自然、顺应自然、保护自然的理念；节约优先、保护优先、自然恢复为主的方针；绿色发展、循环发展、低碳发展的路径；优化国土空间开发格局、全面促进资源节约、加大自然生态系统和环境保护力度、加强生态文明制度建设的四项战略部署。之后，我又先后参加十八届三中全会、四中全会、五中全会、党的十九大报告的起草，参与起草生态文明体制改革、生态文明法律制度、绿色发展、建设美丽中国等相关内容。2015年作为中央经济体制和生态文明体制改革专项小组成员兼联络员，我具体负责会同有关部门制定了《生态文明体制改革总体方案》（中发〔2015〕25号），明确了生态文明体制的"八大制度"。

在这些工作中，我体会到，生态文明是一种新的文明境界，是一种新的社会形态，是人类未来发展的大趋势。但当前，我国仍处在工业文明时代，距离生态文明时代还很远。当前的任务是在经济建设、政治建设、文化建设、社会建设的各方面以及改革开放和现代化建设的全过程深刻融入生态文明的理念和原则，其中空间均衡、生态产品、承载能力、主体功能、空间结构、开发强度这六个概念是核心理念和重大原则。这些核心理念贯彻好了，我们就会在生态文明建设中迈出更大步伐，取得更大成效，并在全球率先跨入生态文明时代。

第一，空间均衡。指在一定空间单元内，以满足人的需要、实现人的全面发展为目的，以资源环境承载能力为基础，实现人口、经济、资源环境的空间均衡。

图2.6中，横轴表示经济，纵轴表示人口，曲线代表资源环境承载能力。假定一国有甲乙两个地域：甲地的资源环境承载能力差一些，位于曲线Ⅰ；乙地的资源环境承载能力好一些，位于曲线Ⅱ。

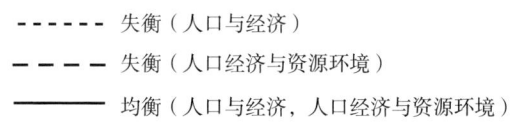

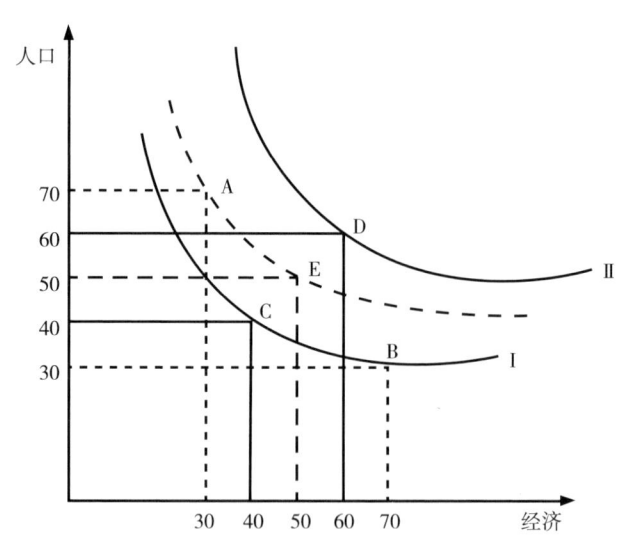

图2.6 空间均衡（失衡）图

初始状态，甲地经济和人口的比重分别为 30%、70%，超出其资源环境承载能力曲线Ⅰ，与并不存在的资源环境承载能力曲线（图中虚线）相切于 A 点；乙地的经济和人口的比重分别为 70%、30%，并与资源环境承载能力曲线Ⅰ相切于 B 点。此时，该国人口分布与经济布局失衡，拥有 70% 经济的乙地只有 30% 的人口，集中了 70% 人口的甲地只有 30% 的经济。此时，经济、人口与资源环境承载能力也是失衡的，甲地的经济和人口超出其自身的资源环境承载能力Ⅰ，乙地的经济和人口没能充分利用其资源环境承载能力Ⅱ。

如果不顾及资源环境承载能力，一味追求缩小地区间经济差距，让全国的经济和人口平均分布于甲乙两地，经济和人口均分别占全国的 50%，则甲地必须超出其资源环境承载能力曲线Ⅰ，到 E 点；乙地必须在其资源环境承载能力之下，也到 E 点。假定甲地的水资源和土地资源不足，不改变其自然状况就难以承载 50% 的人口和经济，此时只有两个办法，一是从乙地调水到甲地，二是在甲地开发本应属于生态用地的森林、草地、水面等，以满足发展经济和人口居住的空间需求。这种开发行为，虽然可以增加甲地的资源环境承载能力，使经济与人口在 E 点实现均衡（图中虚线），但由于破坏了乙地的水生态，减少了甲地的生态空间，破坏了全国的生态系统，在全国范围内，经济、人口又与资源环境失衡了。

按生态文明的理念，正确的发展路径是，甲地通过发展经济和转移人口，经济比重达到了 40%，人口降到了 40%，与其资源环境承载能力曲线Ⅰ相切于 C 点；乙地的经济比重降到 60%，人口增加到 60%，并与其资源环境承载能力曲线Ⅱ相切于 D 点。这样，甲乙两地之间即全国的经济与人口实现了均衡，人均经济水平一样，没有经济上的差距。全国的经济布局、人口分布与资源环境承载能力实现了空间均衡，甲地与其资源环境承载能力曲线Ⅰ相切于C点，乙地与其资源环境承载能力曲线Ⅱ相切于D点。

树立空间均衡的理念和原则，对正确认识区域协调发展，促进人与自然和谐发展具有重大意义。如果不从根源上考虑生态脆弱地区的人的发展，就挡不住这类区域根据其发展权进行的经济开发，就会有什么挖什么，也就无法从源头上扭转生态恶化。当生态严重破坏后，就不得不花费大量资金进行类似于三江源生态保护建设等一批又一批的生态工程。再如，不从根源上控制资源环境承载力已经减弱区域的开发强度，不推动其调整已经超出资源环境天花板的产业结构，也就挡不住其继续消耗更多能源、水资源，难以从源头上控制污染物排放的增加。当缺电、缺水影响到人民生活或恶性环境事件发生后，就不得不花费大量资金为其建设一批又一批的输电、输水、治污工程。还有，不从根源上推动"城市病"严重的城市疏解其中心城区的功能，放任其继续拓展和强化经济中心、总部基地、工业基地、商贸物流中心、交通枢纽、航运中心、教育医疗中心、研发基地等功能，也就堵不住人口的蜂拥而入和房价的蒸蒸日上，也就难免交通的拥挤不堪和雾霾的频频光临。

第二，生态产品。指维系生态安全、保障生态调节功能、提供良好人居环境的纯自然要素或经过人类加工后的人工性自然要素。

产品通常是指经过劳动加工制造而生产出来的，从生产角度可以分为农产品、工业品和服务产品。但是，产品是用来满足人们需求的，人们的需求除了对农产品、工业品和服务产品等产品的需求外，也包括对清新空气、清洁水源、舒适环境、宜人气候等的需求。产品既可以从生产角度定义，也可以而且应该从需求角度定义。从需求角度，清新空气、清洁水源、舒适环境、宜人气候也具有产品的性质，因为它满足了人的基本需要。农业文明时代的产品只是农产品，工业文明时代的产品加上了工业品和服务产品，生态文明时代则必须再加上生态产品。

生态产品也需要"耕地"，其"耕地"就是森林、草原、湿地、湖泊、海洋等生态空间。生态空间本身并不是生态产品，而是生态产品的生产能力，若破坏了这些生产能力，生态产品的数量就会减少，质量就会降低。生态产品具有地域性，在一定空间单元发挥作用。空气有明显的地域性，海南的空气再好，也难以满足北京人的需要。生态产品具有不可计量性，不可以分割消费，属于集体消费品，很难计量每一位消费者消费了多少。

改革开放以来，我国提供农产品、工业品和服务产品的能力迅速增强，而提供生态产品特别是优质生态产品的能力却在减弱。另外，人们追求身心健康和高质量生活的意愿不断加强，对生态产品的需求集中爆发式增加。呼吸空气是人最基本的生存需求，若连空气都不能自由呼吸，就谈不上美好生活、人的幸福、人的全面发展。我们渴望的美好生活，不能完全依赖金钱得到，清新空气、清洁水源、舒适环境、宜人气候是幸福生活的必要条件，用金钱买不来，用 GDP 换不来。

将生态产品定义为产品的意义在于三方面。一是有利于在思想深处树立人与自然平等、人与自然和谐的理念。人类与自然是平等的，人类不是自然的奴隶，人类也不是自然的上帝。人类不能凌驾于自然之上，人类的行为方向应该顺应自然规律。二是有利于解决生态功能区的发展权问题。生态功能区也有人类居住和生活，他们也有发展权，也有谋求过上美好生活的权利，只不过发展的内容不同，不是生产农产品或工业品，而是通过保护自然、修复生态提供生态产品。过去的"狩猎"是发展，今天的"守猎"也是发展；过去的砍树是发展，今天的护林也是发展；过去的放牧是发展，今天的禁牧轮牧也是发展。三是解决生态补偿的理论依据。生态产品是有价值的，是可以"卖"的，只是由于技术上无法切割或计量每位生产者贡献的大小和每位消费者消费的多少，只能采取政府购买服务即生态补偿的方式交换。生态补偿的实质是政府代表生态产品的消费者购买生态功能区的生态产品。

第三，承载能力。指在保持自然健康前提下，一定空间的水土资源和环境容量所能承载的经济规模和人口规模。资源环境承载能力是一种物理性极限，当严重超出资源环境承载能力而带来自然严重破坏后，会导致文明毁灭、国家崩溃。古今中外有很多这方面的例子。

资源环境承载能力是由自然决定的，不同空间的自然条件不同，集聚人口和经济的能力也不同。当然，承载能力的大小不是不可变的，社会进步和科技进步，可以提高一定空间的承载能力，但提高程度在一定的历史时期是有限的。一定地域空间承载人口的能力，取决于人的消费水平及其为满足这种消费而形成的产业结构。在农业文明时代，由于消费水平不高，一个地区可以做到"一方水土养活一方人"。但在工业文明时代，人们要求较高的消费水平后，有些地区就很难再做到"一方水土养活一方人"。

城市化地区的资源环境承载能力也是有限的,人口和经济的过度集聚会给资源、环境、交通等带来难以承载的压力,人们生活得不是很舒服。我国有些行政区的开发强度已经超过 40%,继续开发下去,整个行政区会变成一块密不透风的"水泥板"。一定空间单元的水资源也是有限的,当地面的水资源难以满足需要时,要么超采地下水,结果是地面沉降以及未来的基础设施甚至城市的毁灭性破坏;要么是长距离、跨区域调水,这不仅要花费大量输水工程的财务成本,还会给水资源输出地区带来难以估量的生态成本。在水资源严重短缺的地区,到底是调水还是"走人"(不再继续通过城市功能扩张带动人口增加),需要从全局和长远统筹考虑。承载能力取决于土地、水资源、环境容量,但地多、水多、环境容量大,并不一定意味着承载能力就大,还要看其他方面的自然条件,如海拔高度等。

第四,主体功能。不同空间的自然状况不同,开发的适宜性及其程度不同,开发对自然带来的影响不同。海拔很高、地形复杂、气候恶劣以及其他生态脆弱或生态功能重要的区域,不适宜大规模高强度的工业化、城市化开发,有的区域甚至不适宜高强度的农牧业开发和旅游开发。

不同空间的自然属性不同,也就决定了一定尺度的空间单元应该有不同的主体功能。从提供产品类别来划分,一国的国土空间可以分为三类:一是城市空间,以提供工业品和服务产品为主体功能;二是农业空间,以提供农产品为主体功能;三是生态空间,以提供生态产品为主体功能。此外,还包括镶嵌于上述三类空间中的交通、能源、通信、水利等基础设施占用的空间。

从满足人类需求来讲，三类空间都是稀缺的。因为稀缺所以要选择，要遵循规律开发。青藏高原在全球都具有唯一性，因而其提供的生态产品也是极为稀缺的，这种空间不适宜大规模地用于工业品或农产品生产，应该更多地用来提供生态产品。

主体功能区的"功能"，就是指提供产品的类型。经大规模高强度工业化城市化开发后，就会形成城市化地区，其主体功能就是提供工业品和服务产品，从城市化形态来看，就是城市群。经限制或禁止大规模高强度工业化城市化开发后，就会形成以提供农产品为主体功能的农产品主产区和以提供生态产品为主体功能的重点生态功能区。因此，城市化地区、农产品主产区、重点生态功能区是从开发结果角度定义的主体功能区；优化开发区域、重点开发区域、限制开发区域、禁止开发区域是从开发行为角度定义的主体功能区。

主体功能区的"主体"，就是不排斥其他从属功能。农产品主产区也可以适当发展农产品加工等产业，重点生态功能区也可以适当开采矿产资源，天然草原作为生态空间并不是绝对不可以放牧。但如果主次功能不分，就会带来不良后果。退耕还林、退牧还草、退田还湖，实质是对过去主体功能错位的一种纠偏，退的是"耕""牧""养"的主体功能，还的是"林""草""湖"等原有的、自然的主体功能。

优化开发、重点开发、限制开发、禁止开发，这里的"开发"，是针对大规模高强度工业化和城市化开发的程度而言的，是相对的，不是绝对的。相对于重点开发区域，有些区域开发强度已经很高，所以要优化开发；相对于限制开发的重点生态功能区，禁止开发区域的生态更重要、更独特、具有唯一性，所以要禁止开发。

第五,空间结构。指不同类型空间的构成及其在国土空间中的分布,是经济社会结构的空间载体。国土空间根据自然属性及其提供的产品有不同类别之分,就必然存在结构性问题。城市空间是当代人类居住和活动的主体,人口多,居住集中,开发强度高,产业结构以工业和服务业为主,居民点形态为规模很大的城市或城市群。农业空间人口较少,居住分散,开发强度不大,产业结构以农业为主,居民点形态为点状分布的小城市、小城镇和村庄。生态空间人口稀少,开发强度很小,经济规模很小,居民点形态为点状分布的数量很少的乡镇和村庄。

树立空间结构的概念有利于有效管理国土空间。国土空间是有限的,人类活动占的空间越多,生产农产品的农业空间和生产生态产品的生态空间就越少。生态文明就是人类自觉地控制自己的活动范围,尽可能少地占据自然空间。清晰界定和管控人类活动的边界,哪些空间是人类活动空间,哪些空间是大熊猫、东北虎的活动空间,要清晰界定。人类与动物混居,两者都不舒服。

从总量上看,目前我国的城市建成区、建制镇建成区、独立工矿区、农村居民点和各类开发区的总面积,已基本能满足我国工业化城市化的需要,主要问题是空间结构不合理,空间利用效率不高,国土空间被切割得七零八碎,功能定位很不清晰。到处都有树,但成林的少;到处都有田,但成片的少;到处都有工业区,但形成产业链并具有集聚经济的少;到处都有居民点,但形成"入门人口"规模、具备城市功能的少。反观一些国家,其较大尺度的国土空间,大体上是"四片两线",即一片森林、一片水面、一片农田、一片城市(或农村居民点),一条河流、一条高速公路或铁路。

在高速增长阶段，由于无序开发、盲目开发、过度开发，在空间结构上造成了混乱，概括起来就是"三多三少"。就农业空间与生态空间来看，生产空间偏多、生态空间偏少，大量生态空间被占，用来生产农牧养殖和工矿产品的开发；就城市空间来看，工业生产空间偏多，城市居住空间偏少，工业用地的规模大大超出居住用地，这是造成当前高房价的最根本因素；就城乡之间的生活空间来看，农村居住空间偏多，城市居住空间偏少，大量农业人口已经转移到了城市，但他们的住房及其宅基地不能用于城市的住宅建设。因此，在迈向高质量发展的时刻，不仅要调整优化产业结构、需求结构、能源结构、分配结构等，更要调整优化空间结构，形成高质量发展的空间结构。

第六，开发强度。是指一定空间单元中建设空间占该区域总面积的比例。建设空间包括城市和建制镇的建成区、独立工矿区、农村居民点、交通、能源、水利设施（不含水面）和军事、宗教等其他建设用地等。

我国陆地国土空间辽阔，但适宜开发的面积少，山地多，平地少，约60%的陆地国土空间为山地和高原，与总面积大体相仿的美国、欧洲相比，我国人均土地面积特别是人均平原面积极为匮乏。我国适宜工业化城市化开发的面积只有180余万平方公里，扣除必须保护的耕地和已有的建设用地，今后可用于工业化城市化开发的面积只有28万平方公里左右，约占全国陆地国土总面积的3%。从人多、地少、空间窄的基本国情出发，我国必须走空间节约、空间集约的道路，必须十分珍惜每一寸国土，特别是平原。

从趋势上来看，今后我们既要满足人口增加、人民生活改善、经济增长、工业化、城市化、基础设施建设等对国土空间的巨大需求，又要为保障粮食安全而保护耕地，还要为保障生态安全，保护并扩大绿色生态空间。在国土空间开发中，我们面临诸多两难挑战。

从一定地域来看，建设空间的扩大，意味着农业空间和生态空间的减少，而这就必然影响农产品或生态产品的生产量。农产品满足不了需求时，可以由区外调入，而且农产品依靠科技进步可以提高单位面积的产出。但生态产品不同，生态产品具有地域性，很难调入。因此，尽管开发不是必然的罪恶，但必须有节制。尤其是在面临环境危机的今天，经济增长不应是唯一的考量。我们需要更多的绿地和农地，净化人类活动产生的脏空气和脏水，让动植物有栖身之地，确保国家有稳定的粮食供给。这些都需要我们在工业化、城市化开发中，有点儿自律精神，控制开发强度，保留必要的农业空间和生态空间。地球空间不仅仅是人类的，也是野生动物的，我们不仅要关爱人类的弱势群体，也要关爱动物、关爱水、关爱大自然。

易纲简历

男,1958年出生,经济学博士。

1978—1980年,在北京大学经济系学习。

1980—1986年,分别在美国哈姆林大学工商管理专业、伊利诺伊大学经济学专业学习,获经济学博士学位。

1986—1994年,在美国印第安纳大学经济系先后担任助理教授、副教授,1992年获终身教职。

1994年回国,共同发起组建北京大学中国经济研究中心,任教授、副主任、博士生导师。

1997—2002年,任中国人民银行货币政策委员会副秘书长。

2002—2003年,任中国人民银行货币政策委员会秘书长(正司局级)兼货币政策司副司长。

2003年10月,任中国人民银行货币政策司司长。

2004年7月,任中国人民银行党委委员、行长助理(其中,2006年9月至2007年10月兼任中国人民银行营业管理部党委书记、主任、国家外汇管理局北京外汇管理部主任)。

2007年12月,任中国人民银行党委委员、副行长。

2009年7月,任中国人民银行党委委员、副行长,国家外汇管理局局长、党组书记。

2015年12月,任中国人民银行党委委员、副行长。

2016年3月，任中国人民银行党委副书记、副行长。

2018年3月，任中国人民银行行长、党委副书记。

2013年7月至今兼任中央财经领导小组办公室副主任。

中共十八大、十九大代表，十九届中央候补委员；十二届全国政协委员。

主动有序扩大中国金融业对外开放

易 纲

党中央、国务院高度重视金融业对外开放相关工作。党的十九大报告明确指出，要推动形成全面开放新格局，大幅度放宽市场准入，扩大服务业对外开放。2018年4月，习近平主席在博鳌亚洲论坛上宣布，中国将大幅放宽市场准入，落实各项开放措施宜早不宜迟，宜快不宜慢。

多年来，我国坚持协同推进扩大金融业对外开放、完善人民币汇率形成机制、推动资本项目可兑换，取得明显成效。外资纷纷来华设立金融机构，多层次、多元化的金融市场初具规模，双向开放程度不断提升，金融机构和金融服务网络化布局初见成果，金融机构"走出去"步伐加快，相关制度环境不断改善。

近年来，我国面临的国内外形势错综复杂。国际上，民粹主义抬头，贸易摩擦升级，为全球经济增长蒙上阴影。国内看，我国经济已由高速增长阶段转向高质量发展阶段，需要大力推动经济发展质量变革、效率变革和动力变革，不断增强我国经济创新力和竞争力。在此背景下，继续从我国自身发展需要出发，主动有序扩大金融业对外开放，将有助于切实增强我国竞争力和发展潜力，为经济健康发展和转型升级提供动力和支持。

金融业开放的三条原则

金融业开放要遵循三条原则。一是金融业作为竞争性服务业，应遵循准入前国民待遇和负面清单原则。二是金融业对外开放须与汇率形成机制改革和资本项目可兑换进程相互配合，共同推进。三是金融业开放要与防范金融风险并重，金融开放程度要与金融监管能力相匹配。

第一条原则，以准入前国民待遇和负面清单为核心实现金融业对外开放。金融本质上是竞争性的服务业，其参与主体是金融机构。通过市场化机制和充分竞争，金融机构自主决策，自主创新，为众多企业和机构提供多元化、多样化的金融服务，帮助实体经济提高资源配置效率并有效管控风险，满足市场的各种需求。金融服务得越好，整个经济就发展得越好、越有效率。从国际经验看，在市场准入方面，金融业作为竞争性行业，往往实施负面清单制度，允许各类市场主体依法平等进入清单之外的领域，将清单之外的"剩余决定权"赋予企业，更好发挥市场的决定性作用。

过去，我国一直遵循正面清单管理模式，下一步要逐步向准入前国民待遇和负面清单管理模式过渡。不论中资还是外资，只要能够改善金融的服务，都要一视同仁，鼓励其依法平等进入中国的金融业服务市场，在同等条件下公平竞争，真正实现"权利平等、机会平等、规则平等"。

第二条原则，继续协同推进扩大金融业开放、完善人民币汇率形成机制和资本项目可兑换。多年来，这"三驾马车"协同推进，为中国经济增长创造了良好的金融环境。任何一驾马车出现问题，都会影响整个开放进程。在实践过程中,金融业的开放、汇率形成机制改革、资本项目可兑换改革的进度可能有快有慢,但总体上必须是相协调的。

灵活的汇率机制是整个经济的"稳定器",也是国际收支调节和跨境资金流动的"稳定器"和"调节器",市场化的汇率形成机制有助于帮助实体经济释放风险,有效配置资源,自动调节跨境资本流动,增强宏观经济弹性和回旋余地。

促进资本项目可兑换有助于稳定市场预期,为引进外资提供便利。如果资本项目存在较多管制,则金融业对内、对外开放就会名不副实。只有实现资本项目基本可兑换,金融业实行双向开放,整个金融业才能协调发展。

从国际经验看,一些新兴市场国家发生问题都是因为这"三驾马车"没有协调推进,有的是因为僵硬的汇率制度,有的是因为资本项目可兑换的开放程度把握得不好。中国的金融在对内、对外开放过程中,一定要处理好这与人民币汇率形成机制和资本项目开放之间的关系。

第三条原则,金融业开放要与防范金融风险并重,金融开放程度要与金融监管能力相匹配。

扩大开放和加强监管两者并不矛盾,开放不等于放松监管。能否有效防范金融风险主要取决于金融监管制度是否完善,取决于金融机构的风险控制水平,取决于金融市场是否有效、市场机制是否真正起作用、市场约束是否刚性。国际经验表明,只有在监管到位的情况下,金融开放才能够起到促改革、促发展的作用。

近年来,中国不断完善系统性风险的评估、防范、预警和金融风险处置机制，金融监管体系不断完善，监管有效性不断增强，宏观审慎管理框架相对完备，抵御金融风险的能力不断增强。在金融业开放后，这些措施是有效维护金融安全的重要保障。反过来讲，金融业不开放、缺乏竞争反而会滋生懈怠，金融业资产质量变差，跟不上国际金融市场变化，长此以往还可能引发道德风险，反而容易产生金融危机。

为了更好地适应金融业扩大开放后的监管工作，监管部门要做好自身的功课，加强宏观审慎管理，补齐金融监管的短板，做好政策配套，不断健全与金融开放相适应的法律法规、会计体系，完善支付、托管、清算、金融统计等金融基础设施，推动各金融市场、在岸和离岸市场的协调发展。同时，加强与各国监管当局的沟通合作，加强跨境资本流动监测，避免金融风险跨境传染，防止国际监管套利，更好维护金融稳定。

值得强调的是，扩大金融业开放不是门户洞开，也不是一放了之。金融业作为特殊的行业，一定要持牌经营。无论是内资还是外资机构，从事金融业务都要取得金融管理部门的牌照，严格依法经营，接受相关监管。

我国金融业开放取得一系列积极进展

多年来，我国金融业对外开放取得了长足进步，金融机构和金融市场开放程度有所提升，金融机构"走出去"步伐加快，相关制度环境不断改善。

金融机构开放水平不断提升。中资金融机构不断发展壮大，国际化经营水平稳步提升，中国银行、农业银行、工商银行、建设银行均已跻身全球系统重要性银行之列，平安集团成为全球系统重要性保险公司。同时，我国在银行、证券和保险等行业推出了一系列对外开放的政策措施，逐渐放宽外资金融机构设立形式限制、地域限制和业务范围限制。外资金融机构数量不断上升，地域覆盖逐渐拓宽，业务发展迅速，初步形成了具有一定覆盖面和市场深度的金融服务网络。截至 2017 年末，外资金融机构在我国共设立了 38 家外商独资银行、1 家合资银行、13 家中外合资证券公司、45 家中外合资基金管理公司、2 家中外合资期货公司以及 57 家外资财产保险公司和合资人身保险公司，较好地服务了我国实体经济的发展。

特别是近期以来，中国金融业开放取得一系列突出进展。2017 年以来，在党中央、国务院的统一部署下，各部门密切配合，研究制定了进一步扩大金融业对外开放的时间表和路线图，并陆续推出相关的开放措施。为落实习近平主席在博鳌亚洲论坛的讲话精神，2018 年 4 月，我们宣布了具体措施和时间表，放宽了银行、证券、保险行业的外资持股比例限制，允许外国银行在我国境内同时设立分行和子行，允许符合条件的外国投资者来华经营保险代理业务和保险公估业务，鼓励在信托、金融租赁、汽车金融、货币经纪、消费金融等银行业金融领域引入外资，对商业银行新发起设立的金融资产投资公司和理财公司的外资持股比例不设上限。此外，中英双方将共同努力，争取于 2018 年内开通"沪伦通"。目前，各部门正在密切配合，修改各项法律法规，确保这些措施在 2018 年能够按时落地。在此之前，我们还放开了银行卡清算机构和非银行支付机构的市场准入限制，放宽了外资金融服务公司开展信用评级服务的限制，对外商投资征信机构实行国民待遇。中国主动推动金融业对外开放，获得了国际社会的一致肯定，也受到外资金融机构的热烈欢迎，较多外资金融机构正在积极筹划进入中国金融市场，在合作中谋求共赢。

多层次、多元化的金融市场初具规模，双向开放程度不断提升。债券市场方面，银行间债券市场的境外发行主体和投资主体不断扩大，投资品种不断丰富，债券市场发展水平和专业化程度明显提升。截至2017年末，银行间债券市场境外发债主体已覆盖境外非金融企业、国际性商业银行、国际开发机构以及外国政府等，共累计发行1234亿元人民币熊猫债。2017年以来，彭博和花旗相继把中国债券市场纳入其相关指数。内地与香港债券市场建立了"债券通"。股票市场方面，我国先后建立了沪港通和深港通，拓宽了投融资渠道，促进了境内外资本市场联通，提高了金融资源配置效率。A股被正式纳入MSCI（摩根士丹利资本国际）指数，国际化程度进一步提升。

金融机构和金融服务网络化布局初见成果。截至2017年末，23家中资银行共在65个国家和地区设立238家一级机构，几乎遍布亚太、北美和欧洲。中资商业银行积极通过建立代理行关系、银团贷款、资金结算和清算、项目贷款、账户管理、风险管理等方式，与遍布全球的商业银行进行金融服务对接，初步实现了涵盖全球范围的业务网络。此外，中资投行和保险机构也在加快海外布局步伐，在全球范围内进行资源配置。截至2017年末，12家中资保险公司在境外设立38家营业机构，31家证券公司和24家基金管理公司在境外设立收购57家子公司。

人民币国际化进展显著。我国从 2009 年起开始进行跨境贸易人民币结算试点，通过双边本币互换、货币直接交易、人民币合格境外机构投资者（RQFII）、人民币清算行等制度安排，扩大人民币国际使用，有效降低了汇率风险，促进了贸易和投资便利化。同时，人民币跨境使用基础设施不断完善。2015 年 10 月人民币跨境支付系统（CIPS）一期正式上线运行，2018 年 5 月 CIPS 二期正式上线运行。截至 2018 年 4 月末，人民银行已先后与 37 个国家和地区的央行或货币当局签署了双边本币互换协议，协议总规模超过 3.36 万亿元人民币。根据 SWIFT（环球同业银行金融电讯协会）统计，2018 年 4 月，人民币在国际支付货币中的份额为 1.66%，为全球第六大支付货币。

人民币加入 SDR 货币篮子，国际地位不断上升。2016 年 10 月 1 日，人民币正式加入国际货币基金组织特别提款权货币篮子，国际储备货币地位获得确认，人民币在国际上的吸引力大幅提升。截至 2018 年 5 月，共有 56 个国家和地区将人民币纳入外汇储备。根据国际货币基金组织统计数据，截至 2017 年末，人民币在全球货币储备中的份额为 1.23%。人民币加入 SDR 有助于我国在更深层次和更广领域参与全球经济治理，积极发挥大国影响力，也有助于增强 SDR 的代表性和吸引力，促进国际货币体系改革，维护全球金融稳定。

继续主动有序扩大金融业对外开放

尽管我国在推动金融业对外开放方面取得了一些成绩，但当前国内外环境复杂多变，外资对我国金融业诉求也不断增加，我国金融业开放程度与实现自身发展需要相比仍存在较大差距。

总体来看，我国金融市场开放仍以"管道式"开放为主，金融市场深度和广度不足，便利性均有待提高，金融业国际竞争力仍需要加强，金融制度环境与国际接轨程度也有待提升，外资金融机构的营商环境也需进一步改进。中国的金融业开放依然任重而道远。

改革开放的实践经验证明，越开放的领域，越有竞争力；越不开放的领域，越容易落后，越容易累积风险。扩大金融业开放将为中国金融业注入新的活力，有助于提高中国金融行业的整体竞争力，实现更高水平、更深层次和更加健康的发展。从中国经济转型升级的要求看，服务业将发挥重要的拉动作用。在服务业开放中，金融业开放对经济发展的潜在影响高，开放的条件较为成熟，风险相对可控，扩大金融业开放也有助于带动服务业的整体开放。

下一步，应继续按照党中央、国务院的决策部署，以习近平新时代中国特色社会主义思想为指导，紧紧围绕服务实体经济、防控金融风险、深化金融改革三项任务，坚持金融业本质上是竞争性行业的定位，按照准入前国民待遇和负面清单的原则，继续主动、有序扩大金融业对外开放，助力中国经济增长和金融稳定。

一是继续推动全方位的金融业对外开放，确保各项措施真正落实实施。继续放宽对外资金融机构股比限制，以及设立形式和股东资质等方面的限制，确保已对外宣布的开放措施尽快落地。打造开放、包容、与国际接轨的金融市场，进一步完善"沪港通""深港通"，尽快推出"沪伦通"。同时进一步丰富外汇市场产品，增加外汇市场深度，提高外汇市场参与主体的多样化，降低外汇市场的顺周期性。同时,加快制度建设和法制建设,改善外资金融机构经营的制度环境,提高法律和政策制定的透明度。

二是进一步深化人民币汇率形成机制改革,提高金融资源配置效率,完善金融调控机制。不断深化汇率市场化改革,完善以市场供求为基础、参考一篮子货币进行调节、有管理的浮动汇率制度,加大市场决定汇率的力度,增强人民币双向浮动弹性,保持人民币汇率在合理均衡水平上的基本稳定。

三是稳妥有序推动资本项目开放,稳步扩大资本账户可兑换,营造公平、透明、可预期的营商环境。抓住有利的改革窗口期,按照"服务实体,循序渐进,统筹兼顾,风险可控"的原则,稳步推进人民币资本项目可兑换。实行负面清单管理,减少行政审批,弱化政策约束,提高政策透明度和可预期性,创造公平竞争的市场环境。同时,密切关注国际形势变化对资本流动的影响,完善针对跨境资本流动的宏观审慎政策。

四是将扩大开放与加强监管密切结合,做好相应配套措施,有效防范和化解金融风险,建立健全与金融业开放相适应的监管框架和金融基础设施,加强宏观审慎管理和金融监管协调配合,抓紧补齐监管制度短板,守住不发生系统性风险的底线。

余永定简历

中国社会科学院学部委员,中国社会科学院世界经济与政治研究所研究员,发改委国家规划专家委员会委员。世界经济与政治研究所前所长,中国世界经济学会前会长,央行货币政策委员会前委员,曾任全国政协委员。牛津大学经济学博士。

中国应该加速国际收支结构的调整[①]

余永定

中国长期保持贸易顺差的原因

中国为什么会长期保持贸易顺差？[②] 考察中国贸易顺差最常用的分析框架是基于如下的恒等式：

$$S - I = X - M$$

这里，S 代表储蓄，I 代表投资，X 代表出口，M 代表进口。

这个恒等式表明过剩的储蓄等于贸易盈余。关于中国贸易户盈余的原因的讨论，基本上有两派观点。一派认为中国贸易账户盈余的原因在于中国的储蓄–投资缺口为正，这派观点可称为"结构派"；另一派则认为原因在于几十年来那些旨在促进贸易盈余的政策，这派观点可称为"政策派"。

其实，$S - I = X - M$ 只是一个恒等式，并不能说明储蓄过剩和

[①] 2012年9月24日，由中国经济50人论坛主办的第219期长安讲坛在清华大学经管学院举行，作者受邀发表主题为"全球债务危机"的演讲。本文根据演讲记录整理而成，有删节。

[②] 中国的投资收入顺差很小，后来基本上是逆差，因而，中国的经常项目顺差主要是贸易顺差导致。为了简化分析，文章中对贸易顺差（盈余）和经常项目顺差（盈余）这两个概念不做区分。

经常账户盈余两者的因果关系,因果关系只能根据实证分析来判断。储蓄过剩缺口和经常项目顺差两者也可以互为因果、相互作用。在不同时期,孰为因、孰为果要具体问题具体分析。还有一种情况,即两者同时由第三者决定。

举例来说。从某种均衡状态出发,美国突然对中国实行极高的关税壁垒,中国的 X-M 突然由顺差变为逆差。等式的左边会不会相应发生变化呢?既然是恒等式,它肯定会发生变化。但变化如何发生则难以预判。最简单的情况是,出口产品突然卖不出去了,变成了存货。存货增加按照定义是 I 的一部分,I 马上增加。I 的增加量恰好等于出口的减少量,所以恒等式两边依然保持相等。

结构派和政策派都有道理。但我认为相当一段时间,政策派更符合中国的实际情况。长期以来中国外汇短缺。当年邓小平去联合国参加代表大会,翻箱倒柜才找出几万美元。所以中国就形成一种强烈动力,要增加外汇储备。在改革开放初期,我们的政策目标就是要积累外汇储备,我们的口号是建立"创汇经济",在这种思想指导下,政府推出了一系列"奖出限进"的政策,于是外汇储备就逐渐地增加了。直到 2003 年,在经济学界的辩论中,几乎没有人试图通过中国的投资和储蓄关系来说明中国的贸易顺差问题。虽然投资和储蓄肯定与贸易顺差是有关系的。只要有经常项目顺差,必然有储蓄大于投资。但在那个时期,没人认为中国的贸易顺差是储蓄大于投资的结果。

事实上,如果中国的经常项目顺差(实际是贸易顺差)是储蓄大于投资的结果,我们只要维持较高的储蓄率,让储蓄率高于投资率,就自然而然会有贸易顺差了。我们为什么还要推出这么多出口导向政策（维持低估的汇率、过度的出口退税、出口补贴等）？显然，没有出口导向政策，中国是不可能自然而然地维持贸易顺差的。一些人用储蓄过剩解释中国贸易顺差，无非是想证明中国的贸易顺差同中国汇率政策无关，中国不应该让人民币升值。

当然，我们也不能把中国的储蓄缺口的存在简单归结为贸易顺差。在最近几年，情况更是如此。如果我们要问为什么中国存在储蓄"过剩"，除出口导向政策之外，可以举出很多的例子。例如，社会保险制度缺失、社会贫富差距扩大、国企留利过多、年龄结构老龄化，等等。当我们讲储蓄过多的时候，也是在讲消费太低，这个在逻辑上是等价的，所以解释为什么储蓄过高，也就是解释为什么消费过低。

因为是差额，S-I 过大的另一个原因可能是 I 不够大。中国投资不大吗？这是个有争议的问题。一部分人提出，中国投资率实际上并不高。因为按人均算，中国投资水平非常低，此话不假。当按人均算时我们什么都低。关键问题是投资的增长速度。你能以什么速度消化不断增加的投资呢？这是关键问题。中国投资占 GDP 的比重已经接近 50% 了，这在全世界是没有的。为了减少贸易顺差，我们是否可以再进一步提高投资率？白重恩教授提出中国投资效率明显下降。这种下降同投资增长速度过快有关。2009 年推出刺激计划是有道理的，大方向是正确的，但是过快过急了。通过提高投资率减少贸易顺差理论上是可以的，但副作用可能很大。

总之，储蓄-投资缺口的存在是贸易顺差存在的充分必要条件，但并不一定是后者的原因。贸易顺差完全可以用出口竞争力和同竞争力相关的贸易政策来解释。中国贸易顺差的直接原因是中国的出口导向政策。其中包括汇率政策、出口补贴政策、退税政策、贷款优惠政策等。而中国的高储蓄使这些政策得以执行。

除长期维持贸易顺差外，中国的进出口结构也是有问题的。长期以来中国是加工贸易顺差、一般贸易逆差，现在虽然有所好转，但加工贸易的比重似乎依然过高。中国有几百个钢厂，许多县都把它当作支柱产业。我们大量出口加工制成品，进口原材料和能源产品。因为这种结构，澳大利亚铁矿石价格不断上涨，它的供应是有限的，它的弹性很小，当然价格就起来了。另外，中国 200 多个制造业产品的产量都是世界第一。比如，钢产品在世界的总额占 48%，日本第二，占 8%。你想增加出口必然要杀价。20 世纪 50 年代一些经济学家说发展中国家出口原材料价格上不去，发达国家制成品价格能上去，因而国际贸易对发展中国家不利。但中国现在的情况相反，原材料价格不断上涨，制成品出口价格不断下降，所以贸易条件在恶化，恶化得相当厉害。我们很多产品实际出口数量增加了，但所赚的外汇在减少。中国贸易条件恶化使我们今后碰到越来越多的问题。国际货币基金组织认为外贸条件恶化是导致中国目前经常项目顺差减少的第一号因素，外部需求减少是第二号因素，再次是中国国内投资增加，汇率上升等。

中国的汇率政策

过去人民币汇率是低估的，现在升值了 30%，中国依然保持贸易顺差。应该承认以前的人民币汇率确实是低估了。1994 人民币贬值，1995 年、1996 年出口大幅度增长，以后这个势头一直十分强劲。

如果中国贸易顺差同汇率无关、汇率没有作用，为什么你那么反对汇率升值呢？难道以同样的成本多赚些钱不好吗？

在 2003 年 SARS 暴发之前，我同吴敬琏老师参加了一个研讨会①，当时有一种很"无脑"的观点：中国出口企业的平均利润率是 2%，人民币升值 2% 企业就没利润了，就要破产了。在会上，我们提出让人民币和美元脱钩、小幅升值。吴老师说在浙江做了调查，浙江的好企业都说不害怕升值，人民币升值更好。为什么更好？人民币升值门槛高了，利润率过低（如低于 2%）的企业就会破产、被并购，生产效率高的企业市场份额就高了，也可以改善贸易条件。现在门槛非常低，互相竞争，最后导致大家都没有利润。但政府担心，中国刚刚走出东南亚金融危机，如果升值，经济增长速度会下降，中国又可能回到通货收缩状态，所以一直犹豫。从 2005 年人民币小幅慢步升值开始，直到现在人民币兑美元升值了 30% 多，中国的出口势头依然相当不错。几年前，我们的国家领导人曾经问：当时你们说人民币升值百分之一二就会出现严重问题，现在升值 20% 也没有出现大问题，如何解释？不满之情溢于言表。

现在人民币汇率离均衡汇率水平应该是比较接近了，我认为现在中央银行应该停止对汇率的干预，不要管了。如果人民币要贬值就让它贬。中国目前有两个外汇市场，一个在香港，另一个在上海。2011 年 11 月，因为欧洲金融危机恶化，欧洲资金流出亚洲。尽管在两个外汇市场上人民币都出现贬值，但因为香港地区是自由市场，内地不是，央行对上海汇市依然有干预，所以香港人民币汇率

---

① 实际是温家宝总理主持的会议。

（CNH）低于内地人民币汇率（CNY）。由于人民币汇率汇差的存在，在华企业，不管是中国人还是美国人，把赚来的美元拿到香港兑换人民币。如果中央银行不让人民币随行就市，上海和香港的人民币汇率的汇差就会维持，出口企业就会趁机不断套汇，把出口挣的美元到香港卖，换回人民币，再用人民币付国内的工资、买国内的原材料，等等。据说，在2011年11月这次人民币贬值的过程中，不少跨国公司通过套汇赚了很多钱。

这种情况是央行干预外汇市场的结果。如果CNH贬值了，央行不干预CNY市场，听任它贬值，CNH和CNY之间汇差马上就消失了，就无利可套了。现在，央行扩大了汇率波动幅度，这是完全正确的。我以为中央银行可以在不放弃对跨境资本流动的管理的同时，进一步减少干预外汇市场。

中国的"双顺差"

中国外部经济不平衡的一个重要特点是"双顺差"——经常项目顺差和资本项目顺差并存。外国学者写了很多文章讨论中国的经常项目顺差，但是很少有学者谈双顺差，我认为这是中国更大的问题。从20世纪80年代开始，中国的资本项目基本上是顺差，资本项目顺差并不意味着中国是资本输入国。资本项目顺差同中国是否是资本输入国是两个不同概念。判断一个国家是资本输入国还是输出国只需要看一个指标：该国是经常项目顺差还是逆差。中国经常项目自1991年以后（除1993年）每年都是正的。换言之，当中国人均收入只有400多美元时，就成了资本输出国。长期维持双顺差是一种不正常的状态。一般情况下，一个国家要么是有经常项目逆差和资本项目顺差，要么是有经常项目顺差和资本项目的逆差。即便出现过双顺差，一般也是短期的。例如，在数十年间，作为出口导向模式的模范生，泰国一直维持经常项目逆差、资本项目顺差。在东南亚金融危机期间，泰国遭受了严重打击，它只好一方面压缩政府开支，另一方面拼命出口（泰铢已经大幅度贬值）。这样，经常项目逆差就转为经常项目顺差了。同时，由于国际货币基金组织的救援，泰国的资本项目依然是顺差。这样，在短时间内，泰国出现了双顺差。除中国外，在亚洲唯一曾在较长时间内维持双顺差的国家是新加坡。

为什么在有经常项目顺差情况下，还会有资本项目顺差？经常项目顺差意味着你输出资本，你的储蓄大于投资，你用不了这么多钱。可是为什么你用不了这么多钱又拼命借钱呢？这其中就有很多奥妙了。前几个月我在某省电视台上看到，这个省下了一个指标，当年要引资 35 亿美元。领导要把 35 亿美元层层分解，要求无论如何都要达到这个指标，这是非常普遍的现象。政绩需要之类的问题置而不论，如何从理论上解释中国的双顺差呢？这可能同中国金融市场和政策扭曲有关。举例来说，广东某县一个工厂想买一套设备，邻县的工厂就有生产，但无法从银行得到贷款，也无法从资本市场上筹得资金。而当地有非常优惠的引资政策，从香港引资非常容易，于是该工厂就同香港签订了引资合同，把通过引资得到的美元卖给中央银行，用人民币从邻县的工厂购买机器设备。中央银行又不能投资建厂，手里攥了一把美元，就只好去买美国国库券了。

这几年，我们的商业银行在香港搞 IPO（首次公开募股），一下子就可以筹到数百亿美元。其实商业银行可以在国内市场融资，中国的老头、老太太排队等着买股票，好银行出来 IPO，他们肯定是要投资的。商业银行通过海外 IPO 得到大量外汇。它们本身并不需要那么多外汇，由于人民币还在升值，持有外汇会对它们的财务状况造成不利影响。我们当时就说，它们会转手把筹集来的外汇卖给中央银行，果不其然，它们把手中的外汇卖给中央银行了。中央银行最后拿这些外汇只能用来买美国国债了。

前一段时间，我们的商业银行引入了不少"战略投资者"。可是许多战略投资者赚了钱后就跑了。战略投资者变成了战术投资者或投机者。我并不全盘否定吸引战略投资者的必要性，因为我们毕竟可以学到一些东西。但像我们这样一阵风似的引入战略投资者的代价是不是太高了？阿拉伯国家的那些小酋长，他们肯定不对你战略投资，他们有钱没处花就买你的股票，一有风吹草动就会把股票卖掉。其实，美国的大银行可能更差劲，它们连自己国家的利益都不管，还会关心你的成长吗？但我们的"战略投资者"可是充分参与了分红。前几年中国的银行赚钱是很多的，外国投资者很快就把钱赚回去了，然后一走了之。但是中国（不一定是中国的银行）赔了钱。因为中央银行不得不购买和持有大量几乎没有收益或者收益非常低的美国国债。总之，我们的资本市场有问题，我们引资的指导思想也有问题。结果，我们用过高的代价引进了许多不必要的外资。

当然，外资是有正面意义的，我们引进外资，由于技术外溢效应等，对国家生产效率的提高做出了贡献。不少人说，我们吃点亏是值得的。这种说法也不无道理，但凡事都有个度。"真理再向前迈一步就可能变成谬误。"到目前为止，国内没有什么人能对中国的引资政策做出令人信服的成本－收益分析。国际的文献对此也是众说纷纭。中国的经济成绩举世瞩目，毋庸置疑，但这种成就是如何取得的，它的真正源泉是什么还需要我们做进一步深入、细致的分析。

中国需要纠正这种双顺差，因为它不利于中国的长期、可持续发展。简单来讲，发展中国家应该把它的资源更多运用在本国的投资和本国人民生活水平的改善上，而不应该用于买收益非常低的美国国债。你借了钱要花出去，不是借了钱再借给别人。美国现在有大量的财政赤字，债务占 GDP 的比重非常大，我们担心会出问题。现在还没有发生更大的问题，以后可能会发生。如果美元贬值，我们持有美元计价的金融资产就会遭受损失。

中国的海外资产负债结构

双顺差会给中国的海外资产负债结构造成什么影响呢？首先通过贸易顺差，中国积累近 5 万亿美元的对外资产；通过资本项目顺差，中国积累了近 3 万亿美元的对外债务。所以中国拥有近 2 万亿美元净债权，是世界最大的债主。既然如此，你应该有利息收入，比如说，你的利息是 3%，那么 2 万亿美元的净对外债权，每年利息收入应该是 600 亿美元，但实际上 2011 年中国的实际利息支出是 270 亿美元，我们不但没有赚到利息，反而还要付利息，这是非常荒唐的事。

美国从 1982 年以来每年是经常项目逆差，到 2005 年已经积累了 5 万亿美元的外债，在当年，美国不但不向债权人付息，反倒收了 176 亿美元利息。美国为什么能够做到这一点？据说是输出了"暗物质"。中国是债权人,反而给他人付息;美国是债务人,反而从债主那里收利息。美国之所以能白花 5 万亿美元,必然有人白送他 5 万亿美元,原来最大的"冤大头"是日本,中国是第二"冤大头",现在有希望超过日本。出现这种问题的原因在于中国的资产债务结构不合理。

2008 年世界银行做了一个调查,调查样本是几万个跨国公司,它发现跨国公司在中国的平均回报率是 22%,而我们在美国的投资回报率只有 1%、2%、3%,金融危机很严重的时候还是负的。所以,尽管中国是净债权人,但中国的投资收入为负数,是再自然不过的事情。

我上面说的是投资收益,实际上中国海外资产负债的本金(存量)也会发生变化。例如,中国所有的债权几乎全是美元计的,而中国的债务大部分是用人民币计的。如果美元对人民币贬值,美国人在中国的资产换算成美元计就会升值。例如,假设原来美国用 1000 亿美元在中国投资,按当时的汇率 1 美元 = 8 元人民币算,折合成 8000 亿元人民币。再假设现在美元兑人民币贬值到 1 美元 = 6 元人民币。美国人持有的 8000 亿元人民币资产折合成美元就变成了 1333 亿美元。假设中国在美国的资产是 1200 亿美元,因为中国资产是美元计价的,无论美元怎么升、怎么贬,中国的美元资产就是 1200 亿美元。这样,仅仅因为美元汇率的变化,中国就从债权人变成了债务人,由美国欠中国 200 亿美元,变成中国欠美国 133 亿美元。

但是,如果你不让人民币升值,我们外汇储蓄率越来越多,早晚有一天都要结账的,与其晚结不如早结。如果在 2003 年我们的外汇储备只有 5000 亿美元的时候，我们就及时调整，就不会出现现在这种尴尬的局面。最近一段时间，由于美元升值，美国在资产价值重估上吃了些亏，咱们赚了些钱，但是以后会怎么样很难说。

除了汇率变动（价值重估）外，美国还有通货膨胀问题。美元在 1929—2009 年按实际购买力贬值了 94%，现在大多数发达国家都面临还不起债的窘境，真正诚实的债务人应该勒紧裤腰带，严格遵守承诺，把债还给人家。但可惜的是"商场不相信眼泪"，这些国家不会首先考虑债权人的利益。它们首先考虑本国人的利益。在这样的情况下，我们就面临非常复杂的局面，它们天天印钞票，它的 M2 增长速度还不是特别快，因为印了钞票之后，银行并不去贷款，所以它的货币乘数在下降，但是商业银行在中央银行的准备金是极多的。现在不断地使财政赤字货币化，基础货币在不断增加。比较传统的经济学家就担心会有通货膨胀，虽然到现在为止，还没有发生什么太大的通货膨胀，但最终会不会发生通货膨胀很难说。中国不能进一步积累外汇储备了。在当今的世界上，最尴尬的角色就是面对一心想赖账的债务人的债权人。此外，中国必须认真考虑如何尽量保护我们现有外汇储备存量的实际价值。3.2 万亿美元是中国人的养老钱。这 3.2 万亿美元是个什么概念，我们必须想清楚。让 3.2 万亿美元打水漂的历史责任无人承担得起。[①]

---

① 如果中美交恶，还会存在美国扣押中国资产问题。

小　结

　　2005 年以后中国采取了一系列政策，为实现再平衡做出了很大努力，取得了很大成绩，中国的外部不平衡正在改善，人民币升值预期正在逐渐改变，人民币贬值预期已经出现。中国可能进入了一个新的时期，经济增长速度是要调整的，结构改革是要加速的。由于贸易顺差的减少，未来汇率在很大程度上可能由资本项目、资本的流入流出决定，我们的汇率政策、资本项目自由化政策以及人民币国际化政策等，需要放到很大的框架中统一考虑，当前全球债务危机仍在恶化，这一点应该是这个大框架中的重要考虑因素。

　　内外压力的增加是中国经济结构加速调整的一个好机会。恰恰在这种压力下，我们才有动力和决心来加速体制改革，加速结构调整，企业才会加强竞争，提高生产能力。但要调整就要付出代价。在短时间内，这种代价可能表现为经济增长速度的下降和由此引发的其他一系列问题。目前中国经济已经出现了一些困难，以后困难会更多。但是从长期来讲，只要我们切实调整经济结构、实现经济增长方式的转变，中国经济的长期增长前景依然是光明的。

张维迎简历

1959年生于陕西省吴堡县。1982年获西北大学经济系学士学位；1984年获硕士学位，同年进入国家体改委中国经济体制改革研究所，直接参与了对中国经济改革政策的研究；1990年9月进入牛津大学读书；1992年获经济学硕士学位；1994年获博士学位；1994年8月回国到北京大学任教。

现任北京大学国家发展研究院教授，北京大学市场网络经济研究中心主任，中国企业家论坛首席经济学家。曾任北京大学光华管理学院常务副院长（1999—2006年）和院长（2006—2010年）。主要著作：《企业的企业家——契约理论》（1995），《博弈论与信息经济学》（1996），《企业理论与中国企业改革》（1999），《产权、政府与信誉》（2001），《信息、信任与法律》（2003），《大学的逻辑》（2004），《论企业家》（2004年再版），《产权、激励与公司治理》（2005），《竞争力与企业成长》（2006），《价格、市场与企业家》（2006），《中国改革30年》（2008），《市场的逻辑》（2010），《什么改变中国》（2012），《通往市场之路》（2012），《博弈与社会》（2013），等等。另有数十篇中英文学术论文在国内外权威期刊发表。2000年获得国家自然科学杰出青年基金；2002年获得中央电视台"中国经济年度人物"称号；2008年选入中国经济体制改革研究会评选的"改革30年，经济30人"；2011年因对双轨制价格改革的创新研究荣获第四届"中国经济理论创新奖"。

我是如何认识奥地利学派经济学的①

张维迎

我必须坦陈,直到知天命的年龄之前,我一直认为自己是一个地地道道的新古典主义经济学家。虽然在读研究生期间,我也读过与20世纪30年代有关社会主义计划经济大论战的文献,知道米塞斯和哈耶克是计划经济的坚定反对者,但总的来说,我对奥地利学派经济学知之甚少,更谈不上有系统的了解。

大学期间,我学的是政治经济学专业,经过四年的学习,我对传统政治经济学的逻辑体系和基本理论已融会贯通,按照当时的标准,我应该属于一位优秀的毕业生。1982年2月在西安举办的一次学术会议上,我有幸认识了茅于轼先生和杨小凯先生,茅于轼先生的"择优分配原理"让我耳目一新,小凯的分工理论也令我大开眼界。与他们相识成为我学术生涯的一个转折点。所以,一进入研究生阶段的学习,我就决定系统学习西方经济学,尽管我的研究生专业仍然是政治经济学。当时所谓的"西方经济学",也就是现在的"主流经济学",其实就是西方学术界讲的"新古典经济学"。

当时中国有些大学经济系设有西方经济学专业,实际上是把西

---

① 本文写于2017年8月6日,原文刊登于2017年9月4日出版的《经济观察报》。

方经济学作为一个学术流派进行研究,它们的毕业生知识面很宽,说起学术门派头头是道,甚至能讲出一些有名的西方经济学家的逸闻趣事,但经济学基础知识并不扎实。我曾遇到一些名牌大学毕业的西方经济学专业研究生,出国后甚至听不懂西方大学的微观经济学课程。我从一开始就把西方经济学当作真正的经济科学,当作分析现实经济问题的工具,而不是研究对象,更不是批判的靶子。这使我在学习中总是试图掌握它的分析方法和逻辑体系,而不是寻找它的内在矛盾和谬误。新古典经济学已经成为一个非常数学化的理论体系,为了真正掌握这个理论体系,我又专门选修了数学系的几门课程(微积分、概率论和线性代数),参加了数学系几位教员组织的运筹学和线性规划研讨班。由于我所在的学校没有主流经济学科班出身的老师,所以我组织了一个六人读书班,成员包括经济学系研究生和青年教员,还有一位数学系的高年级学生(后来考上了经济学研究生)。我一边自学,一边自告奋勇给读书班的其他成员授课。为了当一个合格的"老师",我必须对教科书上的每一个公式、每一条曲线、每一个定理进行严格的数学推导,这让我受益匪浅,由此我得出一个结论:学习的最好方式是当老师。到1984年底我拿到硕士学位的时候,主流经济学已成为我知识库的学术基因。

主流经济学有不同学派,芝加哥学派可以说是新古典经济学的典范,也是我的最爱,米尔顿·弗里德曼(Milton Friedman)对自由价格制度的优点和市场干预缺点的分析令我折服,我有关中国经济改革的一系列文章充满了强烈的芝加哥精神。弗里德曼对我的影响如此之大,以致我后来工作单位(国家体改委中国经济体制改革研究所)的一位同事给我起了一个"维迎德曼"的绰号!当然,我知道他是不赞同我的新古典观点的,我们之间经常发生争论。

从 1987 年 10 月我被工作单位派去牛津大学进修,到 1990 年 10 月我又回到牛津大学读博士学位,再到 1994 年 8 月回国工作,我在牛津大学总共学习了五年。通过五年的牛津训练,我的新古典经济学理论基础变得更加扎实,我对主流经济学的最新发展(特别是博弈论和信息经济学)也有了更多的了解。我学到的几乎所有的经济学新理论都是从新古典范式上发展出来的,新的经济学理论不仅没有使我对新古典理论体系产生怀疑,反倒强化了我研究工作中的新古典风格。这一点从我的博士论文和之后发表的文章可以看出来。当你可以用一个严谨的数学模型分析企业内部制度安排甚至权力斗争时,那是一件多么惬意的事!

我一直是新古典体系的坚定捍卫者!我当然知道学术界不时会有对新古典经济学批评的声音,但长期以来,同许多新古典经济学的信奉者一样,我一直认为批评者都是一些不懂新古典经济学的外行,不值得一驳,新古典的基石是牢不可破的!离开了这块基石,市场经济就没有了理论基础!现在看来,这是一种致命的自负!但我当时并没有意识到:新古典经济学也可以为计划经济提供理论依据,兰格的计划经济理论就是典型的新古典理论。

但回过头来看,可能是天性中对真知的执着,尽管我对新古典经济学体系深信不疑,但冥冥之中我也一直感到它像一件裁剪得过紧的衣服,让人难以自由地伸手迈脚。我一直以为自己在沿着新古典经济学规划的道路前行,事实上,我还是不时偏离它的路径。直到 2008 年夏天之前,我都没有意识到这一点。

2008 年 7 月中旬,罗纳德·科斯(Ronald Coase)教授在芝加哥大学组织了一次"中国经济转型研讨会",我应邀参加,提交了一篇题目为"产权变革、企业家兴起与中国经济发展"的论文。正如标题所示,这篇论文分析了过去三十年企业家在中国是如何出现的,又是如何推动中国经济高速增长的。科斯研究所所长李·本哈姆(Lee Benham)是我论文的评论人,他评论时说的第一句话就是:"这是一篇非常奥地利学派的文章。"(This paper is very Austrian.)他的话让我恍然大悟!原来,我是一个奥地利学派经济学家,而不是新古典主义经济学家!

李·本哈姆的这句话让我开始回顾自己的学术生涯。刚好这段时间我正在读马克·史库森(Mark Skousen)写的《朋友还是对手:奥地利学派与芝加哥学派之争》(*Vienna & Chicago, Friends or Foes? A Tale of Two Schools of Free-Market Economics*)(中译本),这本书使我意识到,尽管我一直以为自己信奉的是芝加哥学派的新古典经济学,但事实上,我的思想更接近于奥地利学派经济学!我对市场的信念有米塞斯和哈耶克那样的彻底性,而不像弗里德曼和斯蒂格勒那样不时有所保留(芝加哥学派经常把政府干预从后门引进来)!当然,与凯恩斯主义新古典经济学相比,芝加哥学派和奥地利学派更像是朋友,这可能是我在对奥地利学派知之甚少的情况下,长时间把自己往芝加哥学派靠的原因。

1984年读研究生期间,我曾发表了两篇文章,一篇提出了双轨制价格改革的思路,另一篇论述了企业家在经济发展中的重要性。回过头来看,这两篇文章都可以看作米塞斯-哈耶克理论的应用。正是因为认识到,由于信息不完全和知识的分散性(这是米塞斯和哈耶克在 20 世纪 30 年代有关计划经济的大争论中的核心观点），价格的合理化只能是一个不断试错的过程，现实的自由价格只能趋向于均衡而不可能达到均衡，因此我才提出价格改革的关键是转换价格形成机制，而不是改变价格水平的观点，并由此提出通过"双轨制"逐步放开价格的政策建议。如果严格遵循芝加哥学派的新古典价格理论，价格合理化就可以或者一步调整到位，或者一次放开到位。同样，正是因为认识到企业家在市场运行和经济增长中的主导作用，我才发出了"时代需要具有创新精神的企业家"的呼吁，并三十年如一日地把企业家精神作为自己的主要研究领域。企业家在奥地利学派经济学中占据中心地位，但在新古典经济学中是没有地位的。

芝加哥会议之后，我从米塞斯研究所网站上购买了多本奥地利学派的著作，也买了书店里能见的所有中译本奥地利学派经济学著作。我如饥似渴地读这些书，既悔恨自己没有能早点发掘奥地利学派的知识宝藏，又庆幸自己很早就无意识地偏离了新古典经济学的路径。如果我当初没有偏离新古典经济学的理论，也许就没有可能保持自己观点的前后一致性。但无论如何，对一个把经济学作为毕生志向并坚信市场的人来说，对如此重要的一个学派的忽略是不可原谅的，更何况它是最好的市场理论！

正当我集中精力阅读米塞斯、哈耶克等人的著作时，席卷全球的金融危机爆发了。这次全球金融危机被认为是自 20 世纪 30 年代经济大萧条之后最大的一次经济危机，危机爆发后，舆论几乎一边倒地把它归罪于经济自由化，西方市场派主流经济学家保持沉默，凯恩斯主义干预政策卷土重来，各种各样的救市政策不断出台。但我读到的一篇文章中谈道，只有米塞斯和哈耶克两位经济学家预测到20世纪30年代大萧条。《经济学人》杂志也曾报道，国际清算银行首席经济学家威廉姆·怀特（William White）早在2006年就预测一场大的金融危机即将爆发。怀特是一位奥地利学派经济学家。当我认真读完哈耶克的《价格与生产》(*Prices and Production*，这本书确实很难读)之后，我就理解了为什么预测到两次金融大危机的都是奥地利学派经济学家。我认识到，由米塞斯最初提出、哈耶克发展的奥地利学派商业周期理论对经济危机的解释最有说服力。简单地说，经济和金融危机不是市场的失败，而是政府的扩张性货币政策的必然恶果。扩张性货币政策使利率低于正常水平，误导了企业家的决策，使企业家过度投资，消费者过度消费，人为地扭曲了生产结构，导致股票市场和房地产的泡沫，但由于这种扩张性政策不可持续，所以最后一定会出现危机。凯恩斯主义的刺激政策短期内也许能缓解危机，但长期看会导致更大的危机。正是基于这样的认识，2009年初，我发表了"彻底埋葬凯恩斯主义"的演讲，对四万亿的刺激政策提出了批评。当然，尽管之后发生的事情证明我的批评是对的，但当时认同者寥寥，因为了解米塞斯-哈耶克商业周期理论的人凤毛麟角。哈耶克因为其创造性的商业周期理论荣获1974年诺贝尔经济学奖，但很少有主流经济学家熟悉他的商业周期理论，这确实令人惊讶！

从2009年起，我开始对主流经济学进行系统反思。2010年之后，我曾在几个场合发表了"反思经济学"和"经济学的转型"的演讲。我的基本观点是，到目前为止，奥地利学派经济学是最好的市场理论，因为它研究的是真实的市场，它从现实的人的行为出发理解市场如何运行，它把市场理解成一个不断发现信息和利用信息的过程，把企业家精神放在中心地位，把经济增长理解为一个不断创新的过程，它能正确地预测政府对市场的干预会事与愿违，它将微观经济学和宏观经济学统一起来，对经济危机提出逻辑自洽又与事实相符的解释。相比之下，新古典经济学不是一个好的市场理论，因为它研究的是经济学家脑子里想象的市场，而不是真实的市场；它把市场理解为一种状态，而不是一个发现和竞争的过程；它虽然假定了人的自利（这是真实的），但没有关注人的无知和理念的重要性；它忽略了企业家精神，不能告诉我们经济增长的真实原因；它把微观经济学和宏观经济学割裂开来，不能解释经济危机，但又想开出解决危机的药方；它号称已经严格证明了完全竞争市场是帕累托有效的，实际上是为政府无限制地干预市场提供了理论依据，因为自由竞争的市场不可能是"完全竞争"。

新古典经济学把"完全竞争"当作市场经济的理想模式，衡量市场效率的标杆。根据定义，所谓的"完全竞争"，是指无穷多个小企业以相同的技术生产完全相同的产品，以相同的价格出售。任何了解现实市场运行的人都知道，这样定义的"完全竞争"实际上是没有竞争，更谈不上是一个社会应该追求的理想市场，因为它与创新和技术进步不相容！试图将现实世界塑造成"完全竞争市场"的干预政策只能带来一系列灾难。这就类似于，如果你把猴子当成理想的美人，所有男女都得接受痛苦的整容手术才能变成"美人"。遗憾的是，米塞斯和哈耶克等奥地利学派经济学家的批评丝毫没有撼动主流经济学家对"完全竞争"范式的信念。

2016年下半年，我和林毅夫教授就产业政策的有效性展开了争论，这场争论使我进一步认识到新古典经济学是多么容易使人误入歧途。我们两人有关产业政策的分歧，其实是有关市场理论两个不同范式的分歧。林毅夫信奉的是"新古典经济学范式"，我信奉的是"米塞斯–哈耶克范式"。林毅夫的所有论点都是以新古典经济学的市场失灵理论为基础的。但所谓的"市场失灵"，其实是新古典经济学市场理论的失灵，并不是真实市场的失灵。为了证明市场的有效性，新古典经济学做出一些非常强但不现实的假设（包括完全竞争、完全信息和经济活动没有外部性）。一个很自然的逻辑推论是，因为这些假设在现实中不满足，就必然会出现所谓的"市场失灵"。事实上，市场的有效运行根本不依赖新古典经济学的那些假设。

按照奥地利学派经济学的范式，市场的有效性只依赖如下假设：（1）人不仅是自利的，也是无知的；（2）人的行动是有目的的，并且只有个体有能力做出决策；（3）个人平等的权利得到有效的法律保护，竞争是自由的。这三条假设中，前两条很现实，是谁都无法否认的公理，它们一起，意味着在选择产业和技术方面，政府不可能比竞争性的企业家做得更好。第三条是否现实，依赖于政府的所作所为，而产业政策恰恰使这一条难以实现。如果第三条也能实现的话，竞争性的企业家精神就会不断创造出新技术、新产品和新产业。市场失灵是政府干预（包括产业政策）的结果，不构成政府干预的原因。

总之，我现在的看法是，为了对真实的市场有正确的理解，主流经济学需要一个范式的转变，特别需要吸收奥地利学派的经济学思想。当然，我也知道范式转变不是一件容易的事情，即使最聪明、最具创新精神的人也会陷入旧的范式中难以自拔。爱因斯坦不仅是相对论的创始人，也是最早提出量子力学概念的科学家之一，但由于他一直恪守牛顿力学的严格因果性和确定性范式，直到生命的最后一刻，他仍然顽固地拒绝接受量子力学的不确定性。新古典经济学统治经济学一百多年，它不仅是多数经济学家的思维定式和知识基因，也是他们的饭碗。对一个经济学家来说，如果不在新古典范式下做研究的话，发文章难，找工作更难。许多当年在维也纳的米塞斯的追随者和当年在伦敦经济学院的哈耶克的追随者后来都与他们的导师分道扬镳，投奔凯恩斯主义阵营，其中有些人甚至成为凯恩斯主义的领军人物，这是一个重要原因。米塞斯终其一生都没有在大学获得一个付薪的全职教职，听起来也许会让许多人不寒而栗。但科学的重大进步总是伴随研究范式的转变发生。追求真理的人应该不同于只追求利益的人，经济学家应该寻找的是正确的市场理论，而不是容易找工作的市场理论。

最后需要指出的是，我批评新古典经济学，推崇奥地利学派经济学，并不意味我认为新古典经济学一无是处，也不意味我认为奥地利学派经济学完美无缺。新古典经济学就像一台经由几代经济学家打造的机器，它虽然不能执行我们期待的功能，但它的许多零部件还是可以拆下来重新使用的。奥地利学派经济学长期被边缘化，没有得到应有的智力和资源投入，导致它在形式化方面远远落后于新古典经济学。如果把经济学范式的转变看作一个长期的过程，也许第一步应该做的就是把奥地利学派经济学的一些重要思想吸纳进主流经济学的教科书，这就是我在2015年出版的《经济学原理》做的尝试。

郑新立简历

著名经济学家。主要研究领域为宏观经济理论与政策。现任中国国际经济交流中心副理事长、中国工业经济学会会长、中国政策科学研究会执行会长、中国城镇化促进会常务副主席、中国社会科学院研究生院政府政策系博士生导师、中国国际经济交流中心博士后工作站指导老师、国家信息中心博士后工作站指导老师。

郑新立曾在中共中央书记处研究室、国家信息中心、国家计委工作，曾任国家计委政策研究室主任、副秘书长、新闻发言人、中共中央政策研究室副主任、第十一届全国政协经济委员会副主任。2009年3月，中国国际经济交流中心成立，郑新立任常务副理事长。郑新立绝大部分时间都在中央和国务院的综合经济部门从事经济政策研究，在计划和投资体制改革、宏观经济调控、中长期发展政策、重大经济政策等领域，都有较深的研究和独到见解，并提出具有指导意义的政策建议。对优化产业结构、促进产业升级、扩大内需、转变经济发展方式等问题的研究及相应政策建议具有前瞻性。郑新立亲历改革开放和经济转轨的过程，直接或间接地参与了一些重大改革方案和政策措施的制定与实施，包括十四届三中全会《中共中央关于建立社会主义市场经济体制若干问题的决定》、十六届三中全会《关于完善社会主义市场经济体制若干问题的决定》、十六届五中全会《关于制定国民经济和社会发展第十一个五年规划的建议》、十六届六中全会《关于构建社会主义和谐社会若干重大问题的决定》、十七大报告以及十七届三中全会《关于农村改革的决定》、十八届三中全会《中共中央关于全面深化改革若干重大问题的决定》等重要文件。多次参加政府工作报告和"八五""九五""十五""十一五""十二五"规（计）划的起草工作。在《人民日报》和《求是》杂志等国内具有影响力的报刊上发表了大量重要文章。主要论著有:《郑新立文集》(16卷)、《郑新立经济文选》《论抑制通胀和扩大内需》《论新经济增长点》《论改革是中国的第二次革命》《21世纪初的中国经济》《乘势而上的中国经济》《中国:21世纪的工业化》《发展计划学》《经济体制六大改革》等专著及主编的著作数十部。郑新立被《经济学家周报》评为2013年中国十大著名经济学家。

改革四十年来在方法论上的成功经验

郑新立

四十年来,我国改革开放走出了一条中国特色社会主义道路,极大地促进了经济社会发展,取得了巨大成功。改革成功的关键在于我们始终坚持实事求是、理论联系实际、一切从实际出发的唯物主义思想路线,坚持在实践中不断探索符合中国国情的改革方法。在确定了改革的目标、方向之后,改革的方法正确与否,对改革的成功具有决定性意义。改革中好的做法很多,概括起来,以下方法被实践证明是卓有成效的。

把是否有利于经济发展作为检验改革的标准

改革之初,由于思想上"左"的禁锢较多,生怕违背了哪些教条,改革难以迈开步伐。真理标准的大讨论,解放了大家的思想。评判改革措施是否正确,应当把实践作为唯一正确的检验标准,这就是邓小平同志提出的要看改革"是否有利于发展社会主义社会的生产力,是否有利于增强社会主义国家的综合国力,是否有利于提高人民的生活水平"。从农村开始的改革,源自安徽小岗村农民的创造。长期以来,我们把平均主义、"大锅饭"当成社会主义的金科玉律，在农村搞"一大二公"的公社制，超越了生产力发展阶段，实践证明阻碍了农村经济发展。而小岗村悄悄搞的土地承包到户，实践证明有利于增产增收。尽管当初有不少人认为承包到户是搞资本主义，但是，由于把实践作为检验真理的标准，小岗经验势不可当地迅速推广，全国粮食连年大幅度增产。不到十年时间，一举解决了长期困扰村民的吃饭问题。实行了三十多年的粮食统购统销制退出历史，土地家庭联产承包责任制姓资姓社的争论不争自明。农村改革的成功鼓舞了广大干部群众的改革热情。改革从农村推向城市，从农业推向工业企业，从微观经济推向宏观经济，改革之火终成燎原之势。回忆起来，如果把改革前那套"左"的做法当成社会主义原则，不敢越雷池一步，就不会有今天的成就。

始终坚持改革的市场取向

计划经济的本质是否定社会产品的商品属性，或者仅仅承认个人消费品的半商品性质，把国民经济看作一个大工厂，产品统一调拨、资金统收统支、人员统一调配、工资同步增长。全国的投资都要集中到国家计划委员会，地方和企业没有投资权。在新中国成立初期，为了集中力量进行工业化建设，这种体制发挥了一定的积极作用。但是，随着经济规模的扩大，这种体制显露出弊端，阻碍了生产力发展。特别是在我们这样一个长期以小农为主体的自然经济国家，要想迅速建立起现代经济体系，商品经济是一个不可逾越的历史阶段。从改革初期重视发展商品生产与商品交换，继而到计划经济为主、市场调节为辅，再到有计划的商品经济，直到 1992 年党的十四大才提出建立社会主义市场经济体制；从党的十四届三中全会提出发挥市场对资源配置的基础性作用，到党的十八届三中全会提出发挥市场对资源配置的决定性作用，都反映出我们党对中国特色社会主义经济体制的不懈探索和对市场经济规律认识的不断深化。整个四十年的改革进程，都明确无误地显示出以市场为取向的改革趋势。重视发挥市场的作用，就是尊重价值规律的作用，这是任何主观意志都无法改变的，其实质就是在同一行业内部，通过价值规律的运动，能够把资源配置到最优秀的企业，实现优胜劣汰；在不同行业之间，通过价值规律的运动，能够按照社会需求的大致比例分配社会劳动，实现各类商品的供求平衡。这是计划经济不可能做到的。

诚然，市场有其盲目性的一面。这要靠发挥政府的作用加以弥补。政府的作用主要是宏观调控、市场监管、社会管理、公共服务。把市场的作用和政府的作用有机结合起来，才能实现经济的持续健康发展。

坚持渐进式改革

中国的经济体制改革是史无前例的伟大事业，在改革的推进中，不仅不能耽误经济发展，而且必须加快经济发展，只有带来人民收入的较快增加，改革才能赢得人民的支持。因此，改革不能盲目行动、急于求成，必须循序渐进。看准了的事情，就坚决改。没有看准的，就等一等。要学会在旧体制中培育新体制的萌芽，鼓励其成长，逐步取代旧体制。那种"休克疗法"的所谓改革，是对人民不负责任的行为，在中国的改革进程中始终是禁忌。对所有制结构的调整，就是渐进式改革成功的范例。改革初期，对国有企业、集体企业的改革尚未找到有效途径。在不断对公有制经济改革进行探索的同时，改革的重点实际上放在了鼓励发展非公有制经济上。

20世纪80年代对轻纺工业实行"六个优先"的政策，包括优先供给能源、原材料等，出现了乡镇企业异军突起现象。非公有经济的不断壮大，对国有企业形成了竞争压力，国有企业不改革就面临破产的威胁，因此改革的积极性大大提高。同时，国有企业改革剥离几千万员工，大部分进入民营企业。如果没有民营经济发展为国有企业改革创造的条件，国有企业改革也不可能顺利进行。反观苏联、东欧国家国有企业改革的失败，与缺乏民营经济发展的环境密切相关。我国国有企业改革真正走上正确轨道，是在1993年党的十四届三中全会提出建立现代企业制度之后。只有按照产权清晰、责权明确、政企分开、管理科学的要求，在混合所有的股份制的基础上，建立规范的公司治理结构，才能逐渐形成国有企业和民营企业在平等竞争中共同发展、相得益彰的蓬勃局面。

坚持一切改革先试验、后推广

改革的举措是否符合生产力发展要求，不经过实践检验很难做出正确的判断。在对改革举措的正确性缺乏充分把握的情况下贸然推广，必然带来损失和被动。因此，按照"先试点、后推广"的原则，允许地方、企业先改先试，然后总结经验，逐步在全国推广，有序推进各项改革，这是我国改革能够取得成功的重要经验。不仅在微观管理体制改革上坚持这样做，在宏观管理体制改革上更重视这样做。

党的十八届三中全会《决定》提出国有企业改革要实行以管资本为主、发展混合所有制和允许混合所有制企业实行员工持股制，就是总结企业改革发展的成功经验写进去的。中央汇金公司就是管资本的成功案例。它管理数以十万亿元的资本，对所有的国有银行持股，并根据对各个银行持股比例的多少，向各个银行的董事会和股东会派出不同职务的管理人员，行使不同的权益。中央汇金公司并不干预所持股银行的经营活动，银行有充分的经营自主权，中央汇金公司的运营效率和效益都很好。国有企业吸收民营企业入股，发展混合所有制经济，有利于发挥各自的优势，提高国际竞争力，避免内部人控制和利益输送，绝不是国有企业兼并民营企业。允许混合所有制企业员工持股，主要是管理骨干和技术骨干入股，有利于使员工与企业成为利益共同体，同心协力把企业办好。这是四十年改革发展中涌现出来的先进典型的经验，是经过实践检验的，应当不折不扣地贯彻落实。

对服务业企业实行营业税改增值税的改革，实践证明是一项成功的改革，它使第三产业企业的税负平均降低 30% 以上，带来了连续多年第三产业迅速发展的局面。这项改革先从部分地方的部分行业开始试点，取得成效后逐步在全国和绝大部分行业推广。改革初期可能出现税收下降的情况，但是，随着改革带来第三产业的迅速发展，税收总额又逐步回升，并远远超过改革之前。对小微企业提高税收起征点，效果更为明显。由于新办企业数量迅速增多，企业发展加快，不仅增加了就业，而且扩大了税基，最终增加了税收。

目前，第三产业的增加值和就业人数占全社会总量的比重虽然已有明显提高，但仍有较大增长空间，改革仍需继续推进和完善。

坚持以开放促改革、促发展

以开放促改革、促发展，是四十年来始终坚持的原则。改革之前的三十年，由于国际环境制约，中国基本上是在封闭情况下依靠自力更生进行建设的。1978年开始的对外开放使我们打开了眼界，学习国外先进管理经验和技术，扩大商品和人才交流，改变了传统的思维定式，大大加快了中国现代化进程。

在宏观管理体制上，20世纪80年代我们重点学习日本的产业政策、收入倍增计划、财政投融资、银行窗口指导、进口替代等。90年代重点学习德国稳定物价的政策、社会政策等，学习美国宏观调控、财政政策与货币政策配合、资本市场监管、科技进步政策、基础设施建设融资方式、农业发展政策、军民融合等。对一些成功的中小国家和发展中国家的经验，我们也虚心学习。如韩国快速实现工业化，荷兰发展高效农业，芬兰重视科技、教育，爱尔兰兴办出口加工区，以色列重视科技研发，印度发展软件产业的经验等，我们都认真考察学习。在有关市场经济立法方面，我们积极引进、翻译、学习。借鉴国外经验，并不是生吞活剥，而是根据中国的国情特点，灵活地加以应用。正是在学习借鉴各个国家经验的基础上，逐步形成了具有中国特色的宏观经济管理体制。

大批引进国外资金、技术，鼓励兴办合资、外资企业，迅速提升了中国企业的技术水平和国际经营能力。从兴办经济特区到开放沿海沿边内地城市，逐步形成梯次开放的格局。深圳是一个以开放促改革、促发展的成功范例。从引进外资开始，逐步发展创新型、外向型内资企业，用四十年时间，就从一个小渔村发展成为粤港澳大湾区经济总量最大的创新型城市。2017年，我国商品出口总额已居世界第一位，进出口总额和利用外资总额居世界第二位，对外投资总额进入世界前列。随着"一带一路"倡议的实施，国内自由贸易试验区和自由贸易港建设推进，我国将形成全面开放的新格局。

坚持各项改革统筹协调、整体推进

经济体制改革涉及从宏观到微观的各个方面，不同时期的改革都需要有一个整体规划，分轻重缓急、稳步协调推进。这个整体规划就是每隔几年由党的中央全会做出一个关于改革的"决定"，对改革进行部署。1984年十二届三中全会《关于经济体制改革的决定》，1993年十四届三中全会《关于建立社会主义市场经济体制若干问题的决定》，1999年十五届四中全会《关于国有企业改革和发展若干重大问题的决定》，2003年十六届三中全会《关于完善社会主义市场经济体制若干问题的决定》，2008年十七届三中全会《关于推进农村改革发展若干重大问题的决定》，2013年十八届三中全会《关于全面深化改革若干重大问题的决定》等，都是具有里程碑意义的总体规划，指导改革不断夺取新的胜利。各个部门和地方根据中央有关精神，制定改革实施细则，确保改革有重点、分步骤有序推进。

党的十八大以来，改革从经济体制向政治体制、文化体制、社会体制、生态文明体制和党的建设制度全面展开，中央更加重视各项改革协调配套和系统集成。党的十九大把"着力增强改革系统性、整体性、协同性"作为过去五年全面深化改革的一项重要经验,并写入了新修改的党章。六大改革围绕完善和发展中国特色社会主义制度,促进国家治理体系和治理能力现代化这个总目标,统揽全局,周密部署,精准对接,注重实效,不断释放出发展新动能。

中国经济 50 人论坛丛书
Chinese Economists 50 Forum

附 录

附录1

中国经济50人论坛成员名录
（第三届）

论坛学术委员会荣誉成员：吴敬琏、刘鹤
论坛学术委员会成员：樊纲、易纲、吴晓灵、许善达、蔡昉
论坛荣誉成员：茅于轼

论坛成员（以姓名拼音字母为序）：

白重恩　清华大学经济管理学院院长、教授

蔡　昉　十三届全国人大常委、农业与农村委员会副主任委员；
　　　　中国社会科学院副院长、学部委员、研究员

蔡洪滨　香港大学经济及工商管理学院院长、教授

曹远征　中银国际研究有限公司董事长，教授、研究员

陈东琪　中国宏观经济研究院首席专家、研究员

陈锡文　十三届全国人大常委、农业与农村委员会主任委员，教授

樊　纲　中国经济体制改革研究会副会长；国民经济研究所所长；
　　　　中国（深圳）综合开发研究院院长，教授、研究员

管　涛　中国金融四十人论坛高级研究员

郭树清　中国人民银行党委书记、副行长；
　　　　中国银行保险监督管理委员会党委书记、主席，研究员

韩　俊　中央农村工作领导小组办公室副主任；
　　　　农业农村部党组副书记、副部长，研究员

韩文秀　中央财经委员会办公室副主任

贺力平　北京师范大学经济与工商管理学院金融系教授

胡鞍钢　清华大学国情研究院院长、教授

黄益平　北京大学国家发展研究院副院长、教授

江小涓　十三届全国人大常委、社会建设委员会副主任委员，教授、研究员

李　波　中国人民银行货币政策司司长，研究员

李剑阁　孙冶方经济科学基金会理事长；广东以色列理工学院校长，研究员

李晓西　教育部社会科学委员会经济学学部召集人；
　　　　北京师范大学经济与资源管理研究院名誉院长、教授

李　扬　国家金融与发展实验室理事长；
　　　　中国社会科学院学部委员、研究员

林毅夫　十三届全国政协常委、经济委员会副主任；
　　　　北京大学国家发展研究院名誉院长、教授

刘世锦　十三届全国政协经济委员会副主任；
　　　　中国发展研究基金会副理事长，研究员

刘　伟　中国人民大学校长、教授

隆国强　国务院发展研究中心副主任、研究员

楼继伟　十三届全国政协常委、外事委员会主任；
　　　　全国社会保障基金理事会理事长，研究员

马建堂　国务院发展研究中心党组书记、研究员

钱颖一　清华大学经济管理学院教授、清华大学文科资深教授

盛　洪　北京天则经济研究所所长；山东大学经济研究院教授

石小敏　中国经济体制改革研究会副会长，高级经济师

宋国青　北京大学国家发展研究院教授

宋晓梧　北京师范大学中国收入分配研究院院长，研究员

汤　敏　国务院参事；友成企业家扶贫基金会副理事长

汪同三　中国社会科学院学部委员、研究员

王　建　中国宏观经济学会副会长、研究员

王一鸣　国务院发展研究中心副主任、研究员

魏　杰　清华大学文化经济研究院院长、教授

吴晓灵　清华大学五道口金融学院理事长兼院长，研究员

夏　斌　国务院参事；当代经济学基金会理事长，研究员

肖　捷　国务委员兼国务院秘书长

谢伏瞻　中国社会科学院院长、党组书记、学部委员、研究员

谢　平　清华大学五道口金融学院教授

许善达　国家税务总局原副局长，高级经济师

杨伟民　十三届全国政协常委、经济委员会副主任，教授

易　纲　中国人民银行行长，教授

余永定　中国社会科学院学部委员、研究员

张维迎　北京大学国家发展研究院教授

郑新立　中国国际经济交流中心副理事长，教授、研究员

周其仁　北京大学国家发展研究院教授

周小川　博鳌亚洲论坛副理事长，教授、研究员

附录 2

中国经济 50 人论坛企业家理事会成员名录

召集人：段永基、柳传志

秘书长：林荣强

副秘书长：王小兰

监事会：段永基、林荣强

理事会成员（*以姓名拼音字母为序*）：

毕明建　中国国际金融股份有限公司总裁

曹德云　中国保险资产管理业协会执行副会长兼秘书长

陈东升　泰康保险集团股份有限公司董事长兼首席执行官

邓召明　鹏华基金管理有限公司总裁

丁建勇　上海东昌企业集团有限公司董事长

段国圣　中国保险资产管理业协会会长；

　　　　泰康资产管理有限责任公司首席执行官

段永基　四通集团公司董事长

桂松蕾　中新融创资本管理有限公司董事长

郭翠萍　中元宝通（北京）商业发展有限公司董事长

林荣强	信远控股集团有限公司董事长
柳传志	联想控股股份有限公司董事长
柳　甄	字节跳动高级副总裁
刘光超	北京市道可特律师事务所主任
刘晓艳	易方达基金管理有限公司总裁
刘志硕	中关村并购母基金合伙人；大河创投创始合伙人
卢志强	中国泛海控股集团有限公司董事长兼总裁
潘　刚	内蒙古伊利实业集团股份有限公司董事长兼总裁
潘仲光	上海潘氏投资有限公司董事长
平　凡	上海朗盛投资有限公司董事长兼首席执行官
任志强	中国房地产业协会副会长
孙珩超	宝塔石化集团董事局主席
王金生	北京天正中广投资控股集团有限公司董事长
王小兰	时代集团公司总裁
王志全	神州高铁技术股份有限公司董事长
杨宇东	《第一财经日报》执行总编辑
郁　亮	万科企业股份有限公司董事长
张礼明	51Talk在线青少英语联合创始人兼COO
张　毅	金杜律师事务所中国管理委员会主席
张志洲	敦和资产管理有限公司首席执行官
赵　民	北京正略钧策管理顾问有限公司董事长
赵伟国	紫光集团有限公司董事长
周远志	新意资本基金管理（深圳）有限公司总裁
朱德贞	厦门德屹股权投资管理有限公司董事长

附录 3

中国经济 50 人论坛二十周年大事记

(1998—2018 年)

1998 年
6 月,由刘鹤、樊纲、易纲等商议,共同发起创立中国经济 50 人论坛。
7 月,论坛组委会成立,成员有吴敬琏、刘鹤、樊纲、易纲,秘书长梁优彩。

2000 年
2 月,首届论坛年会在北京人民大会堂召开,主题:"中国经济发展应更加注重体制的改革与创新"。
6 月,论坛在西安首次召开专题研讨会,主题:"新形势下政府体制改革的任务"。

2001 年
2 月,论坛 2001 年年会在北京举行,主题:"新世纪中国经济展望"。
3 月,论坛常设机构秘书处正式成立。办公地址在北京市西城区木樨地国宏大厦 C 座 5 层,秘书长由徐剑担任。
4 月,中央电视台《中国新闻》开设"中国经济 50 人论坛成员系列访谈"栏目。
4 月,论坛创办的"长安论坛"第 1 期由樊纲率先开讲。截至 2018 年 9 月,长安讲坛历经 17 年,已讲过 339 期,各界听众(包括网上受众)已超过千万人次。
4 月,论坛在天津举办"中国消费市场高层论坛"。
11 月,论坛在郑州举办"现代物流业高层报告会"。

2002 年
2 月,论坛 2002 年年会在北京钓鱼台国宾馆开幕,主题:"'入世'后中国发展战略的思考"。

5月，论坛在上海举办"上海商业现代经济管理研究班"。

7月，论坛与大连电视台合作，推出中国经济50人论坛成员十集电视演讲系列节目。

9月，论坛（大连）研讨会在大连举行，主题："'入世'后中国产业结构调整变化趋势"。

2003年

1月，论坛2003年年会在北京钓鱼台国宾馆举行，主题："'入世'一年的回顾与思考"。

4月，论坛与国务院信息化工作办公室、浙江省政府共同主办："政府与市场在信息化中的分工"高层理论研讨会。时任浙江省委书记习近平出席开幕式并致辞。

6月，在非典爆发时期，论坛在颐和园龙船上紧急召开第8次内部研讨会，主题："SARS和中国经济发展与改革"。

2004年

2月，论坛2004年年会在北京长安俱乐部开幕，主题："走向世界的中国经济"。

6月，论坛新版网站正式上线开通。网站设有论坛要闻、论坛动态、专家文章、学术争鸣、媒体聚集等十几个栏目，网址为 www.50forum.org.cn。

7月，论坛企业家理事会正式成立，推举段永基、柳传志为召集人，林荣强为秘书长，后补选王小兰为副秘书长。截至2018年9月，现有论坛企业家理事会成员33人，他们为论坛学术研究和发展做出了卓越贡献。

9月，论坛组委会增选林毅夫为组委会成员。

10月，首期《中国经济50人论坛月报》出刊。刘鹤为月刊撰写序言，提出要遵循**"真理无禁区，论坛有界限，保持高水准，大家多支持"**的四项原则。

2005年

2月，在论坛2005年年会上，论坛第一届学术委员会宣布成立。吴敬琏、樊纲、刘鹤、易纲、林毅夫当选为首届学术委员会成员。

7月，第一批论坛丛书由社会科学文献出版社出版发行，包括部分论坛成员学术专著和长安讲坛第一辑。刘鹤为丛书出版撰写前言。

8月，第一届中国经济50人田横岛论坛开幕，主题："'十一五'规划及中国经济长期发展战略"。

9月，论坛与美国华美协进社在纽约共同主办"中美经济高峰论坛"。

2006年

2月，论坛2006年年会在北京钓鱼台国宾馆开幕，主题："新阶段中国改革发展的主要特征与挑战"。

6月，长安论坛100期学术演讲暨庆祝会在北京国宾酒店举行，同时宣布"长安论坛"正式更名为"长安讲坛"。

6月，论坛学术委员会成员易纲、许善达等在北京国宾酒店与专程来访的新加坡经济发展局主席张铭坚会面并座谈。

7月，第二届中国经济50人田横岛论坛开幕，主题："中国经济发展内外平衡问题"。

11月，论坛（昆明）研讨会举行，主题："中国经济发展新阶段的资源与环境问题"。

2007年

2月，论坛2007年年会在钓鱼台国宾馆开幕，主题："大国发展中面临的挑战"。

3月，首届论坛学术委员会增选吴晓灵、许善达为学术委员会成员。至此，学术委员会成员增至7名，他们是：吴敬琏、樊纲、刘鹤、易纲、林毅夫、吴晓灵、许善达。

3月，应英国驻华大使欧威廉邀请，论坛成员樊纲、李晓西、宋晓梧等出席在英国使馆召开的"斯特恩研究的经济学原理"研讨会。

4月，论坛（广州）研讨会举行，主题："亚洲金融危机十周年回顾与反思"。

6月，论坛（成都）研讨会开幕，主题："实践中的城乡统筹发展"。

7月，第三届中国经济50人田横岛论坛开幕，主题："未来十年中国需要研究的重大课题"。

10月，论坛"综合经营20年——中国银行业变革二十年回顾"研讨会在北京钓鱼台国宾馆举行。

2008 年

2 月，论坛 2008 年年会在北京钓鱼台国宾馆开幕，主题："世界经济展望与中国面对的重大问题"。会上论坛与新浪网正式签署战略合作协议书，同时长安讲坛由新浪网赞助冠名为："新浪·长安讲坛"。

2 月，论坛举行茶话会，欢送论坛学术委员会成员林毅夫出任世界银行副行长。后补选蔡昉为论坛学术委员会成员。

2 月，论坛成员刘鹤、樊纲、吴晓灵等出席在瑞典举行的国际低碳经济课题研讨会。

4 月，论坛与新浪网达成战略合作协议。长安讲坛成为新浪财经固定的视频栏目。

5 月，四川汶川地区发生强烈地震，造成严重灾难。论坛紧急召开第 24 次内部研讨会，主题："四川地震对经济的影响及灾后重建"。

5 月，汶川发生特大地震灾害，受论坛学术委员会委托，论坛秘书长徐剑向中国红十字会捐赠十万元人民币以支持灾区救援和重建。

5 月，论坛（唐山）研讨会举行，主题："科学发展与新型工业化"。

7 月，论坛"中国经济发展和中国房地产业健康稳定"专题研讨会在北京世纪金源大酒店举行。

10 月，论坛隆重纪念改革开放三十年和论坛成立十周年学术研讨会暨《中国经济 50 人看三十年》首发式在北京钓鱼台国宾馆举行。

10 月，论坛学术委员会成员刘鹤、许善达等与瑞典首相弗雷德里克·赖因费尔特一行在北京饭店举行座谈会。

10 月，论坛与英国斯特恩研究小组在北京香格里拉饭店举行"中国走向低碳经济面临的挑战"专题研讨会。时任英国外交大臣大卫·米勒班到会并与论坛成员见面。

11 月，论坛举办德国政府经济顾问彼得·德芬格教授专题报告会，主题："当前金融危机对欧洲的影响及对未来国际体系改革的意见"。

12 月，论坛（深圳）研讨会举行，主题："中国发展新阶段与特区新使命"。

2009 年

1 月，论坛（湖北）研讨会在武汉举行，主题："东部产业转移与湖北产业承接"。

2月，论坛2009年年会在北京钓鱼台国宾馆开幕，主题："全球化趋势与中国的科学发展"。

2月26日，"长安讲坛"从总第148期起正式落户清华大学经管学院，并且成为清华大学学分课。

6月，论坛（南京）研讨会举行，主题："科学发展与转型升级"。

7月，论坛（大庆）研讨会举行，主题："大庆城市发展定位与产业方向"。

8月，首届中美经济学家颐和园对话会在北京举行。

9月，论坛与瑞典斯德哥尔摩环境研究院共同主办的"经济发展与低碳经济：中国与世界"国际研讨会在北京举行。

11月，第二届论坛成员换届选举圆满完成，选举结果在2010年论坛年会正式宣布。新当选的论坛成员有：白重恩、韩俊、王一鸣。这是论坛成立十年来首次实行成员五年一换届制度，同时还设立了论坛荣誉成员制度。

12月，论坛"经济发展与低碳经济——中国与世界"最新研究报告发布会在北京饭店举行。

2010年

2月，论坛2010年年会在钓鱼台国宾馆举行，主题："'十二五'规划：改革与发展新阶段"。

9月14日至15日，第二届中美经济学家颐和园对话会在北京颐和安缦酒店举行。

9月，论坛首次与台湾《经济日报》共同主办"两岸经济产业合作大趋势论坛"。

2011年

2月，论坛2011年年会在北京钓鱼台国宾馆5号楼举行，主题："为'十二五'开好局、起好步的几个重大问题"。

2月，论坛（深圳）研讨会在深圳开幕，主题："新变化、新要求、新期待：经济特区如何办得更好"。

5月，论坛部分成员、企业家理事应邀到台湾出席"从'十二五'规划看两岸经济产业分工合作"论坛。

9月，第三届中美经济学家颐和园对话会在北京钓鱼台国宾馆举行，主题："中美经济战略合作与全球经济再平衡"。

10月，长安讲坛创办十周年暨200期主题研讨会在清华大学经管学院举行。

2012年
2月，论坛2012年年会在北京钓鱼台国宾馆开幕，主题："2012的机遇与风险——世界的动荡与中国的发展"。
3月，论坛（上海）研讨会举行，主题："转型发展与现代服务业"。
4月，完成中财办委托召开内部研讨会题目：未来五年中国经济社会发展的国外环境、重大目标和任务。
6月，完成中财办委办的《努力实现我国经济体制改革新突破——关于近期采取若干关键性改革措施的建议》课题研究。
6月，论坛（青岛）研讨会举行，主题："海洋经济发展与沿海城市转型"。
7月，完成中财办委托召开内部研讨会题目：上半年经济形势分析。
8月，论坛成员宋晓梧、李晓西等一行应邀出席在台北市举行的第三届"两岸经济合作分工大趋势论坛"。
12月，论坛（厦门）研讨会举行，主题："两岸金融合作与厦门先行先试"。

2013年
2月，论坛2013年年会在北京钓鱼台国宾馆开幕，主题："改革的重点任务和路径"。
2月—5月，完成上报中财办委办的7个研究课题。
- 改革：总体思路和当前的突破口
- 城市化、农民进城与农村土地制度改革的统筹思考
- 界定政府与市场、政府与社会的关系与其相关的改革建议
- 社保体制改革的路线图和时间表
- 中国资本账户开放与管理的顶层设计：路线图与时间表
- 国有资产资本负债管理体制与国有资产所有者代表机制的改革
- 保护私有产权，发展民营经济，打破国有垄断相关制度改革与政策调整建议

7月，论坛成员樊纲、陈东琪、魏杰和论坛企业家理事会召集人段永基等一行应邀出席在台北市举行的第四届"两岸产业合作分工大趋势论坛"。

2014 年

1月，第三届论坛成员换届选举圆满完成。选举结果在2014年论坛年会上正式宣布，新当选的论坛成员有：韩文秀、隆国强、管涛、李波、黄益平、蔡洪滨。

2月，论坛2014年年会在北京钓鱼台国宾馆开幕，主题："突破难点，推动改革"。年会选举出第三届论坛学术委员会成员，他们是樊纲、易纲、吴晓灵、许善达、蔡昉，论坛还特邀吴敬琏、刘鹤为论坛学术委员会荣誉成员。

3月—7月，完成上报中财办委办的2个研究课题。
- 中国的经济增长和结构调整
- 国民经济循环与经济泡沫风险

8月，论坛与新浪网合作在长白山召开"大国治理、突破难点"专题研讨会。

2015 年

2月，论坛2015年年会在北京钓鱼台国宾馆开幕，主题："新常态下的'十三五'规划思路"。

3月—5月，完成上报中财办委办的4个研究课题。
- "十三五"新常态的理论与实践——新常态政治经济学探索
- "十三五"时期的主要就业人群预测
- "十三五"期间防范金融风险的相关预案
- 鼎新革故、本固邦宁——"十三五"期间稳增长政策措施建议

2016 年

2月，论坛2016年年会在北京钓鱼台国宾馆开幕，主题："深化供给侧结构性改革，全面提升发展质量"。

2月，论坛与诺贝尔经济学奖获得者、哈佛大学教授阿玛蒂亚·森一行在北京钓鱼台国宾馆举行研讨会，主题："经济增长与收入差距"。

4月—7月，完成上报中财办委办的4个研究课题。
- 国企去冗员与去产能过程中处置劳动关系的具体措施
- 改革社会保障制度、降低企业社保缴费成本与促进国企改革
- 债务重组与产业重组：如何在去产能过程中实现去杠杆
- 盘活国有资产与去杠杆、促改革

6月，论坛网站全面改版升级。截至2018年9月，浏览量达5500万人次。

6月，长安讲坛300期主题演讲暨小型纪念会在清华大学经管学院举行。

2017年

2月，论坛2017年年会在钓鱼台国宾馆开幕，主题："深化供给侧结构性改革——产权、动力、质量"。

4月，完成上报中财办委办的1个跨年度研究课题。
- 关于主要经济社会发展风险研究：2020—2030

5月，论坛成员蔡昉、马建堂、王一鸣、刘伟等应邀出席在北京举行的"'一带一路'国际合作高峰论坛"。

8月，论坛在内蒙古呼和浩特召开"50人论坛企业家理事谈'一带一路'"专题研讨会。

2018年

2月，论坛2018年年会在北京钓鱼台国宾馆开幕，主题："从高速增长到高质量发展"。

3月，论坛创始人和学术主持人刘鹤出任国务院副总理。

3月，论坛与美国战略复兴学会、中国发展研究基金会在北京共同主办"2018中美圆桌研讨会"。

4月—9月，完成上报中财委办公室委办的3个研究课题。
- 基本实现现代化内涵和标志研究课题
- 高质量发展研究
- 现代化经济体系研究

5月，论坛与清华大学世界与经济研究中心共同主办"中国与世界思想对话会"。

5月，受中财办委托，与部分工程院院士共同召开"中兴问题发生的思考"专题研讨会。

5月，受中财办委托，召开"以完善产权制度和要素市场化配置为重点，深化经济体制改革"研讨会。

7月，受中财办委托，紧急召开"中美贸易摩擦问题"专题研讨会。